RAU'S REISEBÜCHER

Band 6

QUER DURCH
IRLAND

WERNER RAU VERLAG STUTTGART

Idee, Layout, Skizzen und Fotos: Werner Rau
Titelfotos: Küste bei Lahinch; Wegweiser; „Zigeunerwagen" in Mayo.
Rücktitel: Shannon-Mietboot; Küste von Beara; Clonmacnoise.

CIP- Kurztitelaufnahme der Deutschen Bibliothek

Rau, Werner
Quer durch Irland/Werner Rau
Stuttgart, Rau, 1987. 2. Auflage 1990
(Rau's Reisebücher; Bd. 6)
ISBN 3-926145-01-3

2. überarbeitete Auflage 1990
Alle Rechte vorbehalten
© Werner Rau, Stuttgart, 1987
Umschlaggestaltung: Hitz und Mahn, Stuttgart
Herstellung: Buch- u. Offsetdruck F. Steinmeier, Nördlingen
Printed in Germany

INHALT

Ein Wort zum Buch	5
Kurzportrait Irlands	7
Geschichte – in Stichworten	10
Wie kommt man hin	10
– Mit dem Flugzeug	11
– Mit der Bahn	11
– Mit dem Bus	11
– Mit dem Schiff	11
– Frankreich – Irland	12
– Belgien – Großbritannien	13
– Frankreich – Großbritannien	13
– Großbritannien – Irland	13
– Mit dem Auto	14

Quer durch Irland – Die Route ... 16
- Übersichtsskizze ... 16
  1. Rosslare – Caher ... 19
  2. Caher – Cork ... 34
  3. Cork – Ballylickey ... 41
  4. Ballylickey – Killarney ... 48
  5. Killarney – Killorglin, »Ring of Kerry« ... 58
  6. Killorglin – Limerick ... 63
  7. Limerick – Galway ... 75
  8. Galway – Letterfrack ... 88
  9. Letterfrack – Crossmolina ... 92
  10. Crossmolina – Sligo ... 96
  11. Sligo – Portsalon ... 101
  12. Portsalon – Inishowen – Sligo ... 107
  13. Sligo – Athlone ... 111
  14. Athlone – Bettystown ... 117
  15. Dublin ... 122
  16. Dublin – Wexford ... 128

Praktische und nützliche Informationen ... 136
Einreisebestimmungen ... 136
- Persönliche Dokumente ... 136
- Einreise per Auto ... 136
- Zollbestimmungen ... 136
- Haustiere ... 136
Währung und Devisen ... 136
Zeitunterschied ... 137
Post und Telefon ... 137
Wichtige Rufnummern ... 137
Stromspannung, Steckdosen ... 137
Maße und Gewichte ... 137
Öffnungszeiten ... 138
Gesetzliche Feiertage ... 138
Klima und Durchschnittstemperaturen ... 139
Reisezeit und Kleidung ... 139
Reisen im Lande ... 139
- per Flugzeug ... 139

INHALT

- per Bahn und Bus 139
- per Mietauto 141
- per Schiff 141
- Inselverkehr 141
- Shannon-Mietboote 141
- Grand Canal-Mietbote 142
- Mit dem »Zigeunerwagen« 143

Mit dem Auto durch Irland 144
- Straßennetz 144
- Verkehrsregeln 144
- Kraftstoffpreise 145

Freizeitaktivitäten 146
- Angeln 146
- Reiten 146
- Golf 146
- Radwandern 146
- Wandern 147
- Bergwandern 147
- Kanusport 147
- Kurling 148
- Gealic Football 148

Feste und Folklore 148
- Veranstaltungen 148
- Folklore 149
- Legenden 149
- Traditionelle Musik 151

Essen und Trinken 151
- Essen 153
- Trinken 154
- über Pubs 155

Hotels und andere Unterkünfte 156

Camping 157
- Sanitärausstattung 157
- Hinweis über Angaben zu Campingplätzen 158

Gälisch für Anfänger 159

Miniwortschatz 163

Anschriften 167
- Fremdenverkehrsämter 167
- Konsularische Vertretungen 167
- Automobilclubs 167
- Buslinien 167
- Schiffahrtslinien 168
- Freizeit 169

Zeichenerklärung 170
Register 171
Rau's Reisebücher-Programm 173

EIN WORT ZUM BUCH

Dieser handliche Band gehört zu einer völlig neu konzipierten Reihe von Reiseführern – »RAU'S REISEBÜCHER«.

Gewohnheiten ändern sich, auch Reisegewohnheiten. Unverändert aber bleibt die Erwartung, daß eine Reise zum Erlebnis wird.

Das neue Konzept
- eine überlegt ausgewählte, vor Ort recherchierte und in »handverlesene« Etappen eingeteilte Route
- aktuelle, ehrliche und authentische Informationen
- eine kurze, prägnante, dennoch vollständige Beschreibung aller Sehenswürdigkeiten
- und das Hervorheben wichtiger Details durch Marginalien am Seitenrand, zum schnelleren Zurechtfinden des Lesers

wird modernen Reisegewohnheiten gerecht. Denn auf Reisen rechtzeitig wissen wo's langgeht und gut informiert sein, macht Spaß am Zielort, spart Zeit, Geld und Nerven.

Dieses neue, klar gegliederte Reisebuch hilft Ihnen durch die vielen nützlichen und wichtigen Hinweise über Anreisemöglichkeiten, Einreisebestimmungen und natürlich noch vieles mehr und mit den Routenskizzen schon bei der Vorbereitung Ihrer Reise.

Unterwegs haben Sie alles auf einen Blick zusammen, was für den jeweiligen Streckenabschnitt nötig ist – nicht mehr, aber bestimmt auch nicht weniger. Stadtpläne helfen bei der ersten Orientierung und Angaben zu Hotels und Jugendherbergen sowie Beschreibungen von Campingplätzen sind unentbehrliche Hilfen bei der Suche nach einer Bleibe.

Ob Sie nun mit dem eigenen Wagen reisen, mit öffentlichen Verkehrsmitteln anreisen und dann vor Ort ein Auto mieten oder ob Sie mit Zelt, Caravan oder Wohnmobil unterwegs sein werden, RAU'S REISEBÜCHER helfen Ihnen bei der Vorbereitung und Durchführung Ihrer Reise – damit Sie auf neuen Wegen mehr erleben.

Ich wünsche Ihnen eine glückliche Reise!

Werner Rau

KURZPORTRAIT IRLANDS

Irland – Insel im Atlantik, westlich Großbritanniens, durch die Irische See von England getrennt.
Größe der Insel: 84.421 qkm, davon entfallen auf die Republik Irland 70.282 qkm, auf Nordirland 14.139 qkm.
Die größte Ausdehnung in Nord-Süd-Richtung beträgt 486 km, in Ost-West-Richtung 275 km.
Gesamteinwohnerzahl: 4,75 Mio., davon leben ca. 3,5 Mio. in der Republik Irland, der Rest in Nordirland. Zum Vergleich: Allein London hat 6 Mio. Einwohner.
Die Bevölkerungsdichte – ca. 50 Menschen pro qkm – entspricht etwa einem Zehntel der in der Bundesrepublik.
Fast 90% der Gesamtbevölkerung gehören der römisch-katholischen Glaubensrichtung an. In der Republik Irland leben fast ausschließlich Katholiken, in Nordirland dagegen etwa zwei Drittel evangelisch-protestantischen Glaubens und ein Drittel Katholiken.

KURZPORTRAIT IRLANDS

Die irischen Grafschaften und Provinzen

Hauptstadt der Republik ist *Dublin* mit rund 750.000 Einwohner.
Der Name der Insel lautet auf irisch (gälisch) *Eire*, auf englisch *Ireland*. Die offizielle Bezeichnung des Staates, der Republik Irland, ist auf irisch *Poblacht na h'Éireann*, auf englisch *Republic of Ireland*.
Nordirland, engl. Northern Ireland, umfaßt sechs der neun Counties (Grafschaften) der Provinz *Ulster*. Die sechs Counties sind Antrim, Armagh, Derry, Down, Fermanagh und Tyrone. Nordirland ist Teil Großbritanniens und wird von London aus verwaltet. Hauptstadt ist Belfast mit ca. 363.000 Einwohnern.
Die Republik Irland, von der im weiteren hauptsächlich die Rede sein wird, umfaßt **vier historische Provinzen,** die aber verwaltungstechnisch keinerlei Bedeutung mehr haben. Gebräuchlich sind für die heutige Administration die Namen der Counties, in die die Provinzen eingeteilt sind. Insgesamt gehören zur Republik Irland 26 Counties, die sich wie folgt zusammensetzen:
Munster (im Süden, sechs Counties): Clare, Cork, Kerry, Limerick, Tipperary und Waterford.
Leinster (im Osten, zwölf Counties): Carlow, Dublin, Kildare, Kilkenny, Laois, Longford, Louth, Meath, Offaly, Westmeath, Wexford und Wicklow.
Connacht (im Westen, fünf Counties): Galway, Leitrim, Mayo, Roscommon und Sligo.
Ulster (im Norden, insgesamt neun Counties, drei davon gehören zur Republik Irland): Cavan, Donegal und Monaghan.
Staatsform: Parlamentarische Demokratie mit zwei Parlamentskammern (*Senat,* irisch: *Seanad Eireann* mit 60 Mitgliedern und *Repräsentantenhaus,* irisch: *Dail Eireann* mit 144 Mitgliedern),

einem auf sieben Jahre gewählten Präsidenten (*Uachtaran*) als Staatsoberhaupt und einem Premierminister (irisch: *Taoiseach,* engl.: *Prime Minister*) als Regierungschef.
Grundgesetz ist die 1937 angenommene *Constitution of Ireland* (Verfassung). Sie definiert u.a. die Machtbefugnisse des Parlaments (*Oireachtas*), des Präsidenten, der Regierung, der Gerichte, sowie die Grundrechte der Bürger.
Wirtschaftliche Schwerpunkte: Landwirtschaftliche Produkte wie Milch, Butter, Rindfleisch stellen ein Drittel der Exportgüter dar. Aber auch Rennpferde oder Whisky sind wichtige Exportartikel. Der seit den sechziger Jahren eingeleitete forcierte Ausbau der Industrie zeigt auf den Gebieten Chemie, Textil, Maschinenbau oder Nahrungsmittel steigende Ergebnisse in der Außenhandelsbilanz. Auch die Einnahmen aus dem Fremdenverkehr sind ein wichtiger Wirtschaftsfaktor.
Erste **Landessprache** ist Irisch-Gälisch, zweite Landessprache ist Englisch.
Die **Nationalflagge** ist grün-weiß-orange in vertikal angeordneten Feldern.
Nationalhymne ist »A Soldier's Song«.
Der **längste Fluß** Irlands ist der *Shannon* mit 256 km. Der *Lough Neagh* ist mit 3.969 qkm der **größte See** und der 1.040 Meter hohe *Carrauntoohil* im County Kerry der **höchste Berg** Irlands.

GESCHICHTE IN STICHWORTEN

Graue Vorzeit – ca. 300 v. Chr. – Um 6000 v. Chr. kommen erste Siedler von Osten und Süden auf die Insel. Die ersten Hünengräber entstehen um 3000–2000 v. Chr. Später in der Eisenzeit wird auf der Aran-Insel Inishmore das Fort Dun Aengus errichtet.
Etwa ab dem 3. vorchristlichen Jahrhundert kommen gälische Kelten nach Irland und prägen das Land durch ihre Sprache und Kultur.
Ca. 200 v. Chr. – Zahlreiche kleine Provinzkönigreiche etablieren sich auf der Insel. Es gibt einen Hochkönig und weniger mächtige »Regional«-Könige.
3. Jh. n. Chr. – Der Ard Rioder Hochkönig von Tara, Cormac MacAirt herrscht über ganz Irland.
4. Jh. n. Chr. – Der Keltenkönig Niall of the Nine Hostages (Niall der neun Geiseln) regiert von Tara aus die Insel. Seine Nachkommen, die O'Neills, bleiben bis 1603 die Herren von Ulster.
432 n. Chr. – Angeblich als Bischof kommt ein gewisser Patrick nach Irland. Er wird später der Nationalheilige und Schutzpatron der Iren. St. Patrick war römischer Abstammung (Patricius), kam auf einem Raubzug der Kelten als Sklave nach England, floh auf den Kontinent und studierte dort Theologie. Der Hl. Patrick verbreitet das Christentum in Irland.
441 – St. Patrick fastet 40 Tage lang auf dem Berg Croagh Patrick (Co. Mayo), dem »Heiligen Berg« Irlands.
5.–6. Jh. – Irland wird zum Zentrum der christlichen Lehre im Westen Europas. Irische Mönche gründen zahlreiche Klöster und beginnen mit der eigentlichen Geschichtsschreibung Irlands. Bis dahin lebte die Historie lediglich in Legenden und Erzählungen. Die charakteristischen Hochkreuze (High Crosses) und Rundtürme (Round Towers) entstehen.
Die Missionierung durch irische Mönche dehnt sich auf Schottland (durch S. Columba), England und bis auf den Kontinent aus.
7.–8. Jh. – Eine Blütezeit der keltischen Kultur und des irischen christlichen Geisteslebens. Es entstehen die berühmten collorierten und illustrierten Handschriften »Book of Kells« und »Book of Durrow«, Sammlungen von Epen, Legenden, Gedichten und Liedern aus dem vorchristlichen Irland. Trotz der ersten Wikinger-Einfälle werden weitere Klöster errichtet.
9.–10. Jh. – Wikinger aus Dänemark und Norwegen gründen an der Ostküste Dublin, Wexford und Waterford, im Süden Cork und im Westen Limerick.
Dermot MacMurrough, König von Leinster, wird vom Hochkönig Rory oder Roderic O'Connor nach Wales verbannt. Dermot verspricht demjenigen seine Tochter zur Frau und die Königs-

würde, der ein Heer gegen Irland führen würde. Im Anglo-Normannen Richard de Clare, Earl of Pembroke, genannt Strongbow, findet er den gesuchten Bundesgenossen.

1169 landet Strongbow in Waterford, gewinnt das Gefecht, heiratet die Königstochter und wird nach dem Tode Dermots König von Leinster.

Nur zwei Jahre später, 1171, bemächtigt sich Heinrich II. von England (und normannischer Abstammung) mittels starker Streitkräfte Irland. Die Eroberung geschieht mit Zustimmung des Papstes Hadrian IV., der eine Absplitterung der Kirche von Irland befürchtet. Große Ländereien werden an englische Lords verschenkt.

13. Jh. – 1205 entsteht Trim Castle (Co. Meath), die größte Burg Irlands.

Die anglo-normannische Feudalherrschaft breitet sich bis an die Westküste aus. Die Eroberer nehmen mehr und mehr Sitten, Gebräuche und Sprache der Iren an. Viel zitiert wird die Behauptung, daß die Normannen »irischer als die Iren« geworden sind. Natürlich war das keineswegs im Sinne des englischen Königs.

Ausgangs des 13. Jh. tagt das erste irische Parlament – unter Ausschluß der Iren.

14. Jh. – 1366 werden auf einer Parlamentstagung in Kilkenny die »Statuten von Kilkenny« verabschiedet. Inhalt und Zweck war, jede »Irlandisierung« der normannischen Siedler zu verbieten. Es war ihnen verboten, Irinnen zu heiraten, irisch zu sprechen oder irische Sitten anzunehmen. Die Antipathie der Iren gegen die Engländer wird durch diese Statuten nicht gerade gelindert.

1494 – Englands König Heinrich VII. schmälert Irlands Eigenständigkeit weiter. Das Parlament in Dublin darf nur noch mit seiner Zustimmung tagen.

1541 – Heinrich VIII. läßt sich auch zum König von Irland ernennen. Er versucht, nachdem er nach einer verweigerten Ehescheidung mit Rom gebrochen und sich zum Oberhaupt der reformierten anglikanischen Kirche ernannt hat, den Protestantismus auch in Irland zu verordnen. Katholische Klöster werden aufgehoben, das Mönchtum unterdrückt.

Um 1550 – Unter der Regentschaft Edward VI. von England wird verboten, die Heilige Messe zu zelebrieren. Die immer wieder aufflackernden Unruhen der Iren entzünden sich

1579 – zu erbitterten Aufständen gegen den gnadenlosen Versuch Elizabeth I., die Reformation in Irland durchzusetzen. Die Antipathie gegen alles Englische schlägt in Haß um.

1607 – gehen die meisten der irischen Adeligen aus Nordirland ins Exil auf den Kontinent (»Flucht der Earls«). Protestantische Schotten und Engländer übernehmen die Kolonie Ulster. Irische Grundbesitzer werden enteignet. Der Grundstein für die spätere Teilung Irlands ist gelegt.

1641 – beginnt in Ulster ein fast zehn Jahre dauernder, grausamer Krieg zwischen Katholiken und Protestanten.

1649 – kommt im August Oliver Cromwell mit Truppen auf die Insel und schlägt den Aufstand brutal nieder. Die Stadt Drogheda wird von Cromwells Truppen samt Frauen und Kindern niedergemacht. Er enteignet katholische Landbesitzer und drängt sie ins wenig fruchtbare Connaught westlich des Shannon ab. Kaum ein Viertel des irischen Bodens verblieb den »Old Irish«.

1685–1688 – regiert Jakob II. – ein Katholik – in England. Er versucht, den Iren ihr Land zurückzugeben. Aber Jakob II. wird abgesetzt. Der protestantische Wilhelm III. von Oranien nimmt seine Stelle ein, folgt

1689 – mit einem Heer dem nach Irland geflohenen Jakob II. und besiegt dort die katholischen Truppen

1690 – in der Schlacht am Boyne.

1691–1780 – Diese Jahre sind geprägt von Repressalien. 1695 werden die Strafgesetze »Penal Laws« verkündet. Sie richten sich allein gegen Katholiken, beschneiden ihnen so gut wie alle Bürgerrechte. Ihr politischer Einfluß ist auf den Nullpunkt gesunken. Ein unmögliches Landrecht zersplittert die landwirtschaftliche Flächen in unrentable Minihöfe, die dann – durch das Gesetz noch unterstützt – leicht von protestantischen Iren übernommen werden können. Bald

gehörte kaum noch ein Zehntel des Landes katholischen Iren.
1782 – Das Parlament in Dublin wird von London wieder anerkannt. In Ulster formiert sich eine von Protestanten ausgehende Bewegung eines unabhängigen Irlands.
1790 – Die Freiheitsgedanken der französischen Revolution (1789) und die amerikanischen Unabhängigkeitskriege (1776 – 83) veranlassen den Protestanten Theobald Wolfe Tone, die »Vereinten Iren – United Irishmen« zu gründen. Man will – ungeachtet aller Konfessionsunterschiede – alle Iren vereinen und sich dann gegen England durchsetzen.
1793 – Die Iren erhalten das Wahlrecht zurück.
1796 – Tone versucht mit Unterstützung französischer Flottenverbände unter Admiral Hoche in der Bantry-Bucht zu landen. Aber Stürme zwingen zur Umkehr.
1798 – Erneuter Rebellionsversuch der »United Irishmen«, aber ohne Erfolg. Kleine französische Verbände landen in Mayo, werden aber besiegt, da die Unterstützung aus dem Lande fehlt. Tone nimmt sich das Leben.
1800 – Das englische Parlament unter Premierminister Pitt verabschiedet die Unionsakte »Act of Union«. Das irische Parlament in Dublin wird aufgelöst, Irland muß seine Parlamentsmitglieder nach Westminster schicken. England ruft das »Vereinigte Königreich von Großbritannien und Irland« aus.
1803 – Robert Emmet scheitert mit seinem Aufstand in Dublin und wird gehenkt. Seine letzte Rede aber hält die Freiheitsbestrebungen wach.
1828 – Dan O'Connell aus Kerry wird ins Unterhaus gewählt und setzt die Gleichberechtigung der Katholiken durch. Er betreibt die Absetzung der »Penal Laws« und später die der Unionsakte.
1845–1851 – Hungerjahre in Irland. Eine Kartoffelkrankheit vernichtet mehrere Jahre die Kartoffelernte und damit das oft einzige Nahrungsmittel der irischen Bauern. Die »Große Hungersnot« (The Great Famine) dezimiert die Bevölkerung von ca. 8 Millionen auf etwa 4 Millionen Menschen. Die meisten verhungern, viele wandern aus.
Verschlimmert wird die Katastrophe durch eine unmenschliche Lebensmittel-Exportpolitik. Das von England abhängige Irland war verpflichtet, Fleisch und Getreide auch in den Hungerjahren zu exportieren. Erst im letzten Moment werden die Lager für Iren geöffnet.
Der Schock der Hungersnot sitzt tief im Bewußtsein der Iren. Bis über die Mitte unseres Jahrhunderts hinaus reißt der Emigrantenstrom aus Irland nicht ab. Zumindest in der Sprache verdrängen viele Auswanderer ihre irische Herkunft, sprechen englisch statt gälisch, um bessere Chancen auf dem ausländischen Arbeitsmarkt zu haben.
1879 – Charles Stewart Parnell und Michael Davitt gründen die »Land-League«, einen Zusammenschluß der Landpächter mit dem Ziel, an die Gutsherren niedrigere Pachtgelder zu bezahlen.
1880 – die »Land-League« führt den »Boykott« ein, eine Maßnahme gegen widerspenstige Landlords. Der Name stammt vom Gutsherrn Boykott, der durch streikende Pächter – halber Pachtzins oder garnichts – zum Einlenken gezwungen wurde.
1881 – Durch die Aktionen der Land-League gedrängt, verabschiedet das Parlament in London Landgesetze, die den Landpächtern bessere Positionen einräumen.
1892 – Die »Home-Rule-Bill«, das Gesetz zur Selbstverwaltung, wird von Gladstone erneut ins Londoner Parlament eingebracht, passiert auch das Unterhaus (House of Commons), scheitert aber am Oberhaus (House of Lords).
1893 – Douglas Hyde und Eoin MacNeill gründen die »Gaelic League« zur Erhaltung der irischen Sprache.
Neben all diesen geschichtlichen Ereignissen sind ständig Bewegungen im Untergrund oder im Ausland tätig, die mit den verschiedensten Mitteln die Unabhängigkeit Irlands durchsetzen wollen.
1848 ist es die Bewegung »Junges Irland«. 1867 sind es die revolutionären »Fenians«. Außerdem ist die »Irish Republican Brotherhood« (I.R.B.) tätig.

1907 – Sinn Fein (gälisch für »wir selbst«), eine Separatistenbewegung, tritt in Erscheinung.
1914 – Die »Home-Rule-Bill« wird Gesetz.
1916 – »Osteraufstand« der I.R.B.-Anhänger, endet nach einer Woche ohne Erfolg.
1918–1923 – Unabhängigkeitskrieg.
Während eines Waffenstillstands 1921 gründet man den »Freistaat Irland«. Die Lager spalten sich in Befürworter und Gegner des Freistaats. Ein Mann namens de Valera aus den Reihen der Gegner tritt in den Vordergrund. Die Irish Republican Army (IRA) kämpft für die Aufhebung des Freistaats.
Der Vertrag über den Irischen Freistaat sieht u.a. vor, daß die sechs von neun Grafschaften in Ulster weiterhin unter britischer Oberhoheit bleiben.
1932 – Eamon de Valera wird erstmals Premierminister bis 1948.
1937 – Neue Verfassung mit einem Staatspräsidenten statt eines Generalgouverneurs. Die Bezeichnung »Freistaat« wird durch den Staatsnamen »Eire« ersetzt.
Irland ist nun souveräner Staat (außer Ulster) und bleibt im 2. Weltkrieg neutral.
1949 – Die Republik Irland (Poblacht na h'Éireann) wird ausgerufen.
1951–54 – De Valera ist zum zweitenmal Premierminister.
1955 – Beitritt zu den Vereinten Nationen (UNO).
1957 – De Valera wird erneut Premierminister.
1959 – De Valera wird Staatspräsident.
1966 – 50-Jahr-Feiern anläßlich des Osteraufstands 1916.
1968 – Protestmärsche werden durch Polizei gewaltsam aufgelöst.
1969 – Protestmärsche, eskalierende Gewaltakte in Nordirland.
1970–72 – Aktivitäten der IRA, Eingreifen der britischen Armee in Nordirland.
1973 – Beitritt der Republik Irland zur Europäischen Gemeinschaft. De Valera tritt als Staatspräsident ab.
1974 – Generalstreik in Nordirland. Ulster wird wieder von London aus regiert.
1975 – Am 29. August stirbt der ehemalige Präsident de Valera.
1976 – Friedenskundgebung der Frauen.
Hillary wird Staatspräsident der Republik Irland.
1977 – J. Lynch wird Premierminister.
1978–85 – Weitere Unruhen in Nordirland. Hungerstreik von IRA-Mitgliedern.
1982 wird Gerald FitzGerald Premierminister der Republik Irland. Durch finanzielle Anreize bei ausländischen Investoren und Schaffung neuer Industriezweige bemüht sich das Land – mit ersten Anzeichen des Erfolgs – sich aus seiner wirtschaftlichen Misere und hohen Verschuldung zu befreien.
»Nordirlandabkommen« im November 1985. Großbritannien räumt Irland Mitspracherecht in Nordirland ein.

WIE KOMMT MAN HIN?

Mit dem Flugzeug

Direkte Flugverbindungen bestehen mehrmals wöchentlich zwischen Frankfurt, Düsseldorf, München und Dublin, Flughafen Collinsbridge. Umsteigeverbindungen gibt es u.a. über Amsterdam, Paris oder London nach Dublin.
Auch von der Schweiz aus fliegt Aer Lingus Irish Airlines mehrmals in der Woche direkt nach Dublin und zwar von Genf und Zürich aus.
Ab Österreich sind noch keine Direktflüge eingerichtet, man muß in München, Frankfurt, Amsterdam oder London umsteigen.

WIE KOMMT MAN HIN?

Ab Dublin verkehren Anschlußflüge nach Cork oder Shannon. Die Flugzeit einer Direktverbindung, z.b. von Frankfurt nach Dublin, beträgt etwa zwei Stunden.
Der normale Flugpreis beläuft sich für diese Strecke auf runde DM 700,–.
Wesentlich interessanter für den Urlaubsreisenden sind die sog. »Flieg & Spar-Tarife«, IT-Flüge (Inclusive Tour, beinhaltet in einem Pauschalpreis Flug, Unterkunft und Landarrangement) oder Sonderflüge von Chartergesellschaften bzw. Reiseveranstaltern. Allerdings sind an ermäßigte Sondertarife immer gewisse Bedingungen geknüpft, z.b. beschränkte Reisedauer, Mindest- und Höchstaufenthalt, Bezahlung bei Buchung, festgelegte Reisetermine, Änderungen nur gegen Gebühr, o.ä.
Als Preis-Anhaltspunkt – Preise sind ja immer Schwankungen unterworfen – sei der »Flieg & Spar-Tarif« von Frankfurt nach Dublin und zurück mit ca. DM 538,– genannt. Ein einfacher Flug von Dublin nach Cork oder Shannon kostet rund 140,– Mark.

Mit der Bahn
Wichtige Drehscheibe für Bahnreisen nach Irland ist London. Nach London (Victoria Station) verkehren täglich der Wien-Ostende-Express von Wien über Nürnberg, Frankfurt, Köln und Ostende und der Britannia-Express von Innsbruck über München, Stuttgart, Mainz, Köln und Hoek van Holland.
Die Fahrzeit z.B. von München nach London dauert ca. 18 Stunden, die einfache Fahrt kostet auf dieser Strecke in der 2. Klasse rund DM 280,–, ein Liegewagenbett nochmals etwa DM 24,–.
An die walisische Westküste zu den Häfen der Fähren nach Irland verkehren ab London Euston Station Züge nach Holyhead (Fahrzeit ca. 5 Stunden) mit Anschlußfähre nach Dun Laoghaire bei Dublin, und ab London Paddington Station Züge nach Fishguard (Fahrzeit ca. 5 Stunden) mit Anschlußfähre nach Rosslare. Der Fahrpreis von London nach Rosslare beläuft sich auf ca. DM 125,–.

Mit dem Bus
Auch mit dem Bus läßt sich Irland erreichen. Dreh- und Angelpunkt ist auch hier London.
Die Busse der Deutschen Touring Gesellschaft verkehren regelmäßig mehrmals wöchentlich von München, Frankfurt und Köln nach London. Dort muß man umsteigen und hat Anschluß nach Dublin, Galway und Killarney. Preis bis Dublin etwa DM 400,–; Fahrtdauer gut 34 Stunden.

Mit dem Schiff
Direkte Autofährverbindungen vom Kontinent nach Irland bestehen bislang nur von Frankreich aus.
Die andere Möglichkeit ist, über den Kanal nach England zu reisen und von dort über die Irische See nach Irland zu gelangen. Die Fährverbindungen über den Kanal sind äußerst vielfältig. Hier wird lediglich auf die von Reisenden aus der Bundesrepublik wohl am meisten benutzten Strekken (Ostende/Calais – Dover) eingegangen.
Wer seinen Reiseplan sehr knapp kalkuliert, sollte in der Hochsaison eine Reservierung vornehmen, um auch wirklich mit der Fähre fahren zu können, die er ausgesucht hat. Vor allem für das Auto und einen eventuellen Kabinenplatz ist dann eine Vorbestellung ratsam.
Auf jeden Fall sollte man die einzelnen Angebote der verschiedenen Reedereien vergleichen. Nicht immer ist der kürzeste Wasserweg auch der preiswerteste Reiseweg. Und wer es ganz eilig hat, wird bestimmt die schnellen Luftkissenfähren über den Kanal mit ins Kalkül ziehen.
Wer über England nach Irland reist, sollte sich auch nach dem Durchgangstarif »Land-Bridge« erkundigen, der beim gleichzeitigen Kauf der Hin- und Rückfahrkarten Kontinent-England/England-Irland Ermäßigungen bietet.
Alle hier aufgeführten Fähren bieten das »roll on – roll off«-System an, was soviel heißt, daß mit

WIE KOMMT MAN HIN?

Fährverbindungen
1 Boulogne – Folkstone
Boulogne – Dover
2 Calais – Dover
Calais – Folkestone
3 Oostende – Dover
4 Vlissingen – Sheerness
5 Hoek v. Holland – Harwich
6 Hamburg – Harwich
7 Oostende – Hull
8 Hoek v. Holland – Hull
9 Esbjerg – Newcastle
10 Larne – Cairnryan
11 Larne – Stranraer
12 Liverpool – Belfast
13 Liverpool – Dublin
14 Holyhead – Dun Laoghaire
15 Fishguard – Rosslare
16 Pembroke – Rosslare
17 Roscoff – Cork
18 Le Havre – Rosslare
Le Havre – Cork
19 Cherbourg – Rosslare

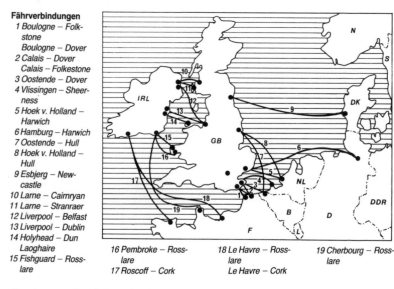

dem Auto vom Pier direkt ins Schiff gefahren werden kann. Spätestens eine Stunde vor Abfahrt sollte man sich zur Einschiffung im Hafen einfinden, auch mit reservierter Passage.

Endlich auf der Fähre, ist man gut beraten, sein Fahrzeug ordentlich zu verschließen, denn es gibt kaum eine Reederei, die für das Gepäck im, am oder auf dem Auto haftet. Selbstverständlich sind gasbetriebene Aggregate (z.B. Kühlschrank im Wohnmobil) während der Überfahrt abzuschalten und der Haupthahn am Gastank zu schließen.

Gerade in der betriebsamen Hochsaison werden die Autos auf den Fähren sehr, sehr dicht geparkt. Es ist deshalb wirklich kein Fehler, die Handbremse gut anzuziehen (eingelegter Gang genügt nicht), um die Bewegungen des Autos während der Überfahrt so gering wie möglich zu halten.

Ein Tip: Alle Utensilien, die man während der Überfahrt zu brauchen glaubt (Fotoapparat und Filme, Lesestoff, Pullover etc.), nimmt man gleich aus dem Auto mit, denn während der Überfahrt ist das Autodeck in aller Regel nicht mehr zugänglich.

Sehr hilfreich für die Reiseplanung ist die Broschüre *Autofähren nach Großbritannien und Irland,* die jährlich neu von der Britischen Zentrale für Fremdenverkehr (s. Anschriften) zusammen mit dem Irischen Fremdenverkehrsamt herausgegeben wird und auf Anfrage kostenlos erhältlich ist.

FRANKREICH – IRLAND
Le Havre – Cork und v.v.
Irish Ferries
Mitte Juni bis Anfang September
eine Abfahrt wöchentlich
Fahrtdauer ca. 21½ Stunden
Preis für Wohnmobil ab ca. DM 200,–
Preis pro Person ab ca. DM 120,–

Le Havre – Rosslare und v.v.
Irish Ferries
ganzjährig
bis 3 Abfahrten wöchentlich
Fahrtdauer ca. 21 Stunden
Preis für Wohnmobil ab ca. DM 200,–
Prei pro Person ab ca. DM 120,–

WIE KOMMT MAN HIN?

Cherbourg – Rosslare und v.v.
Irish Ferries
ganzjährig
bis 3 Abfahrten wöchentlich
Fahrtdauer ca. 17 Stunden
Preis für Wohnmobil ab ca. DM 200,–
Preis pro Person ab ca. DM 120,–

Roscoff – Cork und v.v.
Brittany Ferries
Fahrtdauer ca. 15 Stunden
Preis für Wohnmobil ab ca. DM 150,–
Preis pro Person ab ca. DM 120,–

Es werden ermäßigte Sondertarife und Komplettpreise angeboten.

BELGIEN – GROSSBRITANNIEN
Ostende – Dover und v.v.
P&O European Ferries
ganzjährig
bis zu 8 Abfahrten täglich
Fahrtdauer ca. 4 Stunden
Preis für Wohnmobil ab ca. DM 165,–
Preis pro Person ca. DM 61,–

Zeebrügge – Dover und v.v.
P&O European Ferries
ganzjährig
6 Abfahrten täglich
Fahrtdauer ca. 4 Stunden
Preis für Wohnmobil ab ca. DM 165,–
Preis pro Person ab ca. DM 61,–

Außerdem bestehen Verbindungen zwischen Zeebrügge und Hull sowie Ostende und Folkestone. Es werden ermäßigte Durchgangstarife nach Irland angeboten.

FRANKREICH – GROSSBRITANNIEN
Calais – Dover und v.v.
Sealink, P&O European Ferries
ganzjährig
bis 35 Abfahrten täglich
Fahrtdauer ca. 1,5 Stunden
Preis für Wohnmobil ab ca. DM 150,–
Preis pro Person ab ca. DM 46,–

Hoverspeed Luftkissenfährdienst
ganzjährig
15 bis 21 Flüge täglich
Flugdauer 35 Minuten
Preis für Wohnmobil ab ca. DM 200,–
Preis pro Person ab ca. DM 56,–

Außerdem bestehen Verbindungen zwischen Calais/Boulogne und Folkestone, Boulogne und Dover sowie von Le Havre, Cherbourg, Dieppe, Roscoff und St. Malo nach Südengland. Es werden ermäßigte Durchgangstarife nach Irland angeboten.

GROSSBRITANNIEN – IRLAND
Fishguard – Rosslare und v.v.
Sealink
ganzjährig
bis 2 Abfahrten täglich
Fahrtdauer ca. 3½ Stunden
Preis für Wohnmobil ab ca. DM 205,–
Preis pro Person ca. DM 90,–

Pembroke – Rosslare und v.v.
B + I Line
ganzjährig
bis 2 Abfahrten täglich
Fahrtdauer ca. 4¼ Stunden
Preis für Wohnmobil ab ca. DM 240,–
Preis pro Person ab ca. DM 50,–

WIE KOMMT MAN HIN?

Holyhead – Dublin/Dun Laoghaire und v.v.
Sealink, B + I Line
ganzjährig
bis 4 Abfahrten täglich
Fahrtdauer ca. 3 1/2 Stunden
Preis für Wohnmobil ab ca. DM 205,–
Preis pro Person ab ca. DM 50,–

Liverpool – Belfast und v.v.
Belfast Ferries
ganzjährig
eine Abfahrt täglich
Fahrtdauer ca. 9 Stunden
Preis für Wohnmobil ab ca. DM 240,–
Preis pro Person ab ca. DM 90,–

Cairnryan – Larne und v.v.
P&O European Ferries
ganzjährig
bis 6 Abfahrten täglich
Fahrtdauer ca. 2 Stunden
Preis für Wohnmobil ab ca. DM 350,–
Preis pro Person ab ca. DM 140,–

Liverpool – Dublin/Dun Laoghaire und v.v.
Sealink
Ende Januar – Ende September
eine Abfahrt täglich
Fahrtdauer ca. 8 Stunden
Preis für Wohnmobil ab ca. DM 220,–
Preis pro Person ab ca. DM 90,–

Stranraer – Larne und v.v.
Sealink
ganzjährig
bis 9 Abfahrten täglich
Fahrtdauer ca. 2¼ Stunden
Preis für Wohnmobil ab ca. DM 205,–
Preis pro Person ab ca. DM 90,–

(Durchgangstarife Kontinent – England – Larne, Hin- und Rückfahrt).

Mit dem Auto

Die Anfahrtswege zu den Fährhäfen mit Verbindung nach Irland sind ausgezeichnet.
Die Häfen an der französischen Ärmelkanalküste Le Havre und Cherbourg mit direkten Fährverbindungen nach Irland sind am einfachsten zu erreichen über die Autobahn A 4 »Autoroute de L'Est«, über Metz, Reims und Paris. Paris umfährt man auf dem südlichen Ring über Orly und Versailles und stößt dann auf die »Autoroute de Normandie« El/Al3, die südlich an Rouen vorbei nach Caen und als Schnellstraße weiter nach Cherbourg führt.
Will man zum etwas nähergelegenen Le Havre, zweigt man westlich von Rouen an der Ausfahrt Pont-Audemer ab und erreicht die Hafenstadt über Pont de Tancarville. Entfernung Frankfurt–Le Havre: rund 800 km. Die Autobahnen in Frankreich sind gebührenpflichtig.
Einige **Campingplätze** an der Strecke nach Le Havre:
Metz – *Camp de Tourisme,* Metz–Plage beim Mosel-Strandbad, geöffnet Anfang Mai bis Ende September.
Verdun – *Camping les Breuils,* südlich Verdun D 34, links der Meuse, geöffnet Anfang März bis Ende Oktober.
Châlons-sur-Marne – *Camping Municipal.* Im Süden der Stadt, geöffnet März bis Oktober.
Reims – *Airotel de Champagne,* Richtung Chalons, A 4-Ausfahrt Gormontreuil, geöffnet Anfang April bis Ende September.
Paris-Versailles – *Terrain Municipal de Campisme,* geöffnet Mitte April bis Ende Oktober.
Paris-Maisons-Laffitte – *Airtobel Camp International,* westlich Paris an der Seine, ganzjährig geöffnet.
Rouen – **Déville** – *Camping Municipal,* nordwestlich Rouen, ganzjährig geöffnet.
Le Havre – *Camping Caravaning de la Forêt de Montgeon,* nördlich der Stadt Richtung Fecamp, geöffnet Anfang April bis Ende September.

WIE KOMMT MAN HIN?

Ostende, einen der meistbenutzten Häfen für Fahrten nach England, erreicht man
- aus dem norddeutschen Raum über die E 3 (Osnabrück–Dortmund–Antwerpen),
- aus dem Frankfurter Raum über die E5 (Koblenz–Bonn–Köln–Aachen–Liège–Brüssel),
- und aus dem süddeutschen Raum über zwei verschiedene Wege, einmal über die E11/E5 (München–Stuttgart–Koblenz–Köln–Aachen–Liège–Brüssel) oder über Frankreich und die N42 (München–Stuttgart–Mannheim–Saarbrücken–Metz–Arras–Lille).

Besonders bei der letzten Anfahrtsversion wird man wohl eher Calais als Fährhafen wählen.
Auf der Weiterreise von Dover nach Fishguard bedient man sich zunächst der größtenteils zur Autobahn ausgebauten A 20 bis hinter Maidstone, nimmt dann die südlich um London führende Autobahn M 25 und stößt – über Reigate, Chertsey und Bracknel fahrend – bei Reading auf die Autobahn M 4. Über Newport kommt man an Swansea vorbei. Die Autobahn endet und führt als A 48 nach Haverfordwest. Ab dort A 40 nach Fishguard, dem Fährhafen nach Rosslare in Irland. Schon vor Fishguard ist die Zufahrt zum Fährhafen deutlich beschildert. Der Ortskern wird dabei umgangen.

Die gesamte Strecke, z.B. von Frankfurt nach Ostende und weiter von Dover nach Fishguard beträgt rund 1.200 km.

Einige *Campingplätze* an der Strecke nach Fishguard:

Antwerpen – *Stederlijk Kampeerterrein,* über Ringautobahn nahe Crest-Hotel, Anfang April bis Ende September geöffnet.

Gent – *Camping Blaarmeersen,* Autobahnausfahrt Gent-West, gute Einrichtungen, geöffnet Anfang März bis Mitte Oktober.

Ostende – schlechte Campingsituation, am besten nach **De Haan** ausweichen. *Camping Townsend Thoresen Holiday Village,* De Haan, relativ viel Platz für Touristen, aber immer stark belegt, geöffnet Mai bis September. Wichtig! Besonders in der Hochsaison schon am frühen Nachmittag nach Platz umsehen.

Calais – städtischer Platz *Camp Municipal,* bescheiden ausgestattet, nahe Fährstation, ganzjährig geöffnet.

Dover – *Camping Hawthorn Farm* bei Martin Mill, geöffnet März bis Oktober.

London – im Stadtgebiet Greater London, d.h. City mit Vororten, gibt es drei Campingplätze. Der *Co-operative Woods Camping and Caravan Site* in der Federation Road im Stadtteil Abbey Wood südöstlich des Stadtzentrums, nahe der Woolwich Ferry, ist ganzjährig geöffnet und über die Straße A 2 aus Dover, die South Circular Road A 205 und ab Woolwich über die A 206 Woolwich Road gut erreichbar.

Ebenfalls relativ zentrumsnah liegt südlich des Stadtkerns im Stadtteil Dulwich nahe dem Crystal Palace National Sports Center der ganzjährig geöffnete *Campingplatz Caravan Harbour.* Zu erreichen über die South Circular Road A 205.

Im Norden der Stadt, am einfachsten über die M11 Richtung Cambridge (Ausfahrt 5) zu erreichen liegt in Chigwell *Grange Farm Leisure Center,* geöffnet von Anfang März bis Ende September.

Chertsey – *Camping Club International,* Camping Carnet notwendig, ganzjährig geöffnet.

Bath – *Newbridge Caravan Park,* westlich Richtung Bristol A4, ganzjährig geöffnet.

Chepstow – *Chepstow Racecourse Campsite,* auf dem Gelände der Pferderennbahn, geöffnet Mitte April bis Ende September.

Fishguard – *Fishguard Bay Camping Site,* schöne freie Lage, nur Zelte und Wohnmobile, geöffnet Anfang April bis Ende September.

QUER DURCH IRLAND

Die Route

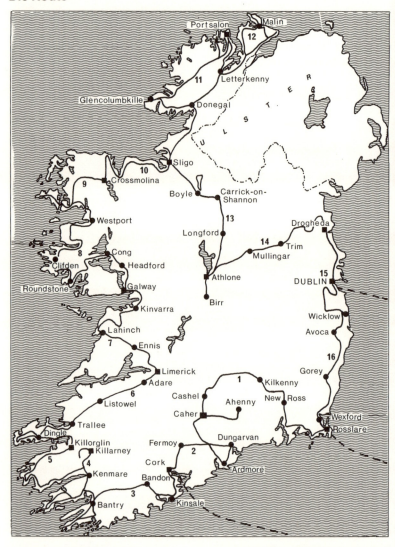

Irland ist ein relativ kleines Land. Von keinem Punkt der Insel ist man weiter als höchstens 100 km von der Küste entfernt. Ein Katzensprung für den Autofahrer. Und die Küste hat's in sich. Imposante Klippenszenerien, wie etwa bei den Cliffs of Moher oder bei Roundstone, wechseln ab mit einsamen Stränden und Dünengürteln, wie etwa bei Dugort auf Achill Island.

QUER DURCH IRLAND

Eine Tour durch Irland lebt vom Reiz des Wechsels zwischen Land und Wasser. Immer wieder stößt man auf Seen, Flüsse oder man spürt die Nähe des Meeres. War man eben noch von den lieblichen, grünen Tälern zwischen sanften Hügelketten begeistert, ist man Stunden später schon mitten in menschenleeren, endlos erscheinenden Hochmooren. Und am nächsten Tag quert man vielleicht weite, baumlose, kahle Karstgebiete, die in einem ganz unerwarteten Kontrast zu der sonst im Grün schwelgenden Insel stehen. Seen, deren romantische Gestade nur mit dem Vokabular des Poeten zu skizzieren wären wechseln ab mit entlegenen Regionen, die die Bewunderung für den Mut der dort wohnenden Lebenskünstler herausfordern.

Dem Besucher präsentiert sich die Landschaft ständig wie neu angestrichen oder frisch gewaschen. Nach einem Regen glänzt alles in noch intensiveren Farben. Die Wiesen leuchten noch grüner, der Ginster im Mai noch gelber. Im Juni scheint der violette Rhododendron überall zu blühen. Weißdorn und Rittersporn heben sich kontrastreich von der Umgebung ab. Und selbst die im August voll erblühten Fuchsien scheinen nach einem Regen noch feuriger zu leuchten.

Aber nicht nur Liebhaber unverfälschter Natur kommen auf ihre Kosten. Die Denkmäler Irlands wie Klöster, Abteien, Schlösser, Rundtürme und Zeugen aus der Frühzeit sind an sich schon einen Urlaub wert.

Noch scheint es nicht übertrieben zu sein, Irland als einen der letzten Horte intakter Natur zu bezeichnen. Noch sind in dem kaum industrialisierten Land keine hausgemachten Umweltsünden bekanntgeworden. Aber man darf in diesem Zusammenhang die langsam entstehenden Industrieansammlungen um Dublin, Cork, Waterford oder Tipperary nicht aus dem Auge verlieren.

Irland hat keine sehr große Tradition auf dem Felde des Tourismus. Man ist erst dabei, im Ausland kräftig die Werbetrommel zu rühren. Vielleicht ist es aber gerade dieser bescheidenen Touristentradition und der Randlage Irlands an Europas Ferienströmen zu verdanken, daß das Verhältnis der meisten Einheimischen zu den ausländischen Besuchern im allgemeinen noch unverkrampft, positiv und von ehrlicher Freundlichkeit geprägt ist. Mit einer Ausnahme vielleicht – denn Ausnahmen bestätigen ja bekanntlich die Regel – nämlich der Touristenhochburg um Killarney. Hier sieht man den Besucher schon mehr als devisenbringenden Touristen, als anonyme Figur.

Nach wie vor ist das Kennenlernen von Land und Leuten das Salz in der Suppe eines Irlandurlaubes.

Eine der ersten Redewendungen, die Sie in Irland hören werden, wird der Gruß sein:" Nice day today, isn't it?" Dies nun einfach zu bejahen wäre nach irischem Verständnis zu wenig. " Yes, indeed, a lovely day" ist schon viel irischer. Und wenn Sie sich dann noch erkundigen, ob im vergangenen Jahr das Wetter um diese Jahreszeit auch so schön war, oder den schlimmen Regen in der Nacht zuvor kommentieren, etwa "Oh, there was a wicked rain last night!", haben Sie schon auf echt irische Weise die Basis für eine nette Unterhaltung geschaffen, die vom hundertsten ins tausendste führt und vielleicht sogar mit der Frage fürs erste endet: "Why don't we have a drink below in the pub?" (Warum trinken wir nicht einen zusammen im Pub?) Wenn Sie sich dann noch für Wetten, Windhundrennen oder Angeln interessieren oder ein guter Dartspieler (Werfen von Wurfpfeilen auf eine runde Scheibe) sind, wird es mit dem Weiterfahren an diesem Tag wahrscheinlich nicht mehr viel.

Irland ist, mit den Augen des kontinentalen Autotouristen betrachtet, ein kleines Land. Das wurde schon erwähnt. Sich nun aber vorzunehmen, in vierzehn Tagen die Insel kennenzulernen, wäre unklug.

Für die in diesem Reiseführer beschriebene Route, die rund um die Insel führt und wirklich kein wenigstens halbwegs interessantes Eckchen ausläßt, sind vier Wochen nicht zuviel – ohne An- und Rückreise. Hat man nicht so viel Zeit, sollte man eher die Etappen Dublin-Wexford und Sligo-Birr-Dublin kürzen oder auslassen, als etwas anderes. Es zahlt sich nicht aus, unter Zeitdruck an der Westküste entlangzueilen, nur um noch einige Tage für die Ostküste übrigzuhaben. Will man außer der ausführlich beschriebenen Hauptroute auch alle Abstecher, Ausflüge und Wandermöglichkeiten einbeziehen, kann man leicht einen achtwöchigen Jahresurlaub damit füllen – oder gelegentlich wiederkommen und den Rest erledigen.

Die Rundreise beginnt und endet bewußt in Rosslare, dem wohl wichtigsten Touristenfährhafen, und führt im Urzeigersinn um die Insel. Wer aber in Dun Laoghaire (sprich: Dun Lieri) oder Cork ankommt, steigt einfach in diesen Hafenstädten in die Route ein, beginnt ab Dublin/Dun Laoghaire mit der letzten, der 16. Etappe und fährt mit der 1. Etappe fort. Ab Cork startet man mit der 3. Etappe.

Die beschriebene Rundreise ist in 16 Abschnitte eingeteilt, die jeweils einer **Tagesetappe** entsprechen. Im Interesse des Reiseerlebnisses sollte man dazwischen allerdings Pausen einlegen.

Jede Etappe beginnt mit einer **Streckenskizze**, die zur ersten Orientierung und als Anhaltspunkt dienen soll. Unterwegs wird **alles Sehenswerte** rechts und links der Route beschrieben.

Campingplätze, Hotels in wichtigen Orten und **Touristeninformationsbüros** sind entlang der Reiseroute, auf jeden Fall am Etappenende angegeben. Nehmen Sie nun noch die **Kilometerangabe** am Beginn jeder Tagesroute zu Hilfe, haben Sie in einer Hand alles beisammen, was Sie zur Planung und Durchführung einer erlebnisreichen Reise brauchen – einen Reiseführer, der diese Bezeichnung beim Wort nimmt.

Von verschiedenen Orten aus sind **Ausflüge** angegeben. Sie führen zu Zielen, die das Gesamtbild der Route abrunden.

Seenlandschaft im Joyce Country

1. ROSSLARE – CAHER, 220 km

Überwältigend ist das ja nicht gerade was sich da vor einem ausbreitet, wenn man Rosslare Harbour anläuft. Ein grauer Strand, dahinter sanft ansteigende Hügel und Wiesen. Keine spektakuläre Hafeneinfahrt, keine imposanten Klippen, keine pompösen Hafengebäude. Der am häufigsten angefahrene Fährhafen Irlands ist zweckmäßig und bescheiden.
Aber gemach, gemach. Schon wenige Kilometer südlich sind wir mitten in einer lieblichen Landschaft mit Stränden, Seen und hübschen Cottages. Noch vollgestopft mit Eindrücken vom quirligen Kontinent fällt in den ersten Tagen die Ruhe und Beschaulichkeit, die von der irischen Landschaft ausgeht, ganz besonders auf. Lassen sie sich davon anstecken.

Achtung: Links fahren!
Zwei Kilometer nach Rosslare Harbour liegt links an der Straße N25 ein *Touristeninformationsbüro*. Gute Gelegenheit, sich mit Straßenkarten und Info-Material einzudecken.

Information Feb.–Nov., Tel. 053/33232

Schalten Sie einen Gang zurück – persönlich und im Auto – um am Wegweiser nach Carne Beach, der später überraschend klein auftaucht, nicht achtlos vorbeizufahren.
Diese gesamte erste Etappe beinhaltet außergewöhnlich viel Sehenswertes. Wer alles Beschriebene einigermaßen in Ruhe ansehen will, sollte nicht zu spät aufbrechen. Denn mit Besichtigungen und Fahrzeit kann aus dem ersten Tag leicht ein 12-Stunden-Tag werden. Außerdem wird man in den ersten Tagen bei Linksverkehr auf den oft nicht übermäßig breiten Nebenstraßen keine große Durchschnittsgeschwindigkeit erreichen.

In **Kilrane** geht es dann am bereits erwähnten unscheinbaren Abzweig südwärts zur ca. 7 km entfernten Carne Beach mit schöner Sandbucht, Dünen und Campingplatz. Noch 3 km weiter liegt Carnsore Point, der südöstlichste Punkt Irlands. Die Straßen hinaus zum Carnsore Point sind sehr eng, größtenteils einspurig.

Kilrane
– *The Holiday Inn Caravan and Camping Park* (B), Tel. 053/31168, Mitte Mai – Mitte September; ca. 1,6 km südöstlich Kilrane; Wiesengelände; 1,2 ha – 28 Stpl.; Standardausstattung.
Broadway
– *Carne Beach Caravan and Camping Park* (A*), Tel. 053/31131, Mitte Mai – Mitte September; ca. 6 km südlich Kilrane bei Broadway, Nähe Carnsore Point; Wiesengelände mit mehreren kleinen Platzteilen für Touristen, teils mit betonierten Flächen für Caravans; über eine Düne zum Meer, sehr ruhig und abgeschieden gelegen; 12 ha – 90 Stpl. + 210 NE, MCV; Komfortausstattung; Laden; Tennis.

Camping südlich Rosslare Harbour

Entlang dem See Lady's Island Lake mit Burg- und Klosterruine aus dem Jahre 1237 und jahrhundertelang ein Wallfahrtsort, kehren wir zurück nach Broadway. Hier nehmen wir den ersten möglichen Abzweig westwärts und kommen nach gut 3 km zur Tacumshin Windmill, eine von

1. ROSSLARE – CAHER

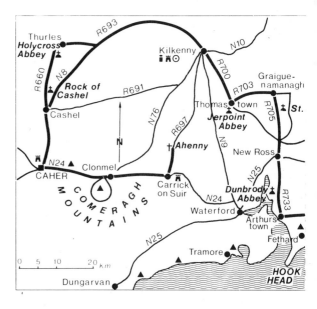

drei in Irland noch erhaltenen Windmühlen. Die Turmmühle mit Strohdach wurde 1846 von Nicholas Moran erbaut und tat bis 1936 ihren Dienst. Teile des Mahlwerks sind erhalten. 1952 wurde die Mühle restauriert. Schlüssel erhält man im Laden am Eingang.

Knapp 4 km nördlich treffen wir auf die Straße R 739 und fahren hinaus nach
Kilmore Quay, einem hübschen, kleinen Fischerdorf, das durch seine strohgedeckten Häuser noch malerischer wirkt. Vom Hafen aus geht der Blick weit über die flache Küste nach Osten.
Der Küste 6 km vorgelagert liegen die Saltee Islands, zwei Felseninseln (eine davon 58 Meter hoch), die als ein bekanntes Vogelschutzgebiet gelten. In der Übergangszeit vom Frühling zum Sommer nisten hier oft bis zu 3 Millionen Seevögel.
Wenn man in Kilmore Quay etwas herumfragt und Zeit hat, findet man sicher einen Fischer, der bereit ist, Interessierte zu den Inseln hinauszufahren. Bei schönem Wetter und ruhiger See ein Vergnügen.

Der Landstrich zwischen Carnsore Point und Bannow Bay war der erste, der einst von den Normannen kolonisiert wurde. Bannow an der gleichnamigen Bucht – man kann auf der Weiterfahrt hinter Carrick von der R736 abzweigen – war die erste Gründung der Normannen auf irischem Boden. Robert Fitzstephen landete hier 1169, um von Bannow aus die normannische Eroberung Irlands voranzutreiben. Lange lebte das Städtchen gut von seinem Hafen, bis die Bucht zu versanden begann und der Hafen aufgegeben werden mußte. Im Laufe des 17. Jh. zerfiel die Stadt.

1. ROSSLARE – CAHER

Aber noch bis 1798 saßen Vertreter Bannows im irischen Parlament, von denen man spöttisch bemerkte, sie würden ja nur "eine Kirche und einen Kamin" vertreten. Noch weniger ist heute von der versunkenen Normannenstadt übriggeblieben – der Friedhof und die Ruine der St. Mary's Church. Von dieser etwas erhöht gelegenen Stelle, einem idyllischen, ruhigen Platz., bietet sich ein herrlicher Blick auf die Bannow-Bucht. Für Fahrzeuge über 2,00 Meter Breite ist das letzte 300 Meter lange unbefestigte Wegstück und vor allem das Einfahrtstor nur schwer passierbar.

historische Bannow Bay

In Wellingtonbridge stoßen wir auf die Straße R733, überqueren die Mündung des Corock in die Bannow-Bucht und haben nach rund 7 km Gelegenheit, zur Tintern Abtei abzuweigen. Die Zisterzienserabtei am Wye-Fluß wurde 1200 von William le Mareshal, Earl of Pembroke, gegründet, angeblich aus Dankbarkeit, einen in der Bannow-Bucht erlittenen Schiffbruch glücklich überstanden zu haben. Leicht zu finden sind die Abteiruinen nicht. Sie liegen abseits der Straße inmitten von Wiesen.

Tintern Abtei

– *Ocean Island Caravan and Camping Park* (B*), Tel. 051/971 48, Ostern–Ende September; an der Straße R 734; Wiesengelände; 1,2 ha – 21 Stpl. + NE, MCV; Standardausstattung.

– *Fethard Caravan and Camping Park* (B), Tel. 051/97230, Anfang April–Ende September; an der R734 nördlich Fethard; Wiesengelände; 3,6 ha – 60 Stpl. + NE; Standardausstattung.

Camping bei Fethard-on-Sea

In Arthurstown (*Jugendherberge*) am Waterford Harbour macht die R 733 einen Knick nach Norden und führt in der Nähe des River Barrow nach New Ross.

Zwischen Ballyhack und Passage East verkehrt neuerdings eine Autofähre, die den Weg nach Waterford erheblich abkürzt. Früher konnten nur Fußgänger und Radfahrer übersetzen.

Auf dem Weg nach New Ross liegt die mächtige Ruine der Dunbrody Abtei inmitten einer Wiese. Die Reste der stattlichen Kirche des 1182 gegründeten Zisterzienserklosters sind wegen der guterhaltenen Spitzbogenfenster und den feinen Steinmetzarbeiten am Westtor sehenswert. Die Klosteranlage, eine der größten irischen Abteien, wurde während des Aufstandes von 1798 stark beschädigt.

Dunbrody Abtei

1. ROSSLARE — CAHER

Kennedy Memorial Park Knapp 4 km weiter liegt abseits der Straße R 733 der John F. Kennedy Memorial Park. Der 1968 eingeweihte, 165 ha große Waldpark und botanische Garten unterhalb des 269 Meter hohen Hügels und Aussichtspunktes Slieve Coilte wurde zu Ehren des 35. amerikanischen Präsidenten (1961–1963) John Fitzgerald Kennedy eingerichtet, dessen Vorfahren aus dem nahen Dorf Dunganstown stammen. Im Park gibt es Parkplätze, Picknickplätze, Geschäft und Restaurant. Wanderwege sind geplant.

8 km weiter liegt
New Ross am River Barrow. Das alte Binnenhafenstädtchen ist am hübschesten unten am Flußquai mit den Speicherhäusern. Schönes Rathaus mit Uhrturm. An der "The Quay" genannten Uferstraße liegt das im Juni,
Information Juli und August geöffnete *Informationsbüro.*

Hotels *Hotels:* Fife Counties Hotel (A) Tel. 051/21703, Royal Hotel Tel. 051/21457; sowie *Bed and Breakfast (B + B).*
In den Straßen Neville, South oder North Street findet man Singing Pubs.

Ausflug *Ausflug:* Während der Sommermonate ab New Ross täglich Ausflugsfahrten auf dem Barrow-River nach St. Mullins und Graiguenamanagh mit einem Restaurant-Schiff. Bei Lunch, Afternoon Tea oder Dinner kann man geruhsam eine der schönsten Flußlandschaften Irlands genießen.

Für die Weiterfahrt gibt es zwei Möglichkeiten, entweder am Ost- oder am Westufer des Barrow flußaufwärts.
Nördlich New Ross überqueren wir den Barrow, kommen damit von der Grafschaft Wexford, durch die wir bisher reisten, in die Grafschaft Kilkenny und folgen der R 705 am Westufer flußaufwärts. Westlich erhebt sich der 516 m hohe Brandon Hill. Wer hinaufwandert, wird mit einem schönen Ausblick auf die Täler des Barrow im Osten und Nore im Westen belohnt.
Wenig später sind wir in **Graiguenamanagh,** einem malerischen, kleinen Städtchen mit einem einsmals bedeutenden religiösen Zentrum der Zisterzienser, der Duiske-Abtei, gegründet 1204.

Nur wenig länger ist der Weg von New Ross nach Graiguenamanagh über die R729 entlang des östlichen Barrowufers. Auf diesem Weg kann man 8 km nördlich von New Ross einen Abstecher zum idyllisch am Barrowufer gelegenen **St. Mullins** machen. In der Umgebung eines Picknickplatzes liegen die Ruinen einer uralten Kirche, einer kleinen Klosterzelle und die Reste eines Rundturmes

Ab Graiguenamanah geht es westwärts über die R703 nach **Thomastown.** Das Städtchen sonnt sich ein bißchen in dem Ruf, Heimat des bedeutenden Philosophen und Philantropen Bischof George Berkeley gewesen zu sein. Er lebte von 1685 bis 1753 im nahen Dysart Castle.
Nach dem gelehrten Mann wurden Stadt und College von Berkeley in Kalifornien, USA, benannt.

1. ROSSLARE – CAHER

Sicher war zu Lebzeiten des Bischofs Berkeley Jerpoint Abtei, schon eine Ruine. Die Abtei liegt nur knapp 3 km südwestlich Thomastown an der Straße N9 und zählt zweifellos mit zu den schönsten Klosterruinen Irlands.
Auch hier war es der Orden der Zisterzienser, für den das Kloster 1158 vom Lord of Ossory gegründet wurde. Der älteste Teil der Abtei ist der im romanischen Stil errichtete, gewölbte Chor mit Steindach, Taufbecken und in Stein gemeiselten Sitzen. Der Kreuzgang mit Arkadenresten, den herrlichen Figuren an den Säulen und der mächtige Turm stammen aus dem 15. Jh. Der Turm kann bestiegen werden. 1541 wurde das Kloster aufgelöst.
Schlüssel ggf. bei der Verwalterin Mrs. Wallace, Jerpoint zu bekommen.

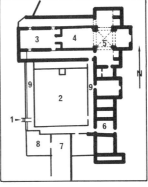

Jerpoint Abtei, ✳
Juni–Sept.,
tgl. 10–18 Uhr, sonst kürzer. Eintritt

Jerpoint Abbey
1 Eingang
2 Klostergarten
3 Chor der Laienmönche
4 Chor der Mönche
5 Turm
6 Kapitelhaus
7 Refektorium
8 Küche
9 Kreuzgang

✳ **Kilkenny** unser nächstes Ziel, liegt nur 16 km nordwestlich von Thomastown und ist über die R700 leicht zu erreichen.
Das beiderseits des Nore-Flusses liegende Land-Städtchen hat ein sehr interessantes, sehenswertes Zentrum und eine lange, bewegte Vergangenheit.
Da wo heute die St. Canice Kathedrale steht, soll im 6. Jh. der Heilige Canice eine Kirche gebaut haben und wurde damit auch zum Stadtgründer. 1170 fiel Kilkenny an Strongbow, Earl of Pembroke, dem anglo-normannischen Invasor.
In die Geschichtsbücher ging die Stadt durch die »Statuten von Kilkenny« ein, die 1366 vom Parlament verkündet wurden. Sie hatten die Trennung von Iren und Normann auf allen kulturellen und sozialen Gebieten zum Ziel. Insgesamt tagte hier zwischen 1203 und 1408 viermal das irische Parlament. Zwischen 1642 und 1648 schließlich war Kilkenny Sitz des Bündnisparlaments der Confederates, dem Zusammenschluß der Iren und der Katholischen Anglo-Normannen. 1650 eroberte Cromwell und seine »Roundheads«, so nannte man Cromwells Soldaten, die Stadt.

Rundgang durch Kilkenny

Kilkenny ist ein relativ kleines Städtchen und alle wichtigen Sehenswürdigkeiten lassen sich auf einem Rundgang durch die Stadtmitte leicht erreichen.
Am besten parkt man das Auto gleich am Schloß, das unübersehbar an der rechten Seite der Castle Road auftaucht, wenn man über die R700 von Thomastown kommt und beginnt gleich hier mit dem Besichtigungsgang.
Kilkenny Castle (2) wurde 1295 von William le Mareshal gegründet, kam 1345 an Isabel und Gilbert de Clare im 14. Jh. an deren Tochter Alianore und ihren Mann Hugh le Despenser aus der mächtigen Gloucester-Familie. Danach war das Schloß von 1391 bis 1935, also beinahe 500

Schloß, Juni–Sept. tgl. 10–19 Uhr. Okt.–Mai 10–13, 14–17 Uhr, So 14–17 Uhr, Mo. geschlossen. Eintritt

23

1. ROSSLARE – CAHER

Kilkenny Rundgang Jahre lang, im Besitz der Butler-Familie und bis in unser Jahrhundert Sitz der Earls und Marquess of Ormonde, dem jeweiligen Oberhaupt des Butler Clans.
Heute gehört die feudale Zwingburg, die etwas erhöht in der »High Town« inmitten eines ausgedehnten Parks liegt, dem irischen Staat.
Der Park ist frei zugänglich. Im Schloß finden täglich Führungen statt.
Neben einem Turmzimmer mit teilweise über 4 Meter dicken Mauern und einem Speisesalon ist vor allem die lange Halle im Obergeschoß des Seitenflügels oberhalb des Nore-Flusses sehenswert. Sie dient als Portraitgalerie und weist einen sehr schönen doppelten Kamin und eine äußerst interessante Deckenkonstruktion mit bemaltem Gebälk auf.

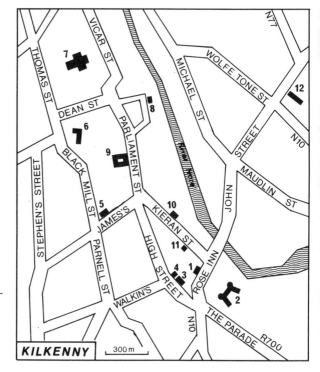

Kilkenny
1 Information
2 Kilkenny Schloß
3 Rathaus
4 Postamt
5 St. Mary's Kathedrale
6 Black Abbey
7 St. Canice's Kathedrale
8 St. Francis Abtei
9 Rothe Haus
10 Kyteler's Inn
11 St. Mary's Hall
12 Bahnhof

Vom Schloß gehen wir stadteinwärts bis zur Rose Inn Street. Dort ist im Shee Alms House, einem ehemaligen Hospital und Armenhaus aus dem Jahre 1582, das Touristeninformationsbüro (1) eingerichtet.
Zurück zur Kreuzung, rechts ab und wir kommen in die High Street. Rechts das Rathaus (3) (Tholsel, Zoll- und Wechselhaus aus dem Jahre 1761), daneben das Postamt (4).
Etwas weiter zweigt links die James Street ab. Ihr folgen wir bis zur St. Mary's Cathedral (5). Die erst 1843 im frühgotischen Stil errichtete Kathedrale liegt auf einer Erhebung und beherrscht mit ihrem 60 Meter

1. ROSSLARE – CAHER

hohen Turm die Stadtsilhouette. Im Inneren eine Marmormadonna von Benzoni, sowie Wandmalereien und schöne Glasfenster im Chor.
Nach der Kathedrale gehen wir rechts die Straße hinab bis zur Black Abbey (6), rechts in der Abbey Street. 1225 wurde die Dominikanerkirche »Black Friars Church« von William le Mareshal erbaut, 1979 Haupt- und Querschiff restauriert. Schöne Fenster. Abteimuseum mit Antiquitäten und alten Büchern.
Umkehrpunkt auf unserem Rundgang ist die noch weiter nördlich gelegene St. Canice's Cathedral (7). Sie gilt als eine der schönsten Kathedralen aus dem 13. Jh. in Irland. Von der an dieser Stelle von St. Canice gegründeten Kirche ist nur noch der 30 Meter hohe Rundturm übrig. Er kann bestiegen werden. Von ihm sehr schöner Blick auf die Stadt.
Die danach von Felix O'Dullany um 1200 gegründete Kathedrale wurde von Cromwells Soldaten arg zerstört, von Sir Thomas Deane wieder aufgebaut und beherbergt im Inneren bemerkenswerte Monumente wie die Gräber der Ormondes, einen Taufstein aus schwarzem Marmor aus dem 12. Jh., den St. Kieran's Sessel, einen schönen Kreuzgang und die wohl größte Sammlung von Gräbern in Irland aus dem 16. Jh.
Nun gehen wir wieder stadteinwärts, biegen aber nach der Brücke links ab und machen einen kleinen Umweg, an der Ruine der St. Francis Abtei (8) der »Grey Friars« (Graue Brüder) vorbei, bevor wir wieder auf die Hauptstraße gelangen. Schräg gegenüber das Rothe House (9). Der 1594 errichtete Komplex mit Innenhöfen und einem Brunnen ist ein irisches Kaufmannshaus im Tudor-Stil. In ihm sind Bibliothek und Museum der Archäologischen Gesellschaft untergebracht.
Im Weitergehen halten wir uns links und biegen in die Kieran Street ein. Linkerhand taucht das alte Gasthaus Kyteler's Inn (10) auf (Balladenabende an Wochenenden). In Verbindung mit dem Haus wird die Geschichte von der »Hexe« Alice Kyteler gebracht. Die Frau wurde 1280 geboren und betrieb einen schwunghaften Geldverleih. Keine gute Basis für viele Freundschaften. Als dann nach und nach ihre Ehemänner – Alice Kyteler war viermal verheiratet – auf mysteriöse Weise verschwanden und bekannt wurde, daß sie Zauberei und Hexenkunst betrieb, wurde ihr der Prozess gemacht. Aber die clevere Alice entwich nach England. Für sie mußte einer ihrer Kultanhänger auf den Scheiterhaufen steigen.
Etwas weiter, ebenfalls in der Kieran Street, und rechts hinter dem Rathaus, steht St. Mary's Hall (11), die älteste Pfarrkirche in Kilkenny. Interessante Grabmale bedeutenden Familien. Wir kommen nach der Brücke über den Nore zurück zur Rose Inn Street und gehen zum Ausgangspunkt in der Castle Road zurück.
In unmittelbarer Nähe der Nore-Brücke befindet sich eines der schönsten und stilvollsten alten **Pubs** von Kilkenny, die »Tynan's Bridge House Bar«.

Information: Tourist Information Office Kilkenny, Shee Alms House, Rose Inn Street, Tel. 056/21755, ganzjährig.
Hotels: Newpark (A) Tel. 056/22122, Springhill (B*) Tel. 056/21122, Club House (B) Tel. 056/21994, Cormel (C) Tel. 056/22235, Rose Hill House

---

Kilkenny Rundgang

St. Canice's Kathedrale (7) tgl. 9–13, 14–18 Uhr. Eintritt für Rundturm

Rothe House (9), geöffnet April–Okt. Mo–Sa 10.30–13, 15–17, So 15–17 Uhr, übrige Zeit kürzer. Eintritt

Information (1)

Hotels

1. ROSSLARE – CAHER

Kilkenny — Tel. 056/6 20 00; *Guesthouses:* Lacken Hose (B) Tel. 056/6 10 85, Central (C) Tel. 056/2 19 26; sowie *B + B*.

Unterhaltung — *Unterhaltung: Windhundrennen,* St. James Park, Mo. + Fr. 20.30 Uhr. *Hurling* und *Gaelic Football. Balladenabende* in verschiedenen Gasthäusern. Ende August *Kilkenny-Kunstwoche* mit Ausstellungen, Konzerten und Sonderveranstaltungen.

Ausflüge
Kells Klosterruine

Ausflüge: Kells Klosterruine, ca. 14 km südlich Kilkenny nahe der R697 im Tal des Kings River gelegen. Die Augustinerpriorei wurde 1193 gegründet. Noch heute beeindrucken die Klosterruinen durch das mächtige und trutzige Gesamtbild der Anlage. Hier wurde offensichtlich von den Erbauern mehr Wert auf Wahrhaftigkeit als auf architektonisch elegante Lösungen gelegt. Einst war das ganze Klosterareal durch Mauern und Gräben befestigt.

3 km nördlich liegt bei Kilree ein uralter Rundturm. Auf dem Rückweg nach Kilkenny kann man über **Callan** fahren. Das Städtchen an der N76, ca. 16 km südwestlich Kilkenny, hat noch ältere Stadtrechte als Kilkenny und ist Geburtsort vieler berühmter Männer.

1762 wurde hier der Architekt des Weißen Hauses von Washington, James Hoben, geboren. Robert Fulton, Konstrukteur des ersten Dampfschiffs erblickte hier 1796 das Licht der Welt. Außerdem stammen Schriftsteller (John Locke, 1847) und Ordensgründer (Edmund Ignatius Rice) aus Callan.

Tropfsteinhöhle, Juni–Sept. 11–13, 14–19 Uhr, Okt.–Mai 11–13, 14–16.45 Uhr. Eintritt

Dunmore-Höhle, Kalktropfsteinhöhle, 11 km nördlich Kilkenny nahe der N78. In die Geschichte Irlands durch das Massaker von 928 eingegangen. Damals wurden annähernd 1000 in die Höhle geflohenen Menschen von Wikingern ermordet. Täglich Führungen.

Kilkenny verlassen wir auf der R693 in nordwestlicher Richtung und erreichen nach 25 km die Straße N8 und das County Tipperary. Man kann nun direkt nach Cashel fahren (31 km) oder den Umweg über Thurles machen (N75 und R660, ca. 40 km).

Holy Cross, Abtei, April–Okt. 10–13, 14–18 Uhr

Der Weg über **Thurles** (Burg und Kathedrale) ist deshalb interessanter, weil man 6 km südlich Thurles die Holy Cross Abbey, passiert. Die Zisterzienserabtei wurde schon 1180 gegründet. Allerdings stammen die wichtigsten Teile des Komplexes aus dem 15. Jh. Im Besitz der Abtei soll ein Stück vom Kreuz Christi gewesen sein, deshalb auch der Name Holy Cross Abbey. Heute ist die Abtei wieder ein wichtiger Wallfahrtsort in Irland.

Abtei und Kirche sind renoviert, so daß hier ein guter Gesamteindruck einer alten Klosteranlage gewonnen werden kann. Im Westflügel sind untergebracht ein Informationsbüro, Souvenirladen, Museum und ein Audio-Visionsraum.

Irlands »Akropolis«, ✻✻✻ Juni–Sept. tgl. 9–19.30 Uhr, übrige Zeit Di–Sa 10–13, 14–17 Uhr, So nachmittags. Eintritt

Schon weit vor Cashel hat man einen guten Blick auf den Kirchfelsen **Rock of Cashel** oder St. Patrick's Rock. Die Zufahrt dorthin ist nicht zu verfehlen, so dominierend liegt er am Nordwestrand des Städtchens Cashel. Parkplatz am Fuße des Felsens. Selbst für den Reisenden, dessen Vorliebe nicht unbedingt auf Besichtigungen von Abteien liegt, ist der Besuch des Rock of Cashel ein »Muß« auf einer Irlandsreise.

1. ROSSLARE – CAHER

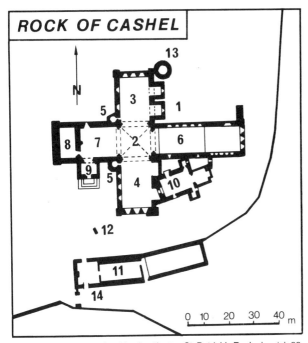

Rock of Cashel
1 Kathedrale
2 Turm
3 Nordflügel
4 Südflügel
5 Seitentürme
6 Chor
7 Nave
8 Erzbischöfl. Residenz
9 Portal
10 Cormac's Chapel
11 Hall of Vicars Choral, Museum
12 Cashel Kreuz, Kopie
13 Rundturm
14 Eingang

Zu Fuß gehen wir hinauf auf den berühmten St. Patrick's Rock, der sich 66 Meter hoch wahrhaft majestätisch aus der fruchtbaren Ebene des Suir-Flusses erhebt. Oben auf dem etwa 8000 Quadratmeter großen Plateau des Kalksteinfelsens steht weithin sichtbar die mächtige Ruine der Kathedrale und der Burg. Der Rock of Cashel, irisch Caiseal Mumhan, was soviel wie »Steinfestung« bedeutet, wird von manchen gar als »Akropolis Irlands« bezeichnet. Er war 700 Jahre lang, von 370 bis 1101, Sitz der Könige von Munster. Das Königreich Munster umfaßte das südliche Viertel Irlands. Der Felsen war das Zentrum des geistlichen Lebens und der weltlichen Macht im Süden der Insel und er ist bis heute eine der größten historischen Stätten Irlands geblieben.

Hier wurde König Aenghus im 5. Jh. zum Christentum durch Sankt Patrick bekehrt. Die Legende berichtet von einem bemerkenswerten Zwischenfall während der Taufzeremonie. Angeblich soll St. Patrick seinen Hirtenstab durch einen Fuß des Königs gebohrt haben – war es Absicht oder Zufall? Aenghus aber zuckte mit keiner Wimper. Er nahm an, dies gehöre mit zum Taufzeremoniell. 1101 übergab König Murtagh O'Brian die Anlage der Kirche. 26 Jahre später begann Cormac McCarthy, König von Desmond und Bischof, mit dem Bau einer romanischen Kapelle, der Cormac's Chapel, dem Herzen und Glanzstück des Komplexes. 1169 entstand daneben die St. Patrick's Kathedrale. Sie wurde abgetragen und im 13. Jh. begann Erzbischof David MacKelly mit dem Bau der jetzigen Kathedrale (1) in anglo-normannischer Konzeption und in gotischem

Kathedrale (1)

1. ROSSLARE — CAHER

Cashel

Stil. Sein Nachfolger David MacCarwill oder Carroll (1253–1289) setzte das Werk fort. Der Turm (2) über der Vierung schließlich stammt aus dem frühen 14. Jh. und wird der Zeit des Erzbischofs Willam Fitzjohn zugerechnet. Um den Nord-(3) und den Südflügel (4) führen Galerien, die über Wendeltreppen in Seitentürmen (5), zugänglich sind. Bemerkenswert im Kirchenschiff sind die Skulpturen im Nordteil, die Spitzbogenfenster im Chor (6), die Gräber und Bodentafeln im Chor und im Schiff und das relativ kurze Nave (7), oder Westschiff. Der Grund ist darin zu sehen, daß unmittelbar hinter dem Nave Platz gebraucht wurde für die Residenz des Erzbischofs (8). Sie wurde als mächtiger Wohnturm ausgeführt.

Die heute dachlose Kirche überstand in ihrer Geschichte viele Brände und Zerstörungen und ist seit dem 18. Jh. mehr oder weniger dem Zahn der Zeit preisgegeben.

Unweit im Westen sieht man die Ruinen der Hore Abbey. Sie war ursprünglich eine Benediktinerabtei und ging nach 1261 an den Zisterzienserorden über.

Cormac's Kapelle (10)

Höhepunkt der Besichtigung auf dem Rock of Cashel ist die Cormac's Chapel (10). Sie kann als ein Kleinod irisch-romanischer Architektur bezeichnet werden. Bemerkenswert in der 1127 erbauten und 1134 mit großen Feierlichkeiten eingeweihten Kapelle ist das hohe Steindach, die Bildhauerwerke über den Eingängen, Reste von Fresken im Chor und der mit flechtwerkartigen Ornamenten nach Wikingerart geschmückte Steinsarkophag. Er soll das Grab Cormac's sein.

Außen an der Südseite der Kathedrale und vor der »Hall of the Vicars Choral« (11) (Halle der Chorvikare, Refektorium, Museum, Eingang) steht das

Museum (11)

Cross of Cashel (12) (Kopie, Original im *Museum*) mit einer bekleideten Christusfigur und einer kaum noch erkennbaren kleineren Gestalt an der Rückseite. Sie stellt St. Patrick dar. Das Kreuz, eines der ältesten Irlands, steht auf einem alten Druidenstein (Opferaltar?), auf dem die Könige von Munster gekrönt wurden.

Das älteste erhaltene Bauwerk ist der Roundtower (Rundturm, 13) an der Nordseite aus dem 10. oder 11. Jh. Er ist rund 30 Meter hoch und noch völlig intakt.

Regelmäßige Führungen.

In der

Stadt Cashel ist die St. Dominic's Abbey erwähnenswert. Sie wurde 1243 von David O'Kelly für die Dominikaner gegründet und nach einem Brand 1480 von Erzbischof John Cantwell wieder aufgebaut.

In der Dominic Street kann das Freilichtmuseum »Cashel Folk Village« besichtigt werden. Rekonstruktionen von Siedlungen aus dem 18. und 19. Jh. vermitteln einen guten Eindruck alter irischer Lebensgewohnheiten. Gelegentlich irische Folkloreabende. Eintritt.

Information

Information: Tourist Information Office Cashel, Town Hall (Rathaus) Tel. 062/61333, ganzjährig.

1. ROSSLARE – CAHER

Hotels: Cashel Palace (A) Tel. 062/61411 (im ehemaligen erzbischöflichen Palais aus dem 18. Jh.), Dundrum House (A) Tel. 062/71116, Rectory House (B*) Tel. 062/71115, Grants Castle (C) Tel. 062/61044; sowie B + B.

Hotels

Unterhaltung: Cashel-Festival, irische Folklore, jedes Jahr im August.

Unterhaltung

18 km südlich Cashel, über die N8 leicht zu erreichen, liegt das Städtchen Caher am Suir-Fluß, Zielpunkt dieser Etappe.

Caher bedeutet soviel wie »befestigte Stadt«, was durchaus glaubhaft erscheint, denn im Zentrum von Caher erhebt sich auf einer Felsinsel das stattliche, ausgezeichnet restaurierte Caher Castle mit wehrhaftem Bergfried, mächtigen Mauern, Innenhöfen und Burgsaal. Erbaut im 12. Jh. sah es in seiner wechselvollen Geschichte viele Besitzer, Worcesters, Berminghams, Ormonds und Desmonds. Später zerstört und im 15. Jh. in

Burg von Caher, ✽ Juni – Sept. tgl. 10–19.30 Uhr, sonst kürzer. Eintritt

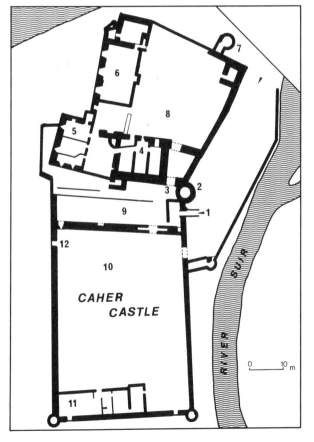

Caher Castle
1 Eingang
2 Gefangenen Turm
3 Portcullis Tor
4 Wohnturm
5 Haus der Wachen
6 Bankettsaal
7 Brunnenturm
8 Innerer Hof
9 Mittlerer Hof
10 Äußerer Hof
11 Anbauten von 1840
12 Sally Tor

1. ROSSLARE — CAHER

Caher

der heutigen Form wiederaufgebaut. Die Anlage muß so stark befestigt gewesen sein, daß selbst Cromwell, am 24. Februar 1650 vor Caher liegend, von sich aus einen Nichtangriffspakt vorschlug.
Es gibt Führungen durch die Burganlage. Eine sehr interessante Ton-Bild-Schau vermittelt einen guten Überblick über die kunst-historische Vergangenheit der Region von der Frühzeit bis ins Mittelalter.
Außerdem gibt es in Caher neben einigen interessanten Häusern im georgianischen Stil einen hübschen Stadtpark mit romantischen Abtei-Ruinen zu sehen.
Geschichtsbeflissene dürfte interessieren, daß etwa 5 km nordwestlich von Caher, zwischen den Straßen N8 und N24 nahe dem Suir-River Knockgraffon Mote liegt. Der 18 Meter hohe pyramidenförmige Burgwall soll in der Frühzeit (vor Cashel) Krönungsort der Könige von Munster gewesen sein.

Information

Information: Tourist Information Office Caher, in der Burg von Caher, geöffnet im Juni, Juli und August, Tel. Caher 453.

Hotels

Hotels: Keane's Caher House (B) Tel. 052/41207. Kilcoran Lodge (B) Tel. 052/41288, Galtee Hotel (C) Tel. 052/41210.

Caher

Camping bei Caher

— *The Apple Caravan and Camping Park* (A*) Tel. 052/41459, Mitte Mai—Mitte September; ca. 7 km östlich von Caher an der N24; gepflegte Wiese mit geschotterten Plätzen für Caravans, bei einer Farm und Obstplantage; 1.5 ha — 32 Stpl.; Tennis; Standardausstattung; Hundeverbot.

Glen of Aherlow

— *Ballinacourty House Caravan and Camping Park* (A) Tel. 062/56230, Mitte Mai—Mitte September; ca. 1 km nördlich der R663 im Glen of Aherlow, ca. 19 km westlich Caher, N24 bis Bansha und R663 Richtung Lisvernane; gepflegtes Rasengelände bei einem Anwesen aus dem 18. Jh. in schöner bewaldeter Umgebung mit Bergblick; ruhig gelegen; guter Ausgangspunkt für Wanderungen im Aherlow-Tal, in den Slievenamuck-Hügeln und in den Galty-Bergen; 1,6 ha — 58 Stpl.; Tennis, Restaurant, Laden; Komfortausstattung.

Clonmel

— *Powers the Pot Caravan and Camping Park* (B) Tel. 052/11659, Mitte Mai—Mitte September; 9 km südöstlich Clonmel abseits der R678, ca. 25 km östlich Caher; leicht schräges Wiesengelände in schöner Höhenlage, Sicht ins Suir-Tal, abseits und sehr ruhig gelegen; Hartstandplätze; 2,4 ha — 40 Stpl.; Mindestausstattung; guter Standpunkt für Wanderungen in den Comeragh Mountains.

Ausflüge von Caher

Ausflüge: Über **Clonmel** (bedeutende Stadt im Süden der Grafschaft Tipperary und Hochburg für Windhundrennen, (Campingplatz siehe oben) auf der N24 am River Suir entlang ostwärts nach Carrick-on-Suir (36 km).
Auf der Strecke zwischen Clonmel und Caher übrigens richtete im Jahre 1815 der aus Como stammende Charles Bianconi den ersten öffentlichen Pferdekutschendienst in ganz Irland ein und legte damit den Grundstein für ein öffentliches Transportsystem im Lande.
Carrick-on-Suir, auf der Gemarkungsgrenze der Grafschaften Tipperary und Waterford gelegen, wird allenthalben wegen seiner malerischen Lage am Fluß Suir gerühmt.

1. ROSSLARE – CAHER

Sehenswert ist Ormonde Castle. Die Ursprünge des sehr schön am Suir gelegenen Herrenhauses gehen bis in die Anfänge des 14. Jh. zurück. Damals errichtete Edmund Butler, erster Graf von Carrick, eine Burg mit viereckigem Wehrturm. 1565 ließ »Black Tom« Butler, 10. Earl of Ormonde, umfangreiche Erweiterungsbauten im elisabethanischen Stil hinzufügen. Alleiniger Grund hierfür soll der erwartete Besuch Königin Elizabeth I. gewesen sein, der zwar immer wieder angekündigt wurde, aber letztenendes nie stattfand. Verwandtschaftliche Bande zwischen den Butlers und dem Königshaus bestanden durch die Großmutter der Königin, Margaret Butler, Tochter des 7. Earl und Mutter Anna Boleyns (zweite Frau Heinrichs VIII. und Mutter Elizabeths I., 1536 enthauptet). In der Burg schöne Kamine und Stuckarbeiten aus dem 16. Jh.   **Schloß**, Juni–Sept. Mo–Sa 10–13, 14–19 Uhr, So 14–19 Uhr. Eintritt

Knapp 8 km nördlich von Carrick-on-Suir, nahe der Straße R698 in herrlicher Hügellandschaft, sind im Friedhof von **Ahenny** zwei interessante Hochkreuze zu sehen, die zu den bedeutendsten ihrer Art aus dem 8. Jh. und mit zu den ältesten in Irland gezählt werden. Die Kreuze zeigen erstmals die typische Gestaltung mit dem Kreis, der die vier Kreuzbalken verbindet und Schmuckornamente in Form von Spiralen, Flechtwerk und geometrischen Mustern.   **Hochkreuze** ✻

Wer gerne wandert, sollte von Clonmel aus auf der R671 nach Süden bis zum **Nier-Fluß** und ab Ballymacarbry flußaufwärts fahren, um dann hinein in die Comeragh Mountains zu wandern. Dies erfordert jedoch gute Allwetterausrüstung, Kondition und genaues Kartenwerk, da keine Beschilderung zu erwarten ist. Die sanfte, bewaldete Berglandschaft zählt zu den reizvollsten in der Grafschaft Waterford.

Vor allem bei schönem Wetter lohnt es, mit dem Auto über den Höhenzug weiterzufahren. Vom Nier-Tal führt eine schmale, aber gute Straße, am Campingplatz »Powers the Pot« vorbei, zur Hauptstraße R678, die wieder hinunter nach Clonmel führt. Eine überaus reizvolle Wegstrecke.

Keinesfalls auslassen sollte man einen Ausflug ins Tal von Aherlow, **Glen of Aherlow**. *Campingplatz* siehe oben. Von Caher aus erreicht man das Glen of Aherlow auf der Straße N24 Richtung Tipperary und biegt in Bansha westwärts ab.   **Tal von Aherlow** ✻

Das liebliche, grüne Tal erstreckt sich zwischen den sanften Hügeln der Galty Mountains im Süden und den Hängen des Slievenamuck im Norden.

Lohnend ist es vor allem, von Newtown aus ein Stück auf der Straße Richtung Tipperary zu fahren, etwa bis hinauf zu den Parkplätzen bei der weißen Christustatue. Von dort hat man einen herrlichen Blick auf das ganze Glen of Aherlow und die Galty Mountains.

Das Tal, das sich heute friedlich vor uns ausbreitet, war früher Schauplatz so manchen Scharmützels im Kampf um die irische Unabhängigkeit und diente in den langen Jahren der Unruhen als Zufluchtsort für Enteignete und politisch Verfolgte.

Kilkenny Castle

Jerpoint Abbey und Details des Kreuzgangs

2. CAHER — CORK, 203 km

Höhlen von Mitchelstown, tgl. 10–18 Uhr. Eintritt

Von Caher auf der N8 an den sanften Hängen der Galty Mountains vorbei, 12 km südwestwärts Richtung Mitchelstown, dann südwärts zu den Mitchelstown Caves. Die Höhlen zählen zu den schönsten Irlands. Durch die 1833 entdeckten »New Caves« werden Führungen durchgeführt. Beim Gang durch das 2,4 km lange Höhlensystem sind Taschenlampen nützlich. Nach starken Regenfällen kann die Höhlentour beschwerlich sein. Die größte Höhle wird »House of Lords« genannt. Die am schönsten mit Stalaktiten, Stalagmiten und anderen Kalksteingebilden ausgestattete Höhle ist »Klingston Gallery«. Führungen. Die alten Höhlen »Desmond Caves« werden gewöhnlich nicht gezeigt.

Von den Höhlen geht es auf schmalen Landstraßen, gesäumt von mit Hecken überwucherten Mäuerchen, 5 km südwärts. In **Ballyporeen,** Geburtsort der Vorfahren des US-Präsidenten Ronald Reagan, treffen wir auf die R665, der wir bis Glogheen etwa 7 km ostwärts folgen.

Das kleine Dorf **Clogheen** liegt hübsch am Fuße der Knockmealdown Mountains am Nordende der lohnenden Vee-Panoramastraße über die Knockmealdawn Mountains. Sie führt als R668 hinauf in die Berglandschaft. Nach etwa 6 km sollte man an der berüchtigten Haarnadelkurve »Devil's Ellbow« (Teufels-Ellbogen) anhalten und den weiten Ausblick zurück in die Ebene zwischen Tar- und Suir-River genießen.

Panoramastraße über die Knockmealdown Mountains

2. CAHER – CORK

Die Fahrt geht weiter über die Paßhöhe. Im Osten erhebt sich der kahle 793 Meter hohe Knockmealdown. An der Straßengabelung halten wir uns links (R669). Kurz darauf bietet sich Gelegenheit, den Blick weit am Südhang der Bergkette entlang bis hinunter nach Lismore am Blackwater schweifen zu lassen.

Die R669 führt uns nun talwärts ins County Waterford am versteckten Mt. Melleray Kloster (Trapistenkloster, gegründet 1833 von aus Frankreich vertriebenen Trapistenmönchen) vorbei, nach **Cappoquin** am Blackwater River. In dem mausgrauen Städtchen wenden wir scharf links, folgen der N72 etwa 15 km nach Südosten und zweigen dann am Pub und Denkmal des legendären Windhundes Master McGrath (wurde in seinen 37 Rennen um 1870 nur einmal geschlagen) auf die R672 nach Dungarvan an der Küste ab.

In **Dungarvan** steht am Ostrand der Stadt King John's Castle aus dem Jahre 1185.

Information: Touristinformation Office Dungarvan, Mary Street, Tel. 058/41741, nur im Juni, Juli und August geöffnet. — Information

Hotels: Lawlor's (B*) Tel. 058/41056, Devonshire Arms (B) Tel. 058/41056, Ormonde (B) Tel. 058/42109, Whitechurch House (B) Tel. 058/41607; *Guesthouse:* Fountain (B) Tel. 058/42280; sowie B + B. — Hotels

Clonea bei Dungarvan
– *Casey's Caravan and Camping Site* (A), Tel. 058/41919, Juni–August; ca. 5 km östlich Dungarvan, zwischen Küstenstraße R675 und Clonea-Bucht; Wiesengelände mit Hartstandplätzen beim *Strand Hotel;* 6 ha – 40 Stpl. + 90 NE; Komfortausstattung. — Camping zwischen Dungarvan und Tramore

Bonmahon
– *Bonmahon Caravan and Camping Park* (C), Tel. 051/92239, Juni–August; auf halbem Wege zwischen Dungarvan und Tramore zwischen R675 und Meer; Wiesengelände; 3,2 ha – 60 Stpl.; Standardausstattung.
Bei Bonmahon Steilküste mit Klippen und eingelagerten Sandstränden. Wandermöglichkeiten entlang der Klippen.

Tramore
– *Newtown Cove* (B*), Tel. 051/81979, Mai–September; ca. 3 km südwestlich Tramore nahe der Bucht; Wiesengelände; 2,2 ha – 28 Stpl. + 35 NE + 16 MCV; Standardausstattung.

– *Atlantic View Caravan and Camping Park* (B*), Tel. 051/81330, Mitte Mai–Mitte September; am östlichen Stadtrand an der Strandpromenade; einfaches Wiesengelände, wenig attraktiv gelegen, sehr betriebsam während der Ferienzeit; 9 ha – 224 Stpl.; Komfortausstattung; Laden.

Ausflug: Wanderung in das Tal des Colligan-Flusses, Parkplatz an der R627 8 km nördlich Dungarvan. — Ausflug

Eines der kleinsten *Gaeltacht-Gebiete* Irlands (Sprachinseln, in denen noch gälisch gesprochen wird) liegt südwestlich Dungarvan in **Ringville.** Um Ringville (oder Ring) ist ein seltener Eastmunster-Dialekt immer noch lebendig und in Gebrauch. Sicher hat das Gälisch-College, das in Ring vor gut 50 Jahren eingerichtet wurde, zum Erhalt des alten Dialekts mit beigetragen.

2. CAHER – CORK

Von Dungarvan geht es auf der N25 weiter Richtung Youghal. Schon nach knapp 4 km führt die Straße in einigen Kurven hinauf in die Drum Hills und nach Gorteen. Besonder schöner Blick zurück auf die Bucht Dungarvan Harbour.

4 km nach Gorteen zweigt die nicht gerade breite Landstraße nach **Ardmore** ab. Die große Sehenswürdigkeit dort ist der schlanke 30 Meter hohe Rundturm, der eine Gruppe interessanter Kirchenruinen auf einer leichten Anhöhe überragt. Der Turm ist einer der bekanntesten in Irland und vielleicht einer der ältesten. Bemerkenswert am Turm sind die Friese, die die fünf Stockwerke markieren. Wie bei allen Rundtürmen liegt die Eingangstür zum Schutz gegen Überfälle hoch über der im Durchmesser 4.5 Meter breiten Basis des Turms. Aus Sicherheitsgründen sind auch die wenigen Fensteröffnungen hoch oben an der Turmspitze angebracht. Im Inneren führten Leitern von Stockwerk zu Stockwerk.

Rundturm von Ardmore

Die gleich unterhalb des Roundtowers gelegene Ruine einer Kirche gehört zur ehemaligen Klostersiedlung, die im 7. Jh. von St. Declan gegründet wurde.

Die kleine frühgeschichtliche Kapelle St. Declan's Bethaus mit mächtigen Mauern soll das Grab des Heiligen Declan beherbergen.

Die romanische Kathedrale entstand im 11. Jh. Dem Besucher fällt der schöne Bogen auf, der das Schiff vom Chor trennt. In der Kirche stehen zwei Ogham-Steine, mit Schriftzeichen behauene Steine, die vor der Einführung der lateinischen Schrift (wenn auch selten) gebräuchlich waren. Ganz besonderes Augenmerk aber verdient die Außenseite des Westgiebels. Dort sieht man, von Arkaden eingerahmt, sehr alte Steinmetzarbeiten, die Motive biblischer Themen wiedergeben, wie Adam und Eva, Salomon als Richter und den Klostergründer St. Declan bei der Bekehrung von Heiden.

Strand

Ardmore selbst ist ein beliebtes, kleines Seebad mit recht schönem Sandstrand.

Camping zwischen Youghal und Cork Harbour

Ballymacoda
– *Sonas Caravan and Camping Park,* (B), Tel. 024/98132, Mai–Mitte September; ca. 14 km südwestlich Youghal über R633; Wiesengelände; 4 ha – 34 Stpl. + 36 NE; Standardausstattung.

Trabolgan
– *Trabolgan Holiday Centre;* Tel. 021/661551, Mitte März–Ende Oktober; kleines Gelände mit nur 23, aber vollerschlossenen Stellplätzen in einem Ferienzentrum; keine Zelte! 1.2 ha – 23 Stpl.; Freibad, Sauna, Tennis; Komfortausstattung.

Cork läßt sich – alternativ zu unserer eigentlichen Route – leicht auf der N25 erreichen, die nur 4 km nördlich an Ardmore vorbeiführt. Dabei kommt man durch

Youghal, gesprochen »Jool«, (irisch Eochail = Eibenbaumklippe) an der Mündung des Blackwater River.

Sir Walter Raleigh lebte hier eine Zeitland, rauchte seinen aus Virginia mitgebrachten Tabak, pflanzte angeblich hier die ersten Kartoffeln in Europa und half nebenbei der englischen Krone bei der Unterdrückung

2. CAHER – CORK

von Aufständen. Die Belohnung war ein Gut mit fast 25.000 Hektar Land.
In der Cromwellzeit diente Youghal als Ausgangspunkt vieler britischer Militäroperationen in Südirland.
Sehenswert in Youghal ist die St. Mary's Church aus dem 13. Jh. mit sehr schönen Ostfenstern. Ihr Kirchhof grenzt an einen Rest der alten Stadtmauer. Man sollte zu ihr hinaufsteigen. Hübscher Blick auf Stadt und Küste. **Marienkirche in Youghal**

Schöne Strände, vor allem bei GarryvoeDer Weg unserer eigentlichen Route führt durch eine sehr reizvolle Landschaft, durch das anmutige Tal des Blackwater River und weiter über Lismore und Fermoy nach Cork.
Zunächst geht es von Ardmore zurück auf die N 25, von der wir aber schon nach knapp 3 km nordwärts auf die R 671 abzweigen.
Auf dem Weg nach Cappoquin sollte man versuchen, wenigstens einen Abstecher zum Fluß Blackwater zu machen, etwa bei Aglish und Dromore oder bei Villierstown (Stadtausfahrt durch ein Parktor, wenige Kilometer später durchfährt man das Dromana Tor in hindu-gotischem Stil), denn die Hauptstraße führt an den schönsten Stellen am Fluß zu weit vorbei.
Wer mit einem kleinen Wagen unterwegs ist und genaue Karten hat, kann sich den Weg auch über die schmalen Landstraßen am Fluß entlang nach Cappoquinn suchen.
In Cappoquinn folgen wir dem scharfen Flußknick nach Westen und erreichen bald darauf **Lismore** mit dem romantisch, inmitten eines herrlichen Parks, gelegenen Schloß des Herzogs von Devonshire. Das Schloß ist bewohnt und kann nicht besichtigt werden. Dafür ist der Park zugänglich. Der Besuch lohnt aber nicht allzusehr. Den schönsten Blick auf das Castle hat man von der Flußbrücke aus.
Weiterfahrt durch das hügelgesäumte, liebliche Tal des Blackwater flußaufwärts. In Fermoy, mit seiner schönen Bogenbrücke über den Blackwater River kommen wir in die Grafschaft Cork, dem größten County Irlands.

✻ **Cork**, auf irisch Corcaigh, was soviel wie »sumpfiger Platz« bedeutet, liegt rund 30 km südwestlich von Fermoy.
Die zweitgrößte Stadt der Republik Irland (139.000 Einwohner) ist wichtigster Hafen und bedeutendste Industrie- und Handelsstadt im Süden der Insel.
Obwohl die Ursprünge Corks in die Zeit der Anglo-Normannen, also ins 12. Jh. zurückreichen, sind kaum noch Zeugen der langen Stadtgeschichte erhalten.
Cork präsentiert sich heute dem Besucher als eine graue, ein bißchen unaufgeräumt wirkende und von der Industrie stark beanspruchte Stadt. Man kommt leicht auf den Gedanken, die Durchgangsstraße gar nicht zu verlassen und gleich weiterzufahren. Und um ganz ehrlich zu sein, wer Cork ausläßt, versäumt keine Sensationen. Dennoch gibt es Leute, die Cork als überaus reizvolle Stadt bezeichnen. Und tatsächlich bietet Cork in seiner City einige nette Straßenzüge, die zu einem kleinen Rundgang veranlassen können.
Zum Parken in der Innenstadt sind Parkscheine nötig, die in Geschäften und im Touristenbüro verkauft werden.
Der alte, einst befestigte Stadtkern, die City, liegt auf einer Halbinsel, die

2. CAHER – CORK

Rundgang durch Cork

Cork City
1 Information
2 Nationaldenkmal
3 Parliament Brücke
4 Father Mathew Kirche
5 Everyman's Playhouse
6 Rathaus
7 Zollgebäude
8 Hauptpost
9 St. Patricks Brücke
10 Mathew Denkmal
11 Opernhaus
12 Red Abbey Tower
13 St. Finnbarre's Kathedrale
14 St. Peter und Pauls Kirche
15 Shandon Kirche und Turm
16 Winthrop Road
17 Pembroke Street
18 Paul Street
19 Park und Museum
20 Coal Quay
21 Prince's Street

Nationaldenkmal (2)

von zwei Armen des River Lee umschlossen wird. Haupt- und wichtigste Geschäftsstraße der Innenstadt ist die St. Patricks Street. An ihrem westlichen Ende zweigt die Grand Parade ab, an deren Ende wiederum das Touristeninformationsbüro liegt. Davor gebührenpflichtige Parkmöglichkeiten. Hier ist der Ausgangspunkt für unseren etwa zweistündigen Stadtrundgang.

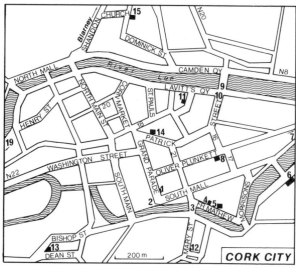

Die Grand Parade macht am Tourist Office (1) einen scharfen Knick und geht in die South Mall über, der wir ein kurzes Stück folgen. Das Denkmal an der Straßenecke Grand Parade/South Mall ist das National Monument (2), das zum Andenken an irische Patrioten der Zeit zwischen 1798 und 1867 errichtet wurde. In der Nähe Häuser aus dem 18. Jh. mit interessanten Fassaden.

Etwa in der ersten Hälfte der South Mall sieht man auf der linken Seite das Haus mit der Geschäftsstelle der Allied Irish Bank. Erwähnenswert wegen der sechs Marmorsäulen aus der Londoner St. Paul's Kirche, die das Dach tragen. Interessant auch die Häuser Nr. 57 und 74 in der South Mall. Sie sind aus Backsteinen erbaut, die Kauffahrer als Ballast in ihren Seglern aus Holland mitbrachten. Die Eingänge liegen relativ hoch, nämlich über der Flutgrenze. Die Häuser stammen schließlich aus einer Zeit, als diese Straße noch ein Kanal war.

Kurz darauf gehen wir rechts bis zur schön geschwungenen Parliament-Brücke (3) und in die Father Mathew Street hinein. Linkerhand taucht die Father Mathew Kirche (4) auf, neugotischer Glockenturm und schöne Glasfenster. Daneben Everyman's Playhouse (5), ein Schauspielhaus.

Wir folgen dem Wasserlauf am Morrisons Kai entlang und kommen zur Parnell Brücke. Von hier guter Blick über den River Lee hinweg auf das

2. CAHER – CORK

Rathaus City Hall (6). Der imponierende Bau stammt aus dem Jahre 1936. Das frühere Rathaus ging 1920 bei Unruhen in Flammen auf. Weiter am Kai entlang, der jetzt Lapps Quay heißt, bis zum Customs House (7) (Zollgebäude) am Zusammenfluß der beiden Lee-Arme. Durch die Oliver Plunkett Street gehen wir wieder zurück stadteinwärts, bis die Winthorp Street unseren Weg kreuzt. Links das Hauptpostamt (8). Ganz in der Nähe und ebenfalls in der Oliver Plunkett Street findet man das »Teach Beag«, ein gemütliches **Pub**, das für seine Veranstaltungen traditioneller irischer Musikabende bekannt ist. Stellvertretend für die zahllosen Gaststätten in Cork seien noch einige Pubs in der City erwähnt, die durch typische Einrichtung oder ansprechende Atmosphäre auffielen: »Le Chateau« und »Swan and Cygent«, beide St. Patricks Street, »The Vineyard« Ecke St. Patricks Street und Market Lane.

Rundgang durch Cork

Pubs in der City

Wir biegen rechts in die Winthrop Street ein und kommen gleich darauf in die Hauptstraße St. Patricks Street, der wir rechts bis zur St. Patricks Brücke (9) folgen. Die heutige Brücke wurde notwendig, nachdem 1853 die alte Brücke bei der großen Flut weggerissen worden war. Auf dem Platz vor der Brücke das Denkmal Father Mathew's (10). Der Pater lebte zwischen 1790 und 1861 und kämpfte sein Leben lang vehement für Abstinenz und gegen Alkohol. In Irland bestimmt früher wie heute ein hartes Stück Arbeit. Aber der Abstinenzler schaffte es immerhin, daß der Whiskeykonsum in Irland um 1840 von 54 auf 22 Millionen Liter pro Jahr zurückging.

Unser Weg geht nun links in den Lavitts Quay und kurz darauf am Opernhaus (11) und der Kunstschule vorbei, abermals links in die Paul Street. Die vierte Querstraße rechts ist Corn Market Street. In sie biegen wir ein. Hier am alten »Coal Quay« findet ein in Cork bekannter Markt statt. Am Ende der Corn Market Street erreichen wir den Nordkanal, gehen zweimal rechts und kommen über St. Pauls Avenue, Paul Street und Bowling Green zurück zur St. Patricks Street, der wir rechts folgen.

St. Patricks Street entstand 1789 dadurch, daß man den früher hier befindlichen Kanal zuschüttete. Auf diese Weise wurde auch für andere Straßen in Cork Platz geschaffen, z.B. für die Grand Parade. Ins Auge fallend ist der unterschiedliche Baustil der Häuser auf der Ost- und Westseite der St. Patricks Street. Der größte Teil der Gebäude auf der Ostseite brannte nämlich im Dezember 1920 während des Unabhängigkeitskrieges nieder, während die Westseite aus dem 18. Jh. unversehrt erhalten blieb.

Über die Grand Parade kommen wir, vorbei am Eingang zur Markthalle, zurück zu unserem Ausgangspunkt am Informationsbüro.

Die Gebäude Nr. 48 und 47 in der Grand Parade stammen aus dem 19. Jh. und sind typisch für die damals in Cork übliche Schieferverkleidung an den halbrunden Fassaden der Stadthäuser. Die Bauten sollen übrigens von einem Barbier mit dubiosen Mitteln finanziert worden sein, die er angeblich für den Verrat des Aufenthaltsortes eines Sir Henry Hayes erhielt. Sir Henry hatte, wie man sich erzählt, die Tochter eines Kaufmanns entführt. Viel Freude hatte der Barbier von Cork an seinem Geld allerdings nicht. Er wurde nämlich später in die Strafkolonie Australien deportiert.

2. CAHER – CORK

Cork

Kathedrale (13)

Abseits unseres Rundgangs, aber von der South Mall aus zu Fuß erreichbar und den Umweg wert, sind Red Abbey Tower (12), Ecke Abbey und Douglas Street und die St. Finbarr's Kathedrale (13), zwischen Bishop und Dean Street.

Der Turm der Roten Abtei ist der einzige verbliebene Rest der vielen mittelalterlichen Klöster Corks.

Die dreitürmige St. Finbarr's Kathedrale erhielt ihre heutige Form erst Mitte des 19. Jh., als sie nach Plänen von William Bunges im Stil der Frühgotik mit französischem Einschlag umgebaut wurde. Der Grundstein zur Kathedrale wurde aber schon im 6. oder 7. Jh. gelegt, als der Hl. Finbarr hier ein Kloster gründete. Von der später errichteten alten Kathedrale ist in der Mauer an der Dean Street noch das Hauptportal erhalten. Im mittleren, 73 Meter hohen Turm fand man übrigens in 12 Meter Höhe eine Kanonenkugel im Gemäuer, die von der Belagerung 1690 herstammen soll. Die Kugel ist nun im südlichen Querschiff zu sehen.

Das einzige moderne Hochhaus, das die Stadtsilhouette beherrscht, ist der Sitz der Provinzverwaltung, die County Hall.

Information (1)

Information: Tourist House Cork, Grand Parade, Tel. 021/23251, ganzjährig.

Hotels

Hotels: 17 Hotels der Kategorien A–C, 6 Pensionen und 40 mal B + B.

Camping in Cork

– *Cork City Caravan and Camping Park* (A), Tel. 021/961866, April–Oktober; südwestlich des Stadtzentrums in der Tougher Road, Zufahrt von Cork über die Straße N 22 Richtung Killarney bis zum Hochhaus (County Hall), hier links ab (Wilton Road) bis zum großen Kreisverkehr. Hier abermals links in die Glasheen Road, weiter über Clashduv Road (rechts ab) und Tougher Road; Bus 14 vom/zum Zentrum alle 20 Minuten, hält vor dem Eingang; von Hecken umgebene Wiese relativ zentrumsnah gelegen; 0,8 ha – 40 Stpl.; einfache Standardausstattung.

– *Cork Caravan and Camping Park* (C), Tel. 021/961611, April–Oktober; 6 km südlich Cork an der R 600 nach Kinsale, gegenüber Flughafen, Busstop ca. 500 Meter entfernt; einfaches Wiesengelände; 2 ha – 50 Stpl.; Standardausstattung.

Museum

Museum der Stadt Cork im Fitzgerald Park; geöffnet Juni–September Mo–Fr 11–13, 14.15–18 Uhr, übrige Zeit bis 17 Uhr, So 15–17 Uhr.

Unterhaltung

Unterhaltung: Windhundrennen, Rennbahn Western Road, Mo, Mi, Sa 20 Uhr. Traditionelle *Folklore,* bis fünfmal wöchentlich 20.30 Uhr im Anbau des Fremdenverkehrsbüros in der Grand Parade. Programm und Karten dort.

Ausflüge

Ausflüge: Fluß- und Hafenrundfahrt, Cork City Center, Dauer zwei Stunden.

Von Cork nordwärts und zwar von der North Mall am Nordarm des River Lee über die Shandon Street Richtung Blarney. Rechts sieht man am Ende der Church Street den Glockenturm Shandon Steeple aufragen. Jedermann in Cork und weit darüberhinaus kennt dieses Wahrzeichen der Stadt. Die Shandon-Glocken sind wegen ihres Klanges berühmt. Besucher dürfen die Glocken gegen eine kleine Gebühr läuten. Geöffnet im Sommer 9.30–17 Uhr, sonst kürzer.

In der Nähe die Armenhäuser Skiddy's Almshouses, ein Gebäudekomplex aus dem 18. Jh. mit interessanten Arkaden.
Fährt man weiter stadtauswärts stößt man auf die R 617 und kommt nach ca. 6 km nach **Blarney.**
Blarney Castle, ein düsteres Gemäuer aus dem 15. Jh. mit einem mächtigen 26 Meter hohen Bergfried, hat durch den Blarney Stone, der scherzhaft auch das irische »Kronjuwel« genannt wird, Berühmtheit erlangt. Man sagt, jedem der den Stein hoch oben auf den Zinnen des Turms küßt, – und zwar rücklings liegend – werde die »Gabe der Beredsamkeit« zuteil. Bei unseren Besuchen stellten wir fest, daß auffallend viele Damen versuchten, Beredsamkeit zu erlangen. Es scheint ihnen die Mühe wert zu sein. »Blarney« bedeutet übrigens soviel wie schwindeln oder flunkern.

Blarney Stone,
Mai–Aug. Mo–Sa 9–19 Uhr (20.30 Uhr Juni/Juli), So 9.30–17.30 Uhr. Eintritt

3. CORK – BALLYLICKEY, 170 km

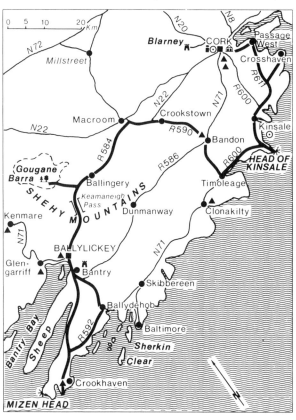

3. CORK – BALLYLICKEY

Nach Kinsale über Crosshaven.
Crosshaven erreicht man auf einer 20 km langen, interessanten Fahrt nach Südosten am Cork Harbour entlang und über Carrigaline. Spaziergang zur Hafenfestung Dun Ui Mheachair (18. Jh.) auf einem Landvorsprung. Schöner Blick auf die Einfahrt in die Bucht Cork Harbour. Weit im Norden läßt sich Great Island und der wichtige Hafen Cobh (Bucht) erkennen.

Bucht Cork Harbour

In der Zeit der Ozeanriesen und des Transatlantik-Passagierverkehrs war Cobh ein berühmter Hafen, der bis 1922 übrigens Queenstown (nach Königin Viktoria) hieß. In den langen Jahren der Auswanderungswelle verließen über Cobh bis zu 100.000 Iren jährlich ihre Heimat.
Von Cork Harbour aus, genauer gesagt, von Passage West aus, stach am 4. April 1838 der erste Raddampfer namens »Sirius« in See, um in 18einhalb Tagen New York zu erreichen.
Etwa 100 Jahre früher lichtete in Cork Harbour ein Segler die Anker mit einem gewissen William Penn an Bord. Er hatte die Sekte der Quäker ins Leben gerufen und suchte nun für seine Glaubensbrüder in Nordamerika eine neue Heimat. Die Quäker gründeten Philadelphia und den amerikanischen Bundesstaat Pennsylvania, der nach William Penn benannt ist.

hübsches Küstenstädtchen Kinsale

Kinsale (irisch Ceann Saile – Gezeitenkap), liegt landschaftlich sehr reizvoll ca. 23 km südlich Cork an einer verwinkelten Meeresbucht. Der festungsgeschützte Hafen hat seine frühere strategische Bedeutung verloren. Hauptsächlich Fischerboote und Jachten bevölkern den malerischen Hafen heute. Das Städtchen entwickelt sich zusehends zu einem beliebten Ferienort und versucht in den letzten Jahren verstärkt, seinen Ruf als »Feinschmeckerstadt« vor allem für Fischgerichte zu festigen. Ein Spaziergang durch die engen Straßen lohnt allemal.
Das kaum 1800 zählende Küstenstädtchen Kinsale war 1601 Schauplatz der folgenschweren Kämpfe der von Spaniern unterstützten Iren gegen die Engländer. Die englischen Truppen blieben siegreich, was einen großen Teil des irischen Adels in den folgenden Jahren bewog, auf den Kontinent zu flüchten. In die Geschichtsbücher ging die Flucht unter dem Stichwort »The Flight of the Earls« ein. Für die Sache der Katholischen Iren besonders in Ulster war die Flucht der Grafen ein harter Schlag.
1689 legte James II. in Kinsale an. Ein letztes Mal wollte er – mit guter Unterstützung des »Sonnenkönigs« in Frankreich Ludwig XIV. – um den Erhalt seines englischen Thrones kämpfen. Die denkwürdige Schlacht am Boyne setzte seinen Absichten ein rasches Ende. Nach seiner Niederlage setzte sich James II. von Kinsale aus nach Frankreich ab.
Von besonderer kunsthistorischer Bedeutung sind die St. Multose Kirche, die hauptsächlich aus dem 17. Jh. stammt und in der ein alter Stadtpranger und im Chor zwei Flaggen aus der Schlacht von Waterloo aufbewahrt werden und das Desmond Castle in der Cork Street. Dieses alte Stadthaus aus dem 16. Jh. mit einem mächtigen Wohnturm ist auch als »The French Prison« bekannt. Es diente während der napoleonischen Kriege als Gefängnis.
An der Ostseite der Bandon-Mündung liegt 3 km außerhalb der Stadt nahe bei Sommercove (*Jugendherberge*) Charles Fort. Die im 17. Jh.

3. CORK – BALLYLICKEY

erbaute Hafenfestung diente bis 1922 als Kaserne. Führungen zu jeder vollen Stunde.

Von Kinsale kann man hinausfahren zu den Klippen am Old Head of Kinsale, eine weit ins Meer ragende Landzunge. Das Kap mit dem Leuchtturm war das erste Festland, das frühere Seereisende von Westen kommend erblickten. Im Mai 1915 wurde vor dem Old Head of Kinsale der Cunard-Liner »Lusitania« von einem deutschen U-Boot torpediert und versenkt. Weit über 1000 Menschen verloren dabei ihr Leben. Drei der Opfer sind auf dem St. Multose Friedhof in Kinsale begraben.
Schöner Strand bei Garrettstown.

Kap von Kinsale

Hotels: Acton's (A) Tel. 021/72135, Perryville House (B*) Tel. 021/72731, The Blue Haven (B*) Tel. 021/72209, Trident (B) Tel. 021/72301; *Guesthouse* Folk House (B) Tel. 021/72382; sowie *B + B*.

Hotels, Kinsale

Unterhaltung: Sing-Songs, Abende mit Musik zum Mitsingen in verschiedenen Lokalen von Kinsale.

Unterhaltung

Für die Weiterreise nach Westen kann man alternativ die Strecke über Timoleague, Clonakilty, Skibbereen und Bantry nach Ballylickey wählen. Die Landschaft der Südküste ist vor allem bei Timoleague und Glandore überaus reizvoll.

– *Desert House Caravan and Camping Park* (B), Tel. 023/33331, Mitte Mai – September; ca. 0,8 km südöstlich Clonakilty; erhöht gelegene Wiese mit betonierten Plätzen für Caravans bei einem Bauernhof, Blick auf den Ort; 1,6 ha – 36 Stpl.; Standardausstattung.

Camping in Clonakilty

Unsere Route führt weiter von Kinsale nach **Bandon,** vorbei am Abzweig zum Old Head of Kinsale, über Ballinspittle (R 600 und R 603). Bandon wurde 1608 vom Grafen von Cork, Richard Boyle, gegründet. Davor gab es hier am Bandon-Fluß nur die 1476 von den Barrys erbaute Burg Dundaniel, die teilweise noch erhalten ist.

– *Murray's Caravan and Camping Park* (C), Tel. 023/41232, Anfang April – Ende September; ca. 1 km nördlich Bandon, beschildert; einfacher Übernachtungsplatz; 0,8 ha – 19 Stpl.; Standardausstattung.

Camping und Hotels in Bandon

Hotels: Munster Arms (B*) Tel. 023/41562; sowie *B + B*.

Von Bandon geht es nordwärts über die Straßen R 589, R 590 und N 22 bis zum 27 km entfernten Städtchen Macroom. Dabei passieren wir Seen, die durch den aufgestauten River Lee gebildet werden.
Macroom (irisch Maghromtha – abfallende Ebene) hat außer einer Burgruine, der ehemaligen McCarthy-Residenz, die Cromwell 1654 dem Admiral Sir William Penn schenkte, einem Rathaus aus dem 19. Jh. und einer irisch-anglikanischen Kirche, wenig für den Besucher zu bieten. Außer vielleicht im Juni, wenn das Mountain Dew Festival stattfindet.

Macroom und Hotels

Hotels: Castle (B*) Tel. 026/41074, Victoria (B) Tel. 026/41082; *Guesthouse:* Coolcower House (C) Tel. 026/41695; sowie *B + B*.

Wir zweigen östlich Macroom von der N 22 auf die R 584 westwärts Richtung Bantry ab und fahren hinein in die herrliche, wilde, teils von Mooren

3. CORK – BALLYLICKEY

durchsetzte Landschaft der Shehy Mountains. Nach gut 25 km erreichen wir Ballingeary (*Jugendherberge*).
Ballingeary liegt im Inlandsteil der Cork Ghaeltacht Múscraí Uí Fhloinn. 1904 gründete man hier das erste Irish-College. Der andere Teil dieses gälisch-sprachigen Gebiets liegt an der Küste bei Baltimore und auf der Clear-Insel.

idyllischer Waldpark am See ✣

Etwa 5 km nach Ballingeary kommen wir zum Abzweig in den 4 qkm großen Guagán Barra Forest Park, dem ersten Nationalpark Irlands. Im Waldpark (Eintritt), der sich um einen romantisch zwischen Bergen gelegenen See ausdehnt, aus dem der River Lee entspringt, gibt es Parkplätze, idyllische Picknickplätze, Wanderwege, Naturlehrpfade und ein Hotel. Auf einer kleinen Halbinsel im See liegt die Kirche Guagáne Barra, die Kapelle von St. Finbarr, dem Schutzpatron Corks. Früher war der Ort Ziel einer Wallfahrt am 24. September. Neben der Kapelle befinden sich Reste des Klosters, das Finbarr im 5. Jh. gründete.

Unsere Fahrt geht über den Pass of Keimaneigh weiter. Der Keimanagh-Paß, irisch Ceim an Fhiadh – Wildpaß, hat seinen Namen der Legende nach von einem Reh, das die schluchtartige Paßhöhe übersprang und so seinen Jägern entkam. Im Januar 1822 fand hier ein Gefecht zwischen Iren und Engländern statt, das den Stoff für das Gedicht »Cath Ceim an Fhia« lieferte.

Die etwa 16 km lange Strecke bis Ballylickey ist vom Straßenzustand her gesehen teilweise verbessert worden und führt durch eine typisch irische Landschaft mit heckengesäumten Wiesengevierten und dazwischen verstreuten kleinen Gehöften.

Ballylickey heißt auf irisch Beal Atha Leice, was soviel wie »Furtmündung bei der Steinplatte« bedeutet, und liegt an einem der Ausläufer der Bantry Bay.

Ballylickey Camping und Hotels

– *Eagle Point Caravan and Camping Park* (A), Tel. 027/50630, Mitte Mai- –Mitte September; Einfahrt von der N 71 bei der Burmah-Tankstelle und dem Supermarkt; gestuftes, gepflegtes Grasgelände mit alten Bäumen, am Meer mit zwei kleinen Badebuchten und Bootsslip; 3 ha – 125 Stpl.; Komfortausstattung; Hundeverbot.

Hotels: Sea View (B*) Tel. 027/50073, Reendesert (B) Tel. 027/50153; *Guesthouse:* Ballylickey House (A) Tel. 027/50071; sowie *B + B*.

Unterhaltung: In der Saison *Balladenabende* im Green Acre, Ouvane Falls Inn, Reendesert Hotel und einmal im Monat *irischer Heimatabend* im Gemeindezentrum.

Tagesausflug zum Mizen-Head

Ausflug: Empfehlenswerte Ein-Tages-Tour zum Mizen-Head, südwestlich Ballylickey.
Zunächst auf der N 71 5 km bis

Bantry House ✣
tgl. 9–18 Uhr, Sommer meist bis 20 Uhr. Eintritt

Bantry (irisch Beanntraighe – die Erben von Bantry). Das Städtchen an der Bantry Bay weist durch den Einfluß des Golfstroms fast subtropische Vegetation auf.

3. CORK – BALLYLICKEY

Besichtigt werden kann das Bantry House, der im georgianischen Stil errichtete Sitz des Earl of Bantry. Vom Park und von den etwas verwilderten Terrassen hinter dem Haus hat man einen herrlichen Blick auf die Bantry-Bucht und bei klarem Wetter bis hinüber zu den Caha Mountains auf der Beara-Halbinsel in Kerry.

Im Haus sind kostbar möblierte und mit Gobelins ausgestattete Salons, ein verschwenderisch eingerichteter Speisesaal, die Halle mit zahllosen Antiquitäten, darunter Bodenmosaiken aus Pompeij und ein fantastisch gearbeiteter Ikonenschrank, sowie Schlafzimmer im Obergeschoß zu besichtigen. Erklärender Text in deutsch wird ausgehändigt. Teestube und Souvenirgeschäft.

Hotels: Westlodge (B*) Tel. 027/50360, Bantry Bay (B) Tel. 027/50289. *Guesthouses:* Atlanta House (B) Tel. 027/50237, Vickery's Inn (B) Tel. 027/50006, Bridge House (C) Tel. 027/50145; sowie *B + B.* **Hotels, Bantry**

Unser Ausflug geht weiter auf der N 71 südwärts, ca. 14 km, bis Ballydehob, einem freundlichen Flecken an einem Ausläufer der Roaringwater Bay gelegen, einer der wildesten Küstenlandschaften im Südwesten. Hier westwärts auf der R 592 über Skull, Toormore und Goleen nach **Crookhaven,** das als der sicherste Jachthafen an der Südküste gilt. Hummern-Fischerei. Sehr schöne Küstenszenerie. Guter Sandstrand in der Bucht Barley Cove. **Küste und Strand bei Crookhaven ***

Hotels: Helm (B) Tel. 021/831400, *Guesthouse:* Whispering Pines (B) Tel. 021/831448; sowie *B + B.* **Hotels und Camping bei Crookhaven**

– *Barleycove Caravan and Camping Park* (A), Tel. 028/35302, Ende Mai – Anfang September; 3 km westlich Crookhaven an der R 591; ebenes Wiesengelände in Meeresnähe; Hartstandplätze; 3,6 ha – 85 Stpl. + NE + 45 MCV; Komfortausstattung; Hundeverbot.

Um zum Mizen-Head, dem südlichsten Punkt des irischen Festlandes zu kommen, ist es nötig, die Straße westwärts zu nehmen, die um die Barley Cove herumführt. Der Blick von der felsigen Landspitze mit Leuchtturm, die 230 Meter hoch aus den Fluten des Atlantiks ragt, reicht bis zum Brow Head im Osten und zum Three Castle Head im Nordwesten. Mit Three Castles sind drei Burgen gemeint, die von den O'Mahonys dort einst errichtet worden waren. Weit im Südosten ragt die mit einem mächtigen Leuchtturm gekrönte Felsspitze des Fastnet Rock aus dem Meer. Der Rückweg nach Ballylickey führt bis Toormore auf der bekannten Strecke zurück. In Toormore geht es nun links auf die R 591, die uns an der Dunmanus Bay entlang – auf der anderen Seite sieht man die Sheep's Head Halbinsel – bis zur Einmündung in die N 71 bringt, über Bantry zurück nach Ballylickey. **Tagestour zum Mizen-Head**

Die 34 km lange und bis zu 6 km breite Bantry Bucht ist ein Gewässer mit Vergangenheit. Zweimal, 1689 und 1796, versuchten hier französische Kriegsschiffe zu landen, um den Iren Unterstützung in ihrem Unabhängigkeitskampf zu bringen. Doch zweimal blieb es bei der Absicht. 1796 waren es unter General Hoche 32 Schiffe und 14.000 Mann, die anrückten. Aber widriges Wetter erlaubte nur der Hälfte der Flotte die Landung und auch sie mußte bald unverrichteter Dinge wieder auslaufen.

Killarney, Kerry, Muckross House

Rock of Cashel, Kathedrale und Rundturm, ca. 10. Jh.

4. BALLYLICKEY – KILLARNEY, 198 km

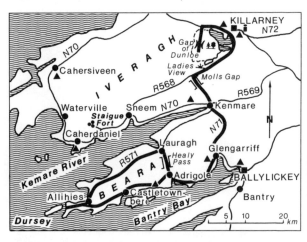

Ferienort Glengarriff	**Glengarriff** (irisch Gleann Carbh – zerklüftete Schlucht), befindet sich rund 12 km westlich Ballylickey. Der schön gelegene Ferienort am Glengarriff Harbour, einem mit Inseln durchsetzten Seitenarm der Bantry Bucht, ist rings von sanften, grünen, teils bewaldeten Hügeln und Bergen umgeben. Ein Eldorado für Spaziergänger und Wanderer und vor allem für Hobby-Botaniker. Denn das milde Klima – man spricht davon, daß Glengarriff das mildeste Klima ganz Irlands und Englands habe – sorgt für eine außergewöhnlich artenreiche Flora. Palmen, Fuchsien, ganze Rhododendronwälder, Heidekraut, Moose, Farne und die liebliche Berglandschaft ergänzen sich zu einem kleinen Naturparadies.
Boote zur Garinish-Insel	Von Glengarriff Pier, Blue Pool und Ellen's Rock an der Straße nach Castletownbere verkehren täglich zwischen 9.45 und 17.30 Uhr in kurzen Abständen Boote zur nahe gelegenen **Garinish-Insel**, Eintritt. Das 15 Hektar große Eiland ist ein einziger subtropischer Park, mit Pavillons, angelegten Teichen und exotischen Pflanzen und Bäumen.
	Wer ausgedehnte Bergwanderungen unternehmen will, sollte den 375 Meter hohen Cobduff, 5 km östlich, oder den 573 Meter hohen Sugarloaf, ca. 7 km südwestlich Glengarriff in Angriff nehmen. Gute Karten sind dazu aber unerläßlich.
Information	*Information:* Gegenüber Glengarriff Pier (Straße nach Bantry), Juni bis September, Tel. Glengarriff 84.
Hotels	*Hotels:* Casey'S (A) Tel. 027/63010, Eccles (B) Tel. 027/63003, Golf Links (B) Tel. 027/63009, Mountain View (B) Tel. 027/63103, Blue Pool (C) Tel. 027/63054; sowie *B + B*.
Camping	– *Dowling's Caravan and Camping Park* (B*), Tel. 027/63154, ganzjährig; 2 km westlich Glengarriff an der R 572; mehrteiliges, ebenes Wiesengelände, Hartstandplätze; Pub und Laden, Musikabende in Hochsaison; 8 ha – 90 Stpl. + MCV; Standardausstattung.

4. BALLYLICKEY – KILLARNEY

– *O'Shea's Camp Site* (B), Tel. 027/631 40, Mitte März–Mitte Oktober; 2 km westlich Glengarriff an der R 572; mehrere kleine, gepflegte Wiesenstücke zwischen Felsen; 1,2 ha – 25 Stpl.; Standardausstattung.

Unterhaltung: Irische Abende und traditionelle Musik abends in verschiedenen Lokalen und Hotels. Im Juni *Glengarriff Festival*.

Unterhaltung

In Glengarriff halten wir uns links, zweigen auf die R 572 Richtung Castletownbere ab und beginnen mit der außerordentlich schönen Rundfahrt um die Halbinsel Beara. Beschilderung »Ring of Beara«.
Zunächst geht es an der Nordküste der Bantry Bucht hinein in eine felsdurchsetzte, hügelige Landschaft mit kleinen Mooreseen. Rechts erheben sich die über 600 Meter hohen Caha Mountains. Hoch über der Bucht bieten sich Ausblicke auf die Whiddy-Insel mit ihren riesigen Öltanks und auf die Küste der gegenüberliegenden Halbinsel Sheep's Head.
Später taucht **Adrigole** (irisch Eadargoil – zwischen den Wassern) auf, ein kleiner Ort an der gleichnamigen Bucht, der am Fuße des im Westen aufragenden 685 Meter hohen Hungry Hill liegt. Der Berg ist die höchste Erhebung auf der Halbinsel.
Von Adrigole geht es weiter der Küste und der vorgelagerten Bear-Insel entlang Richtung Castletownbere.

Beara Rundfahrt ✻✻

Ca. 5 km westlich Castletownbere, bei **Curryglass,** liegt zwischen Straße und Meer der *Campingplatz*

– *Waterfall Holiday Centre* (B), Tel. 027/7 00 91, Anfang Juni–Mitte September; 2,8 ha – 46 Stpl. + 16 MCV.

Camping bei Curryglass

Wenig später passieren wir
Castletownbere, lange Zeit ein Stützpunkt der Britischen Marine, heute als Basis für die irische Fischereiflotte ausgebaut.
An der Haupt- und Durchgangsstraße, schräg gegenüber dem Platz mit einer Texaco-Tankstelle, findet man »McCarthy's Grocery and Bar«, eine der für Irland typischen, leider immer weniger werdenden, aber äußerst glücklich gewählten Kombination aus Gemischtwarenladen und Pub.

Hotels: Craigie's Cametringane House (B) Tel. 027/7 03 79.

Nach etwa 3 km erkennt man linkerhand die stolze Ruine von Dunboy Castle. Gegen eine Gebühr kann man bis zum Schloß fahren, das sehr romantisch an einem hübschen Meeresarm liegt, umgeben von herrlichen Rhododendronwäldern. Wer es etwas gespenstisch, einsam und spartanisch einfach liebt, kann hier gegen eine geringe Gebühr campen. Aber außer einem Wasserhahn auf der Wiese gibt es keinerlei weitere Einrichtungen.
Anwesen und Schloß Dunboy gehörten einst den O'Sullivan Bere. 1602 machten die Herren von Dunboy, »the Two Chiefs of Dunboy«, durch ihren Widerstand nach den Kämpfen bei Kinsale rühmlich von sich reden.

Campingmöglichkeit beim Dunboy Castle

Im weiteren Verlauf führt die Straße R 572 unterhalb der bis 488 Meter hohen Slieve-Miskish-Berge aufwärts nach **Cahermore.** Unten an der

herrliche Küste bei Cahermore ✻

4. BALLYLICKEY — KILLARNEY

Küste bei Ballydonegan dehnt sich eine herrliche, einsame Sandbucht aus.

Von Cahermore führt eine schmale Straße durch eine fantastisch schöne, typisch irische Küstenlandschaft bis zum äußersten Ende der Halbinsel, der die Insel Dursey vorgelagert ist. Seilbahn über den 200 Meter breiten Sund vom Festland zur Insel.

In der felsigen Gegend um Cahermore und Allihies sieht man noch etliche Ruinen ehemaliger Kupferminen, die im 19. Jh. in Betrieb waren.

Über Allihies (*Jugendherberge*) windet sich die schmale Straße durch eine einsame, fast unberührte Landschaft nach Norden. Nach jeder Wegbiegung tun sich neue, fantastische Ausblicke über Küste und Meer auf. Man fragt sich, wer auf diesem abgelegenen Fleckchen Erde, wo das Land endet und die Weite des Atlantiks beginnt, wohl siedelt? Weder Landwirtschaft noch Fischfang dürften in dieser rauhen Gegend zu einem üppigen Auskommen verhelfen. Verlassene Gehöfte sind untrügliche Zeichen für die Abwanderung vieler Bauern, die in Dublin, in England, Amerika oder Australien ein neues Glück suchten. Über Generationen, bis in die sechziger Jahre, war Auswandern für Millionen Iren der einzige Weg zu überleben. Die Folge war, daß ganze Landstriche Irlands regelrecht entvölkert wurden. Daß eine Auswanderung als ein Abschied für immer von zu Hause angesehen wurde, macht ein früher in Donegal üblicher Brauch deutlich. Am Vorabend des Abreisetages kamen Freunde und Verwandte des Auswanderers in dessen Elternhaus zu einer Totenwache zusammen, genau wie man es zur letzten Ehre eines Verstorbenen tat.

Die Straßen um das Ende der Beara-Halbinsel sind teilweise recht steil und schmal und für Gespanne oder Wohnmobile über 2 Meter Breite beschwerlich, aber mit der gebotenen Umsicht und dank des sehr schwachen Verkehrs zu bewältigen.

Über **Eyeries** (in der Nähe größte Steinsäule mit Ogham-Inschrift in Irland, beschilderte Zufahrt) und **Ardgroom** (Abzweig zum einsamen, wunderbar zwischen hohen Bergen eingebetteten See Glenbeg Lough) erreichen wir **Lauragh,** das bereits im County Kerry liegt, und zweigen hier südwärts auf die R 574 Richtung Adrigole ab.

Südlich Laragh *Jugendherberge* am Glenmore Lake.

Wer nicht zurück nach Glengarriff, sondern direkt nach Kenmare fahren will, bleibt auf der R 571, die entlang der Bucht Kenmare River führt.

schöne Fahrt über den Healy-Paß ✶✶

Wesentlich lohnender ist es jedoch, den Weg über die Berge nach Adrigole zu nehmen. Diese Strecke ist so faszinierend, daß sie zu den schönsten in Südwestirland gezählt werden kann.

Gleich hinter Lauragh steigt die Straße an und führt hinauf in die Caha Mountains zum ca. 450 Meter hoch gelegenen Healy-Paß.

Etwa 2 km hinter Lauragh passiert man

Camping bei Lauragh

– *Creveen Lodge Caravan and Camping Park* (B), Tel. Lauragh 31, Ostern–September; an der R 574 zum Healy Paß ruhig und schön gelegen; kleines, abfallendes Wiesengelände mit Ausblicken bis zum Meer; 0,8 ha – 17 Stpl. + 3 MCV; Standardausstattung; günstiger Ausgangspunkt für Wandertouren in die Caha Mountains.

4. BALLYLICKEY – KILLARNEY

Auf der Weiterfahrt hat man von der ständig ansteigenden Straße eine grandiose Sicht zurück auf die Kenmare Bucht im Westen und auf den tief unterhalb von Bergen umrahmten, wunderschön gelegenen See Glenmore Lake.
Die Paßhöhe wird von einer Kreuzigungsgruppe markiert. In der großen Hungersnot um 1846 wurde, um Arbeitsplätze zu schaffen, mit dem Bau der Paßstraße begonnen. Damals bekam ein Straßenarbeiter für einen 12-Stunden-Tag ganze 2 Pence. Zu viele Todesopfer – wahrscheinlich mehr durch Entkräftung als durch gefährliche Arbeiten – zwangen zur Einstellung der Bauarbeiten. Erst 1928 wurde das Projekt durch die Initiative des Generalgouverneurs Tim Healy weitergeführt. Drei Jahre später konnte die Paßstraße eingeweiht werden.
In vielen Serpentinen schnürt die Straße von der Paßhöhe durch ein weites Tal hinab nach Adrigole. Von hier kehren wir auf dem schon bekannten Weg nach Glengarriff zurück.

Unsere Route ab Glengarriff geht weiter auf der N 71 nach Kenmare, das ca. 30 km nördlich liegt. Wieder folgt eine kurvenreiche Bergfahrt, die mit herrlichen Ausblicken, z.B. zurück auf die Bantry Bucht, nicht spart. Ein kurzes Tunnel durchsticht die Paßhöhe am 284 Meter hohen Turner's Rock. Nun beginnt die lange Abfahrt nach Kenmare in der Grafschaft Kerry. Die Straße folgt dem schmalen Sheen River, der sich über Felsen und Moore seinen Weg talwärts sucht und ca. 3 km vor Kenmare einen schönen Wasserfall bildet.

Kenmare (irisch Neidin – kleines Nest), ein hübsches Städtchen, liegt in hügeliger Landschaft an der Mündung des River Roughty in die etwas irreführend »Kenmare River« genannte Meeresbucht. Ringsum erheben sich Bergketten, im Süden die Caha Mountains, im Nordosten die Mangerton Mountains mit dem 837 Meter hohen Mangerton, im Nordwesten die mächtigen Macgillycuddy's Reeks und im Osten schließlich die Ausläufer der Shehy Mountains mit dem 705 Meter hohen Knockboy.
Gegründet wurde Kenmare erst 1670 von einem Sir William Petty, dem das Land von der englischen Regierung zur Nutzung übertragen worden war. Man betrieb Fischfang und beschäftigte sich mit Eisenverarbeitung. Kaum 20 Jahre später nahmen irische Siedler den Ort für sich in Anspruch.
Heute wird um Kenmare in erster Linie Milchwirtschaft betrieben. Vor allem aber ist die Stadt bekannt für ihre Spitzenhandarbeiten (lace making). Im Konvent der Armen Klarissinnen (Convent of the Poor Clares) gibt es eine Ausstellung darüber.

Hotels: Park Hotel Kenmare (A*) Tel. 064/41200, Kenmare Bay (A) Tel. 064/41300, Landsdowne Arms (B) Tel. 064/41368, The Wander Inn (B) Tel. 064/41038, The Coachmans (C) Tel. 064/41072, Commercial Arms (C) Tel. 064/41453; sowie *B + B.*

– *Shady Rest Caravan and Camping Park* (C), ganzjährig; ca. 3,5 km östlich Kenmare an der R 569 Richtung Kilgarvan; kleine einfache von Hecken umgebene Wiese; 0,4 ha – 20 Stpl.; Mindestausstattung.

Kenmare, Hotels und Camping

4. BALLYLICKEY – KILLARNEY

– *Ring of Kerry Caravan and Camping Park* (A), Tel. 064/41366, Anfang Apr.–Mitte November; 4 km westlich Kenmare, von der N 70 Richtung Sneem beschilderter Abzweig; gestuftes, mitunter steiniges Gelände mit teils kleinen Einzelstellplätzen, ansprechend und ruhig gelegen; 3,2 ha – 60 Stpl.; Komfortausstattung.

Killarney, das touristische Zentrum Irlands schlechthin, ist unser nächstes Ziel und Endpunkt dieser Etappe.

Man könnte ab Kenmare gleich mit der großen Tour um die Halbinsel Iveragh, dem berühmten »Ring of Kerry«, beginnen. Empfehlenswert ist das aber nicht. Denn Killarney – weniger die Stadt als die Umgebung – sollte man keinesfalls auslassen.

Schon die knapp 32 km lange Fahrt von Kenmare nach Killarney, die Teil des »Ring of Kerry« ist, lohnt den Weg. Dazu verlassen wir Kenmare nordwärts auf der N 71, die bald ansteigt (schöner Blick zurück bis zu den Caha Mountains) und nach knapp 10 km in 260 Meter Höhe den Bergsattel am **lohnende Fahrt über** Moll's Gap (Moll's Schlucht) erreicht. Ein riesiges Souvenirgeschäft **Moll's Gap** markiert die Stelle unübersehbar. Links, also im Westen, der 627 Meter hohe Boughil und im Osten der 554 Meter hohe Peakeen.

Besonders auf dem oberen Teil der folgenden Talfahrt nach Killarney ist das Panorama fantastisch. Der Blick geht über das sanfte Tal des Owenreagh Rivers hinüber zu den oft düster und umwölkt aufragenden Hängen und Gipfeln der Macgillycuddy's Reeks, der gewaltigsten Bergkette in Irland. Der höchste Berg, der Carrauntoohil, erreicht immerhin stolze 1038 Meter.

Etwa 7 km nach Moll's Gap öffnet sich plötzlich das Tal und der Blick kann frei hinunterschweifen in das Killarney Vale mit den Seen Upper Lake, Muckross oder Middle Lake und weit im Hintergrund Killarney und Lower Lake oder Lough Leane. Links oberhalb des Upper Lake mit seinen Inseln ragt der Purple Mountain 832 Meter hoch auf, weiter zum Lough Leane hin der gut 600 Meter hohe Shehy Mountain. Auf der rechten Talseite Torc Mountain (535 m) und weiter östlich Mangerton Mountain (837 m). Der **Panoramablick am** wirklich imponierende Panoramablick ist als »Ladies' View« bekannt **»Ladies' View« ✻✻** und gehört zu den »Muß-Stops« auf einer Irlandtour. Parkmöglichkeiten beim Souvenirladen mit Cafeteria. »Ladies' View« heißt der Aussichtspunkt angeblich deshalb, weil vor über hundert Jahren bei einem Besuch der britischen Königin Victoria die sie begleitenden Hofdamen an dieser Stelle ihr Entzücken über die prächtige Aussicht zum Ausdruck gebracht haben sollen.

Durch eine vegetationsreiche Parklandschaft erreichen wir schließlich nach 19 km auf kurvenreicher Straße Killarney.

✻ **Killarney** (irisch Cill Áirne – Kirche der Schlehen), ca. 7800 Einwohner, gilt seit jeher als das bedeutendste touristische Zentrum ganz Irlands. Dabei hat der Ort selbst, außer einigen netten Straßenzügen voller Geschäfte, Restaurants und zahlreichen Pubs im Zentrum um die St. Mary's Kirche, gegenüber dem Rathaus und dem Touristeninformationsbüro, nichts Nennenswertes vorzuweisen. Dafür aber bietet die nähere und weitere Umgebung Killarneys eine Fülle von Möglichkeiten, einen

4. BALLYLICKEY – KILLARNEY

ganzen Urlaub mit Wanderungen, Besichtigungen, Bootsfahrten, Spaziergängen, Radtouren und Pferdewagenfahrten auszufüllen. Bis in die Anfänge des 19. Jh. war Killarney nicht mehr als eine handvoll strohgedeckter Häuser von Landarbeitern, die um den Herrensitz eines Landgrafen siedelten. Immerhin nahm man schon im 18. Jh. interessiert Notiz von einigen »curious travellers«, die es an die Seen von Killarney zog. Der Aufstieg zum Touristenzentrum begann aber erst um 1860, nachdem Königin Victoria dem Ort einen Besuch abgestattet hatte, später die Straßen nach Cork, Limerick und Kenmare ausgebaut wurden und das Städtchen einen Eisenbahnanschluß bekam.

Killarney

Information: Tourist Information Office Killarney, Town Hall, Main Street, Tel. 064/31633, ganzjährige täglich außer sonntags geöffnet.

Information

Hotels: In Killarney und in der näheren Umgebung 25 Hotels aller Kategorien von A* bis C, 20 Guesthouses der Kategorien B und C sowie 60 mal Bed and Breakfast (B + B), 22 Unterkünfte auf Bauernhöfen und 50 Ferienhäuser.

Hotels

Jugendherbergen: Aghadoe, 5 km westlich Killarney, abseits der R 562 Richtung Killorglin und *Aldergrove Cottage* im Black Valley, an der Südseite des Gap of Dunloe.

Jugendherbergen

– *The Flesk Caravan and Camping Park,* Tel. 064/31704, Ostern – Ende September; Wiese an der Straße N71 Richtung Kenmare, ca. 2 km außerhalb, beim Hotel Gleneagle; 2,5 ha – 80 Stpl. + MCV; Mindestausstattung. Stadtnächster Campingplatz mit Blick auf die Macgillycuddy's Reeks.

Camping bei Killarney

– *White Bridge Caravan Park* (A), Tel. 064/31590, Mitte März – Ende September; in Ballycasheen, 3 km östlich Killarney, an der N22 Richtung Cork beschilderter Abzweig, noch 300 Meter; ebenes Rasengelände zwischen Eisenbahndamm und River Flesk, von Büschen umgeben, betonierte Stellplätze für Caravans; 1,7 ha – 46 Stpl. + 6 MCV; Fahrradverleih; gehobene Komfortausstattung, Laden.

– *Beach Grove Caravan and Camping Park* (B), Tel. 064/31727, Mitte März – Ende September; in Fossa, 5 km westlich Killarney unmittelbar an der R562 Richtung Killorglin; ebenes Wiesengelände mit Hartstandplätzen für Caravans; 1,4 ha – 44 Sptl. + 6 MCV; Standardausstattung.

– *Fossa Caravan and Camping Park* (A), Tel. 064/31497, Ostern – Ende Oktober; in Fossa, 5 km westlich Killarney unmittelbar an der R562 Richtung Killorglin, hinter Texaco-Tankstelle; fast ebenes, teils von Hecken gesäumtes, teils mit Bäumen bestandenes Wiesengelände; Hartstandplätze; 3,2 ha – 100 Stpl. + 20 MCV; Komfortausstattung, Cafeteria; Laden.

Unterhaltung: Sing-Songs in verschiedenen Hotels und Pubs, z.B. Danny Man's, New Road; Laurel's, Red Shadow, Main Street; Gleneagle Hotel, Kenmare Road, u.a. Stellvertretend für gute Speiserestaurants sei Foley's Restaurant and Bar genannt, ausgzeichnete Steaks und Fischgerichte, gemütliches Pub mit Kaminfeuer und Pianisten.

Unterhaltung

Ausflüge: Killarney liegt eingebettet zwischen Hügeln und Bergzügen, dazwischen breiten sich malerisch die inselreichen Seen aus, die durch Flußläufe miteinander verbunden sind. Dazu kommen die verschwenderische Pracht der Vegetation mit seltenen alten Bäumen, unendlich erscheinenden Rhododendrondickichten und der herrliche Park um

Ausflüge von Killarney

4. BALLYLICKEY – KILLARNEY

Ausflüge von Killarney

Der Seendistrikt bei Killarney
1 Gap of Dunloe
2 Lord Brandon's Cottage
3 Upper Lake
4 Meeting of the Waters
5 Old Weir Bridge
6 Dinis Point
7 Tork Wasserfall
8 Muckross Haus, Park und Gärten
9 Muckross Abtei
10 Ross Castle
11 Knockreer Park
12 Aghadoe Ruinen und Aussicht
13 Dunloe Castle
14 Kate Kearney's Cottage
15 Muckross Lake
16 Lough Guitane

Muckross House. Alles in allem eine Landschaft, die zu unvergeßlichen Ausflügen einlädt, ob zu Land oder zu Wasser, ob zu Fuß, mit dem Fahrrad (mehrere Fahrradverleihstellen in Killarney) oder mit einem »jaunting car«, einer zweirädrigen Pferdekutsche, die in Killarney quasi die Taxis ersetzen.

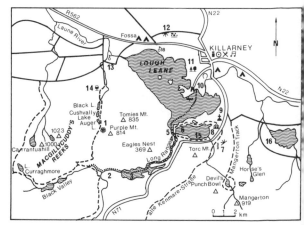

Ganztagestouren zum Gap of Dunloe (1) ✣

Gap of Dunloe (1) – wohl der interessanteste, ja schon klassische Ausflug im Killarney-Gebiet. Man kann ihn auf zwei Arten unternehmen, sollte sich aber auf jeden Fall dazu einen schönen Tag aussuchen. In beiden Fällen ist es eine Ganztagestour.
Eine Möglichkeit besteht darin, an einer organisierten Tour teilzunehmen. Man wird mit dem Bus oder Jaunting Car von Killarney bis Kate Kearney's Cottage (14) gebracht, dem Ausgangspunkt für die Durchquerung des Tales Gap of Dunloe. Von hier nimmt man entweder ein Reitpferd – man nennt sie hier »Pony« –, ein Jaunting Car oder geht zu Fuß durch das 11 km lange Tal, vorbei an Lord Brandon's Cottage (2) am Fuß des Purple Mountain, bis an den Upper Lake (3). Unterwegs wird bei einem Picknick gerastet. Anschließend besteigt man die wartenden Motorkähne und fährt vom Upper Lake über den Flußarm Long Range bis zum landschaftlich sehr schönen Punkt »Meeting of the Waters« (4). Auf schneller Strömung passieren die Boote die romantische Old Weir Bridge (5), gelangen gleich darauf in den Muckross Lake, fahren unter der Brickeen Bridge in den Lough Leane ein, überqueren diesen und landen schließlich beim Ross Castle (10). Von dort bringen Busse oder Jaunting Cars die Ausflügler zurück in die Stadt.
Die Gründe, warum man für diese Tour an einem organisierten Ausflug teilnehmen sollte, sind einmal die Boote am Upper Lake, die dort nur warten, wenn eine Gruppe avisiert ist. Zum anderen hätte man nach Ankunft am Ross Castle das Problem, wieder zum Auto am Kate Kearny's Cottage bzw. zu Beginn der Tour dorthin zu gelangen, ließe man den Wagen in Killarney. Reservierungen im Tourist Office oder in Reisebüros, Preis ca. Ir. Pfund 20,–.

4. BALLYLICKEY – KILLARNEY

Die andere Möglichkeit ist, das Gap of Dunloe auf eigene Faust zu erkunden. Dann allerdings ohne die Bootsfahrt. Es sei denn, man bestellt eigens für sich ein Boot an den Upper Lake.
Dazu verlassen wir Killarney auf der Killorglinstraße und zweigen nach etwa 6 km am beschilderten Abzweig zum Gap of Dunloe ab. nach weiteren 5 km erreichen wir den Parkplatz an Kate Kearney's Cottage (– 14 – Souvenierladen, Pub, Teestube gegenüber).
Von hier brechen wir zu Fuß auf. Man kann auch eines der zahlreich angebotenen Ponys (£ 5,–) oder ein Jaunting Car (£ 6,– pro Person) mieten. Zunächst führt der Weg leicht aufwärts und hinein in das hier noch weite Hochtal. Links erhebt sich Tomies Mountain, rechts ragen die felsigen Hänge der Macgillycuddy's Reeks auf. Hie und da sieht man Wasserfälle, die sich wie silbrige Fäden von den dunklen Felsen abheben. Wir stoßen auf einen Bachlauf in seinem steinübersäten Bett und erreichen an der Brücke den Black Lake – in Gesellschaft von hier überall verstreut weidenden Schafen. Der Schwarze See, der seinem Namen alle Ehre macht, ist der erste und größte der drei Seen im Gap of Dunloe, sieht man von dem kleinen Gewässer Coosaun Lough davor einmal ab.
Am Ostufer des Black Lake führt der Weg weiter. Am Seende kommen wir an zwei einsamen Gehöften vorbei (Teestube). Wenig später passiert man das abgebrannte und aufgegebene Arbutus-Cottage. Früher konnte man bis hierher mit dem Auto fahren.
Der nächste See, an den wir gelangen, ist der Cushvally Lake. Das Tal verengt sich und wird zur düsteren Schlucht, die ihre engste Stelle etwa da erreicht, wo der ansteigende Weg auf den obersten See Auger Lake stößt. Bis unmittelbar an das Wasser reichen hier die Felswände.
Angeblich soll es in Irland keine Schlangen geben. Man erzählt sich, daß der Heilige Patrick einst die letzte Schlange auf der Insel in einem der drei Seen ertränkt haben soll. Andere Geschichten und Legenden ranken sich um die Täler und Schluchten der Macgillycuddy's Reeks, die einst dem Clan der Macgillycuddy's Unterschlupf boten. Und vor nicht allzu langer Zeit wurde im Gap of Dunloe der letzte in Irland lebende Wolf erlegt.
Nach dem Auger Lake weitet sich das Tal wieder, wird grüner und wartet erneut mit einer Teestube in einem alten Einödhof auf.
Noch zwei, drei Serpentinen aufwärts und wir haben den Sattel (240) m des ansteigenden Weges durch das Gep of Dunloe erreicht.
Bei nicht zu eiliger Gehweise wird man für die gut 6 Kilometer von Kate Kearny's Cottage bis hierher zwei Stunden benötigen.
Man kann nun abwärts weitergehen, links um den Purple Mountain herum, kommt zum Gearhameen River, der aus dem malerischen Black Valley oder Cummeenduff Glen herkommt und dort mehrere Seen bildet, und erreicht den Upper Lake (3).
Den ganzen Weg hierher und zurück zu Kate Kearny's Cottage sollten sich nur ausdauernde und geübte Wandersleute zutrauen. Denn sieben bis acht Stunden Gehzeit dürften für den ganzen Weg schon zusammenkommen. Unten am Gearhameen River gibt es eine *Jugendherberge*.
Aber wer auch nur bis zum Sattel wandert, sollte doch noch ein kleines Stückchen weitergehen, um den schönen Blick in das Black Valley und auf die gegenüberliegenden Höhen zu genießen.

Ausflüge von Killarney

Wanderung durchs Gap of Dunloe

4. BALLYLICKEY – KILLARNEY

Ausflüge von Killarney

Man geht denselben Weg bis Kate Kearny's Cottage zurück. Diese alte Herberge und ehemalige Kutschenstation wurde einst von dem Original Kate Kearny bewirtschaftet, die weithin berühmt war für ihr lockeres Mundwerk und ihre selbstgebrauten Getränke. Für jeden der bei ihr einkehrte hatte sie einen treffenden Spruch parat, der nicht immer sehr liebenswürdig ausfiel.

Aussicht vom Aghadoe Hill (12)

Aghadoe Hill (12) – gut 4 km nordwestlich von Killarney gelegen. Beschilderte Abzweige von der N22 Richtung Tralee und von der R562 Richtung Killorglin.

Auf den 120 Meter hohen Aghadoe Hügeln liegen die Ruinen einer uralten Kirche aus dem 7. Jh. und der Rest eines Turmes, der einst zu einer Burg gehörte. Das faszinierende aber ist der einmalige Panoramablick nach Südwesten auf den Lough Leane (Lower Lake), die Insel Innisfallen, das etwas im Wald auf der Landzunge versteckte Ross Castle, den Muckross Lake und die gesamte Bergkette, die Killarney umgibt.

Park, Garten u. Haus von Muckross (8) ✼✼

Muckross House (8) – Die Domäne um Muckross House kann als der schönste Teil des Nationalparks (früher Bourne Vincent Memorial Park) bezeichnet werden, der heute die gesamte Uferregion der Seen bei Killarney umfaßt.

Die ausgedehnte, gepflegte Parklandschaft liegt etwa 4 km südlich Killarney an der N71 Richtung Kenmare auf einer Landzunge zwischen Lough Leane und Muckross Lake.

Drei Zugänge führen in den Park. Durch die ersten beiden Eingänge (Parkplatz) ist die Domäne nur zu Fuß oder mit Jaunting Cars zugänglich. Durch Eingang Nummer 3, der am weitesten von der Stadt entfernt ist, kann man mit dem Auto bis zum Muckross House fahren.

Von Eingang Nummer 1 ist der Weg zum Muckross House am weitesten. Aber der 30-minütige Spaziergang durch den Park mit den verschiedensten, zum Teil sehr alten Bäumen, Pflanzen, Farnen, Rhododendronbüschen und efeuüberwucherten Steinen und der stolzen Ruine von Muckross Abbey (9) etwa auf halbem Wege ist – besonders an einem sonnigen Tag – einfach herrlich. Es bietet sich auch an, einen Weg zu Fuß und einen Weg mit einem Jaunting Car zurückzulegen. Schließlich gehört eine Kutschfahrt schon zur Tradition in Killarney.

Muckross Abtei (9)

Von Eingang Nummer 2 aus ist Muckross Abbey (9) leicht in kaum 10 Minuten zu erreichen. Kloster und Kirche wurden 1448 vom Oberhaupt des Desmond Clans, Donal McCarthy, gegründet und dem Franziskanerorden übereignet. Die Ruinen sind restauriert und vermitteln ein sehr gutes Bild einer früheren Klosteranlage. Die Anlage wird überragt vom mächtigen Turm der Abteikirche. In ihr sind namhafte Angehörige der Geschlechter der McCarthys, MacGillycuddys, O'Sullivans und der in Killarney heute noch unvergessene Dichter Owen Roe begraben. Sehr schön erhalten ist der bogengeschmückte Kreuzgang, in dessen Mitte ein mächtiger Laubbaum mit eigenartig gewundenem Stamm steht.

Muckross House (8),
Ostern – 30. 6. und 1.9. – 31.10. tgl. 10 – 19 Uhr; Juli u. Aug. tgl. 9 – 21 Uhr; Eintritt

Muckross House (8) schließlich ist ein wunderschöner Herrensitz aus dem 19. Jh. Mehrere Gemächer, die mit kostbarem Mobiliar ausgestattet sind, können besichtigt werden. In den Kellerräumen sind Werkstätten

4. BALLYLICKEY – KILLARNEY

verschiedener Handwerksberufe zu besichtigen. Cafeteria, Souvenierladen. Muckross Gardens daneben ist eine außergewöhnlich schöne Gartenanlage mit Felsgruppen, exotischen Bäumen, Pflanzen und Blumen.
Auf einem ausgedehnten Spaziergang kann man auf gutem Weg den ganzen Muckross See umrunden (auch mit Jaunting Car möglich). Dabei kommt man über die Brickeen Brücke am Südostende des Sees an Dinis-Point (6) und »Meeting of the Waters« vorbei. Dies ist ein überaus romantisches, lauschiges Plätzchen zwischen dem Fluß Long Range und dem Muckross Lake (15), mit der alten Weir-Brücke (5) über den Long Range Fluß und schöner Vegetation. Kleines Restaurant. Gegen 15.30 Uhr kann man beobachten, wie die Ausflugsboote vom Long Range unter der romantischen Old Weir Bridge hindurch und durch den Kanal in den Muckross Lake fahren. Dinis-Point läßt sich zu Fuß auch auf kürzerem Wege vom Parkplatz (nach dem Torc-Wasserfall) an der Kenmarestraße aus erreichen.

Ausflüge von Killarney

Spaziergang zum romantischen Dinis-Point (6) ✻

Torc Waterfall (7) – 7 km südlich Killarney, etwas abseits der Straße N71 Richtung Kenmare. Der gut 18 Meter hohe Wasserfall, in einem Waldgebiet gelegen, zählt zu den schönsten und größten in ganz Irland. Ein Treppenweg führt vom Wasserfall bergwärts und gibt an mehreren Stellen den Blick frei auf die Seen und Killarney. Ganz oben trifft man auf einen Parkplatz (Zufahrt etwa auf halbem Wege zwischen Torc Waterfall und Eingang 3 zu Muckross House von der N71 aus) und auf einem markierten Wanderweg, der über eine Steinbrücke bei Kaskaden des Torc River hinein in die Mangerton Mountains führt.
Der Parkplatz ist ein guter Ausgangspunkt für Wanderungen zum See Lough Gitane (16), zu den Seen am Horse's Glen oder über den Mangerton Track zum kraterähnlichen See Devil's Punch Bowl. Zu diesen ausgedehnten Touren sollte man aber gute Ausrüstung und genaue Karten mitnehmen.

Torc-Wasserfall (7) und markierte Wanderwege

Ross Castle (10) – noch in Killarney von der N71 Richtung Kenmare an der Esso-Tankstelle abzweigen, an der Rennbahn vorbei, noch ca. 2 km.
Ross Castle liegt auf der Halbinsel Ross Island, die in den Lough Leane hineinragt. Die Burg stammt aus dem 14. Jh. und wurde 1652 von Lord Muskerry, MacCarthy Mór, erfolgreich gegen die Truppen des Generals Ludlow der Cromwell-Armee verteidigt.
Die Ruine wird restauriert und ist wohl für die nächste Zeit nicht zu besichtigen.
Es ist möglich, sich am Ross Castle ein Boot nebst Bootsmann zu mieten (evtl. vorher im Tourist Office arrangieren) und zur 1,5 km entfernten Insel Innisfallen Island überzusetzen. In der Nähe der Anlegestelle auf der Insel liegen die Ruinen der Innisfallen Abbey, einer uralten Gründung aus dem 6. Jh., die dem Heiligen Faithleann zugeschriebewn wird. Zwischen 10. und 14. Jh. entstanden hier nach Handschriften des Klosters die »Annals of Innisfallen«, eine Chronik der Geschichte Irlands in irischer und lateinischer Sprache. Die wertvolle Chronik befindet sich heute in Oxford.

Ruine Ross Castle (10)

Innisfallen Insel und Abtei

5. KILLARNEY – KILLORGLIN, »RING OF KERRY«

Ausflüge von Killarney

Knockreer Estate (11)– am Ostrand der Stadt. Zugang über die Steinbrücke gegenüber der St. Mary's Kathedrale (erbaut von 1846 bis 1855 aus Kalkstein, nach Plänen des namhaften Architekten Pugin). Knockreer Estate, das früher Teil der Ländereien der Earls of Kenmare war, gehört heute mit zum Killarney Nationalpark. Am Eingang befindet sich ein hübsches, strohgedecktes Cottage. Schöne Spaziergänge durch den Park mit Picknickplätzen bis zum Lough Leane. Man kann am Ufer südwärts weitergehen bis zum Ross Castle.

5. KILLARNEY – KILLORGLIN/ »RING OF KERRY«, 198 km

Von Killarney über die N71 auf dem schon bekannten Weg zurück Richtung Kenmare, entlang der Seenplatte, vorbei am Ladies' View bis zur Paßhöhe am Moll's Gap. Die landschaftliche Schönheit dieses Streckenabschnitts rechtfertigt es durchaus, den Weg, den wir ja auf der Fahrt nach Killarney schon kennenlernten, in dieser Richtung nochmals zu befahren. Die große Tour um die Halbinsel Iveragh, bekannt als »Ring of Kerry« wird gewöhnlich zu den Höhepunkten einer Irlandreise gerechnet. Und in der Tat lohnt sich der ca. 180 km lange Weg von Killarney über Kenmare, Sneem, Waterville, Caherciveen und Killorglin zurück nach Killarney durchaus. Besonders der Abschnitt zwischen Sneem und Waterville verdient Erwähnung.

Warum allerdings die beiden Nachbarinseln Beara im Süden und Dingle im Norden weniger populär sind, ist nicht ganz zu verstehen. Mir scheint es ein ehrlicher Rat an jeden zu sein der sich vielleicht aus Zeitmangel nur für eine der Halbinseln entscheiden muß, die Rundfahrt um die Dingle-Halbinsel vorzuziehen, wenn besonderes Interesse an frühgeschichtlichen Denkmälern besteht oder lieber um die Beara-Halbinsel zu fahren, wenn die Vorliebe an schönen einsamen Küstenlandschaften hängt.

5. KILLARNEY – KILLORGLIN, »RING OF KERRY«

Zurück zum »Ring of Kerry«. Wenn man dem Verlauf der vorangegangenen Route »Ballylickey-Killarney« folgte, ist es unnötig, den Umweg über Kenmare zu machen. Denn der Abschnitt des »Ring of Kerry« zwischen Kenmare und Sneem ist ziemlich uninteressant. Hohe, dichte Hecken, Bäume und Rhododendronbüsche verwehren fast jeden Ausblick.
Es ist also durchaus angebracht, am Moll's Gap die direkte Straße R568 nach Sneem zu nehmen. Sneem an der N70 erreichen wir nach etwa 23 km.

Rundfahrt »Ring of Kerry«

Gut 16 km weiter westlich zweigt bei Castlecove von der Hauptstraße N70 der beschilderte Weg zum Staigue Fort ab. Dorthin gelangt man über einspurige Feldwege und erreicht nach knapp 4 km die etwa 2500 Jahre alte Verteidigungsanlage, eines der besterhaltenen Ringforts in Irland. Der prähistorische, kreisrunde Wall ist aus kunstvoll aufgeschichteten Steinen errichtet und mißt in der lichten Weite 27 Meter im Durchmesser. Die sich nach oben verjüngenden Mauern sind an der Basis 4 Meter, oben noch gut 2 Meter dick. Besonders die Nordseite der Mauer ist noch perfekt und in der vollen Höhe von 5,5 Meter erhalten. Ein kleines Tor an der Südseite gewährt als einziges Einlaß in den ebenen, kreisrunden Innenhof, von dem aus zwei kleine Kammern in der Mauer zugänglich sind. Am interessantesten aber ist wohl die geschickte Anlage der Treppen, die an der Innenseite der Mauer auf die Zinnen führen, von wo die Bewohner eine gute Verteidigungsposition hatten.
Das Ringfort liegt sehr schön zwischen Hügeln mit schönem Ausblick bis zum Kenmare River. Für das Überqueren seiner Wiese, auf der das Staigue Fort liegt, erwartet der daneben wohnende Bauer einen Obulus.

frühgeschichtliches Ringfort ✻

Besonders reizvoll ist der Küstenabschnitt, durch den die Straße N70 im weiteren Verlauf nach **Caherdaniel** (irisch Cathair Dónaill – Donal's Steinfort) führt. Die zerklüftete, buchtenreiche Felsküste wird von weiten Sandstränden unterbrochen.

Strände

– *Wavecrest Caravan and Camping Park* (A*), Tel. 0667/5188, Anfang April–Ende September; ca. 1 km südöstlich Caherdaniel an der N70; abfallende Wiese, in der Nähe schöne Sandbucht; 2 ha – 30 Stpl.; Standardausstattung.

Camping bei Caherdaniel

Etwa 1,5 km westlich von Caherdaniel liegt zwischen der Straße N70 und der herrlichen Küste mit Sandbuchten, Inseln und Kaps der Derrynane Nationalpark. Innerhalb des 130 ha großen Parks befindet sich Derrynane House, ehemaliger Wohnsitz des berühmten Freiheitskämpfers Daniel O'Connell (um 1830). Heute ist das Haus ein Museum mit Möbeln, Exponaten und persönlichen Gegenständen O'Connells, die an sein politisches Wirken erinnern.
Man kann bis hinunter zum alten Pier gegenüber der alten Abbey Insel (Kirchenruine, Friedhof) gehen. Eine Sandbank verbindet die Insel heute mit dem Festland. Bei Ebbe kann man hinübergehen. Unbedingt rechtzeitig an die rückkehrende Flut denken!
In Ufernähe der alten Straße nach Derrynane ein Ogham Stein mit alten Schriftkerben, der aus dem Wasser hierher transferiert wurde.

Derrynane Park und Haus, Juni–Sept. tgl. 10–13, 14–19 Uhr; übrige Zeit kürzer. Eintritt. Park immer geöffnet

5. KILLARNEY — KILLORGLIN, »RING OF KERRY«

Vom alten Pier gegenüber Abbey Island aus ist es möglich, ein Stück dem »Smuggler's Path« — Schmugglerpfad« an der Küste entlang zu folgen. Der Name des Pfades stammt aus der Zeit, als die O'Connells ihren Unterhalt mit dem Schmuggel von Brandy und anderen Waren vom Kontinent verdienten.

Im weiteren Verlauf erklimmt die Straße N70 den Coomakesta-Paß. Von der Anhöhe bieten sich einmalig schöne Ausblicke nach Westen bis zu den Skellig Rocks. Die Fahrt führt an den Hängen der Cahernageeha Mountains entlang hinab nach Waterville. Rechts sieht man die aufrechtstehenden, prähistorischen Steine von Eightercua.

Die Landschaft ändert nun ihr Gesicht, wird ebener, flacher. Bäume verschwinden fast ganz. Es dominieren die mit Steinmauern eingefaßte Wiesen und Fuchsienhecken. Fuchsien blühen im Juli und August herrlich leuchtend rot. Eigentlich hat jeder Sommermonat in Irland seine besonderen Blüten. Im Mai und Juni ist es der gelbblühende Ginster, im Juni leuchtet der Weißdorn und die üppige, violette Pracht des Rhododendron und im Juli und August eben die Fuchsien mit ihren laternenartigen Blüten.

Waterville (irisch An coiran — kleiner Wasserstrudel), eine kleine Sommerfrische, liegt zwischen dem Binnensee Lough Currane und der Atlantikbucht Ballinskelligs Bay und hat sich vor allem als Eldorado für Lachs- und Forellenangler einen Namen gemacht.

Hotels
Hotels: Butler Arms (A) Tel. 0667/4144, Waterville Lake Hotel (A) Tel. 0667/41333, Waterville Beach (B*) Tel. 0667/2353, Bay View (B) Tel. 0667/4122, Strand (B) Tel. 0667/4211, Villa Maria (B) Tel. 0667/4248, Waterville (B) 0667/4272; *Guesthouse:* The Smugglers Inn (B) Tel. 0667/4330; sowie *B + B.*

Camping
— *Waterville Caravan and Camping Park* (A), Tel. 09667/4191, Anfang April–Ende September; ca. 1 km nördlich Waterville, oberhalb der Straße N70; zur Bucht geneigte Wiese, Hartstandplätze, 1,7 ha — 73 Stpl. + 8 MCV; Komfortausstattung.

— *Pine-Grove Caravan and Camping Park* (B*), Tel. 0667/4185, Anfang April–Ende September; ca. 3 km nördlich Waterville an der N70; 1,2 ha — 30 Stpl. + 6 MCV; Hartstandplätze; Laden; Standardausstattung.

Unterhaltung
Unterhaltung: Veranstaltungen irischer *Musikabende* während der Hochsaison in einzelnen Pubs oder Hotels.
Ende Juli, Anfang August »*Waterville Salmon and Trout Festival and Regatta*«, das Jahresfest der Stadt mit Musikveranstaltungen und Angelwettbewerben.

Auf unserer Weiterreise zweigen wir etwa 10 km nach Waterville von der N70 ab und folgen der Straße R565 nach Portmagee.

Surfrevier
St. Finan's Bay
Man kann auch auf der Küstenstraße über Ballinskelligs, vorbei an der St. Finan's Bay, einem ausgezeichneten Surfrevier (Wellenreiten, zum Schwimmen stellenweise zu gefährlich), nach Portmagee gelangen, wobei das Gaeltachtgebiet von Kerry passiert und eine der steilsten Straßen Irlands befahren wird (bei Ballynahow).

5. KILLARNEY – KILLORGLIN, »RING OF KERRY«

Portmagee (irisch Port Mhig Aoidh – Magee's Hafen) ist ein winziger Fischerort. Von hier werden Bootsfahrten zu den Skellig Inseln oder Skellig Rocks (irisch Na Sceallaga – die Felsen) angeboten. Nur bei ruhiger See verkehren die relativ kleinen, offenen Boote. Bei unruhiger See ist eine Landung auf den ca. 13 km vom Festland entfernten Skelligs nicht möglich.

Skellig Rocks Tagestour ✸✸

Zu diesem Ausflug:
Man verläßt Portmagee vormittags um 11 Uhr und kehrt gegen 17 Uhr zurück. Die Tagestour kostet ca. IR£ 10,– pro Person. Ratsam ist es, warme, wetterfeste Kleidung, festes Schuhwerk und etwas Proviant mitzunehmen. Ein Besuch auf den Skelligs zählt zweifellos zu den größten Reiseerlebnissen auf einer Irlandtour.

Nach etwa eineinhalb Stunden Fahrt erreicht man die bizarre Felsspitze von Skellig Michael, dem größeren der beiden Skellig Rocks. Die kleinere Insel ist ein Schutzgebiet für Seevögel und nicht zugänglich.

Nach der Landung geht man einen schmalen Saumpfad entlang der Klippen hinauf, vorbei am Felsen »Jammernde Frau«, bis zum Leuchtturm. Wer schwindelfrei ist, kann von hier aus den uralten Treppenweg weitergehen bis zum ehemaligen Kloster und den Bienenkorbhütten. Wer außerdem noch Mut und vor allem Klettererfahrung hat, kann auf halsbrecherischem Weg bis zum sog. »Nadelöhr« weiterklettern.

Skellig Michael wurde vor ca. 1000 Jahren auf dem nur etwa 1 km langen, 1 km breiten und etwa 210 Meter steil aus dem Atlantik ragenden Felsen gegründet.

Von Portmagee führt eine moderne, 1970 fertiggestellte Drehbrücke über den Portmagee Kanal auf die Valentia Insel. Das Eiland (11 km lang, 2 km breit) ist bekannt für sein mildes Klima und seine wilde Klippenszenerie am Fogher Cliff an der Nordseite. Fantastisch sind die Ausblicke vom Bray Head nach Südwesten zu den Skelligs und vom Geokaun Mountain (268 Meter) nach Norden bis zu den Great Blasket Inseln.

mildes Klima von Valentia island

An der Nordostecke der Insel befindet sich ein riesiger Schiefersteinbruch, aus dem Schiefer für die Dächer zahlloser Häuser u.a. für das britische Parlamentsgebäude in London gebrochen wurde, im Eingangsstollen heute eine Marienkapelle.

1866 wurde auf Valentia die erste Überseetelegrafenkabelverbindung zwischen Europa und den USA hergestellt und bis 1966 war in Knightstown, dem Hauptort der Insel, eine wichtige Telegrafenstation der Western Union Gesellschaft in Betrieb.

Über die Brücke bei Portmagee gelangt man wieder auf das Festland. Wir kehren zurück bis zum »Ring of Kerry« (N70) und folgen der Straße über **Caherciveen** weiter nordostwärts.

– *Manix Point Caravan and Camping Park;* Anfang Juni–Mitte September; ca. 1 km westlich Caherciveen, zwischen »Ring of Kerry« (N70) und Bucht Valentia Harbour; 2,8 ha – 42 Stpl.; Standardausstattung.

Camping bei Caherciveen

Sehr schön ist die Küstenszenerie noch einmal bei Feaklecally. Die neue, breite Straße führt hier hoch über dem Meer entlang Richtung Killorglin, das wir nach etwa 22 km erreichen.

5. KILLARNEY – KILLORGLIN, »RING OF KERRY«

Killorglin, ein kleines Landstädtchen mit kaum 1200 Einwohnern, liegt hübsch am River Laune (Lachs- und Forellenangeln) und unweit der im Süden mächtig aufragenden Macgillycuddy's Reeks.

Puck Fair im August

Nur einmal im Jahr macht das Städtchen von sich reden, nämlich Mitte August zur in ganz Irland wohlbekannten P u c k F a i r : Zehntausende von Besuchern drängen sich dann in den Straßen und feiern drei Tage und Nächte lang die Krönung von »King Puck«. Während eines bunten, uralten Zeremoniells wird ein Gebirgsziegenbock zum »König der Stadt« gekrönt und auf einer hohen Plattform mit Baldachin »inthronisiert«

Hotels

Hotels: Guesthouse Bianconi Inn (B) Tel. 066/6 11 46, Castle (B) Tel. 066/6 11 78; sowie *B + B*.

Ein umfangreiches Angebot an Unterkünften jeder Art findet man im 20 km entfernten Killarney.

Camping

– *West's Caravan and Camping Park* (A), Tel. 066/6 12 40, Anf. Jan.–Ende Dez.; ca. 2 km östlich Killorglin unterhalb der Straße R562 Richtung Killarney; ebene, langgestreckte Wiese mit Hartstandplätzen, am Fluß Laune, Sicht auf Macgillycuddy's Reeks; 1,6 ha – 14 Stpl. + 20 MCV; einfache Standardausstattung.

Gallarus Oratory, Dingle Halbinsel

6. KILLORGLIN – LIMERICK, 255 km

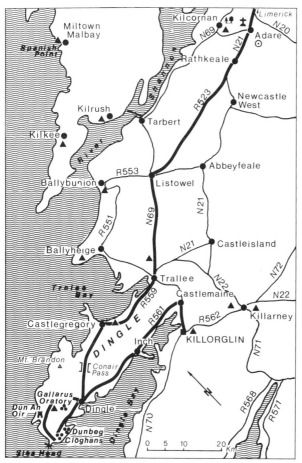

Killorglin verlassen wir nordwärts auf der N70 und kommen nach ca. 11 km über Milltown nach Castlemaine. Hier zweigen wir westwärts ab auf die Straße 561, um hinaus nach Dingle auf der gleichnamigen Halbinsel zu fahren.

Der Weg führt zunächst unterhalb der Slieve Mish Mountains am Castlemaine Harbour vorbei, dem seichten Ende der Dingle Bucht. Herrlicher Blick über die Bucht und zu den Bergen der Macgillycuddy's Reeks. Die starke Versandung des Buchtendes schreitet immer noch fort. Castlemaine zum Beispiel, einst ein Hafenstädtchen, ist längst nicht mehr per Schiff erreichbar. Andererseits entstehen durch die Versandung herrliche Strände. Die Halbinsel Inch, ist ein einziges, riesiges Dünen- und Strandgebiet.

ausgedehnte Strände von Inch

6. KILLORGLIN – LIMERICK

Die Straße zieht hinter Red Cliff landeinwärts.
Anascaul an der Zusammenführung der Straßen aus Dingle und Castlemaine hat ein bemerkenswertes Gasthaus, das mit der Südpolexpedition von Captain Scott und Shackleton in Verbindung gebracht wird. Im »South Pole Inn« soll ein gewisser Thomas Crean gelebt haben. Crean hatte Scott auf seiner schicksalhaften Antarktisreise (1911) begleitet und fand später Scott und seine Mannschaft (die letztlich bis zum Südpol vordringen sollten) erfroren in ihrem Zelt.

15 km nach Anascaul kommt Dingle in Sicht.
Dingle (irisch Daingean – befestigter Platz) mit kaum 1500 Einwohnern nimmt für sich in Anspruch, die westlichste Stadt Europas zu sein. Auf jeden Fall hat sich das an einer sehr geschützten, weit ins Land reichende Bucht gelegene Fischerstädtchen zum Hauptort und Touristenzentrum auf der Dingle-Halbinsel entwickelt. Einige hübsche Straßenzüge, wie die ansteigende Main Street oder die Green Street, lohnen einen Spaziergang durch das freundliche Städtchen. Selbst an sehr ordentlichen Fisch- und Speiserestaurants wie z.B. »Doyle's Seafood Bar« oder »The Half-Door«, bei John Street, oder an urigen Pubs mangelt es nicht. Stellvertretend für die vielen Kneipen sei »O'Flaherty's Pub« genannt, eine stadtbekannte, originale Nostalgiekneipe; irische Musikabende in der Hauptsaison.

Über das Haus Ecke Main und Green Street erzählt man sich folgende Geschichte: Das Haus gehörte einst einem Colonel Rice, der in Frankreich in der Armee diente. Angeblich entwickelte er einen Plan, der Königin Marie Antoinette, der Frau König Ludwigs XVI., während der Französischen Revolution die Flucht nach Dingle ermöglichen sollte. Bekanntlich war der Lauf der Geschichte jedoch ein anderer.

Information *Information:* Tourist Information, Office Dingle, Main Street, Tel. Dingle 88, Juni–September.

Hotels, Dingle *Hotels:* Sceilig (A) Tel. 066/51144, Hillgrove (C) Tel. 066/51131; *Guesthouses:* Alpine House (B) Tel. 066/51250, Milltown House (B) Tel. 066/51372; sowie *B +B.*

Die nun folgende Rundfahrt um das äußerste Westende der Dingle-Halbinsel besticht nicht nur durch die außergewöhnlich schöne Küstenlandschaft, sondern auch durch die vielen frühgeschichtlichen Denkmäler entlang der Route, die zum Teil einzigartig in Europa sind.
Zunächst führt die Straße Richtung Slea Head über Milltown nach **Ventry**. Die Bucht Ventry Harbour weist lange Sandstrände auf und wird in Verbindung mit einer uralten Legende gebracht, die erstmals im 15. Jh. schriftlich festgehalten wurde. Die wortreiche Geschichte erzählt in Reimen von König Daire Donn, der im Ventry Harbour landen wollte, um Irland zu erobern, von den mutigen Mannen des Fionn MacCumhail aber zurückgeschlagen wurde. Die Ballade »Cath Fionntragha – Die Schlacht am Ventry-Strand« ist angeblich in einem Sprachrythmus abgefaßt, der es Sängern ermöglichen sollte, den Text zur Harfe vorzutragen.

Die Straße quert nun eine Landzunge und trifft dann, hoch über dem Meer verlaufend, wieder an die Küste.

Pub-Wandmalerei, Ballydehob/Cork

Ladenfassade, Kenmare/Kerry

St. Brendans Kathedrale, Clonfert/Galway

Hochkreuz, Clonmacnoise/Offaly

Kloster und Rundturm, Ardmore/Waterford

Kilkenny Castle, Kilkenny

Salon im Bantry House, Bantry/Cork

Küste bei Roundstone, Connemara/Galway

Clonmacnoise, Offaly

Staigue Steinfort, Kerry

Dunguaire Castle, Co. Galway

Achill Island, Mayo

Bunratty Folk Park, Limerick

bei Allihies, Beara Halbinsel, Co. Cork

6. KILLORGLIN – LIMERICK

Kurz vor dem Ort **Fahan** liegt oberhalb der Klippen Dunbeg, ein äußerst interessantes Fort aus grauer Vorzeit. Wer es besichtigen will, muß sehr aufmerksam sein, um das winzige Hinweisschild nicht zu übersehen. Ein schmaler Fußweg führt zwischen Wiesen zum Fort.
Im englischen Sprachgebrauch werden solchermaßen angelegte Verteidigungssysteme als »Promontory Forts«, also Vorgebirgsforts, bezeichnet. Die Erbauer der Festungsanlage machten sich die Küstenform zunutze und schnitten eine ins Meer ragende Landspitze an der Landseite mit einem Wall-, Graben- und Mauergürtel ab. Spuren des Grabensystems sind noch erkennbar. Recht gut erhalten ist das Ringfort am Klippenrand mit zum Teil sieben Meter dicken Mauern, durch die ein gangartiger Einlaß in den runden Innenhof führt. Bemerkenswert sind die unterirdischen Gänge.
Die Festung von Dunbeg gehört zu einer ganzen Ansammlung frühgeschichtlicher Bauwerke. Zwischen Fahan und Slea Head sind zum Beispiel nicht weniger als 414 »cloghans«, diese aus losen Steinen aufgeschichteten, bienenkorbartigen Wohnzellen zu finden.
An der Straße zum Slea Head bietet sich verschiedentlich Gelegenheit, Ansammlungen von Cloghans zu besichtigen.

Dunbeg Fort ✲✲

Slea Head der westlichste Festlandspunkt Irlands, fasziniert durch seine einmalig schöne, klippenreiche Küste mit langem Sandstrand und dem herrlichen Blick auf die Blasket Inseln im Atlantik. Das ganz in der Nähe des Park- und Picknickplatzes an den Felsen zerschellte Wrack eines spanischen Fischtrawlers aus Santander läßt ahnen, wie gefahrvoll die Gewässer hier sein können.
Die größte der insgesamt sieben vorgelagerten Blasket-Inseln »Great Blasket«, war als einzige bewohnt. Bis 1953 wohnte dort ein recht abgehärteter Menschenschlag. Man lebte vom Fischfang und ein wenig Ackerbau. Bekannt waren und sind die Leute von Blasket für ihr unerschöpfliches Repertoire an Geschichten und für ihr unnachahmliches Geschick, diese gekonnt zu erzählen.
Nach einer Reihe von unergiebigen Fischfangsaisonen übersiedelten 1953 auch die letzten Blasketbewohner aufs Festland. Die gälischsprechenden Gemeindemitglieder brachten natürlich eine Vielzahl von irischen Geschichten, Liedern, Balladen, Bräuchen und Legenden mit, die die Folklore im hiesigen Gaeltacht-Gebiet von Kerry bereicherten.

Klippen und Strand am Slea Head ✲

Weiter geht die Fahrt über Dunquin (Bootstouren zu den Blasket Inseln) nach **Ballyferriter.** Der Ort hat eine Sommerschule für Leute, die Irisch lernen wollen, und das Nationale Volkstheater »Teach Siamsa«, das irische Traditionsstücke pflegt und neue erforscht und inszeniert.
Etwa 5 km nördlich von Ballyferriter liegt an der Westseite der Bucht Smerick Harbour die Burgruine Dun an Oir. Die »Goldfestung«, so die Übersetzung des irischen Namens, wurde im 16. Jh. von irischen und spanischen Soldaten errichtet und 1580 vom Heer eines Lord Grey belagert. Traurige Berühmtheit erlangte Dun an Oir durch das Massaker an den 600 Mann starken Verteidigungstruppen nach der dreitägigen Belagerung.
6 km östlich von Ballyferriter, etwas abseits der Hauptstraße R559 findet

6. KILLORGLIN – LIMERICK

Kapelle Gallarus Oratory ✻✻

man eines der besterhaltenen kirchengeschichtlichen Denkmäler in Irland, Gallarus Oratory. Diese kleine, nur einen Raum aufweisende Kapelle ist vom Fundament bis zum Giebel aus losen, aber äußerst exakt aufeinandergesetzten Steinen erbaut und erinnert entfernt an ein kielobenliegendes Boot. Nach über 1000 Jahren ist sogar das Dach immer noch wasserdicht.

Ganz in der Nähe des Gallarus Oratoriums liegt der zur Gemeinde **Ballydavid** gehörende *Campingplatz*

Camping

– *Campail Theach an Aragail* (Oratory House Camping) (B), Tel. 066/ 55143, Mai–Mitte September; 7 km nordwestlich Dingle; kleine, ebene Wiese bei einem Restaurant; 1,2 ha – 36 Stpl.; Standardausstattung,

2 km östlich von Ballydavid steht die Kirche von Kilmalkedar. Sie ist ein sehr schönes Beispiel für romanische Kirchenarchitektur in Irland aus dem 12. Jh.

Der Nordwestteil der Dingle-Halbinsel um den 950 Meter hohen Brandon Mountain (zweithöchste Erhebung in Irland) wird in Verbindung gebracht mit dem Heiligen Brendan (ca. 5. Jh.). Ein Fußweg führt in der Nähe der Kilmalkedar-Kirche auf den Gipfel. Die Legende berichtet davon, daß Brendan und seine Mönche den Pfad anlegten.
Eines Tages sollen Klosterbrüder in einer langen Prozession eine Wallfahrt auf den Berg unternommen haben. Oben stellte der vorangehende Abt fest, daß er sein Gesangbuch vergessen hatte. Man gab die Nachricht von Mund zu Mund weiter bis zurück ins Tal. Der letzte Mönch ging zurück in die Kirche, holte das Gesangbuch das nun von Hand zu Hand gereicht wurde und so schließlich bis zum Abt auf dem Gipfel gelangte.

Berg- oder Küstenwanderung

Ganz sicher lohnend ist der fast vierstündige Aufstiegt zum Brandon Mountain. Gute Ausgangspunkte sind Ballyroe, Cloghane oder Brandon. Ab Brandon Küsten- und Klippenwanderung zum Brandon Point und Brandon Head möglich.

Der weitere Verlauf unserer Route führt über Milltown zurück nach Dingle und von dort nordostwärts in Richtung Castlegregory.
Gleich hinter Dingle steigt die Straße an und führt hinauf zum 450 Meter

Aussicht vom Connor Paß ✻

hohen Conor Paß. Der herrliche Ausblick von der Anhöhe lohnt den Weg über die teils schmale, aber doch gut zu befahrende Straße. Runde, kahle Hügelkuppen bilden das Panorama. Bei klarem Wetter reicht die Sicht bis zur Dingle Bay im Süden und Brandon Bay im Norden.
Hinab nach Ballyduff führt die Paßstraße anfangs am fast senkrecht abfallenden Fels entlang, nur durch ein Mäuerchen am Abgrund begrenzt.
An der Nordküste der Dingle-Halbinsel, die von den beiden Buchten Brandon Bay und Tralee Bay geprägt wird, findet man zwischen Gloghane und Derrymore und an der Landzunge des Rough Point kilometerlange Sandstrände.
An den Sandstrände der Tralee Bay, östlich **Castlegregory,** liegt eine ganze Reihe von *Campingplätzen,* die aber – außer **Anchor Caravan Park** (A), Tel. 066/391578, Ostern – Ende September; 22 Stpl. + NE, keine Zelte! – von Mietcaravans und Dauercampern vollbelegt sind.

6. KILLORGLIN – LIMERICK

Tralee, Hauptstadt der Grafschaft Kerry, wird passiert. Die geschäftige Stadt weist einige interessante Sakralbauten auf. So zum Beispiel die St. John's Kathedrale in der Castle Street, ein neugotischer Bau, 1870 fertiggestellt, mit schönen Kreuzwegstationen von Sean Keating und einer neuzeitlichen Statue des Heiligen Brendan. Brendan erhielt den Beinamen »der Seefahrer«, weil er angeblich im 6. Jh. mit einem Curragh, diesen zerbrechlich wirkenden Leinwandbooten, über den Atlantik bis Neufundland gefahren sein soll.

Bemerkenswert sind weiter: Dominikanerkirche Holy Cross in der Princess Street, 19. Jh., von Pugin entworfen, interessante Steinskulpturen aus einer früheren Abtei und Glasfenster, sowie die 1,5 km östlich gelegene Ruine der Ratass Kirche; interessanter Westgiebel; auf dem Friedhof Gräber von Freiheitskämpfern des Unabhängigkeitskrieges.

Unsterblich wurde der Name der Stadt Tralee durch das überall im Land bekannte Lied »Rose of Tralee«, von William Mulchinok (1820-1864), einem Sohn der Stadt, komponiert.

Berühmt ist das jährliche Festival »Rose of Tralee«, das Ende August, Anfang September stattfindet. Irinnen aus der ganzen Welt kommen dann in Tralee zusammen, in der Hoffnung, zur »Rose of Tralee« gewählt zu werden. Während des Festes findet ein großes Pferderennen statt.

Trallee

Information: Tourist Information Office Tralee, Aras Siamsa, Godfrey Place, Tel. 066/21288, ganzjährig.

Information

Hotels: Brandon (A) Tel. 066/21311, Earl of Desmond (A) Tel. 066/21299, Ballygarry House (B*) Tel. 066/21233, Ballyroe Country Club (B) Tel. 066/26796, Benner's (B) Tel. 066/21422, Horan's (B) Tel. 066/21933, Imperial (B) Tel. 066/24242, Meadowlands (C) Tel. 066/25128; *Guesthouses:* Mountain Lodge (B) Tel. 066/22461, Oakley House (B) Tel. 066/21727, St. Joseph's (B) Tel. 066/21174.

Hotels

– *Bayview Caravan and Camping Park* (B*), Tel. 066/22140, Anfang April – Ende Oktober; ca. 2,5 km nördlich Tralee an der Straße R556 Richtung Ballybunnion; 1,2 ha – 26 Stpl. + 12 MCV; Standardausstattung; kein Camping während der Festival-Woche Ende August!

Camping

Unterhaltung: Siamsa Tíre Theatre, irisches Volkstheater, Staughton's Row; Juli und August Mo., Di., So., Fr. 20.30; Juni und September Mo., Do. 20.30 Uhr. *Dúchas,* Edward Street, Zweigstelle der irischen Kulturgesellschaft Comhaltas Ceoltóri Éireann, in der Sommersaison allabendlich irische Folklore. *»Rose of Tralee«-Festival* und Rennwoche, Ende August/Anfang September. Im Sommer *Windhundrennen* Di., Mi., Fr. 20.15 Uhr.

Unterhaltung

Unsere Route führt weiter von Tralee über die N69 nordwärts bis Listowel (25 km) und von dort weiter ostwärts über die R523 nach Rathkeale und Adare (55 km) an der N21 im County Limerick. Die Stadt Limerick ist von Adare nur noch 15 km entfernt und auf der Fernverkehrsstraße rasch zu erreichen.

Der Weg von Tralee über die Küsten- und Badeorte
Ballyheige

– *Casey's Caravan and Camping Park* (B*), Tel. 066/33195, Mitte Mai – Mitte September, 4 ha – 80 Stpl. + 6 MCV; nahe schöner Sandbucht;

Umweg für Badelustige

6. KILLORGLIN – LIMERICK

Campingplätze

Ballybunnion
- *Parklands Caravan and Camping Park* (A), Tel. 068/27349, Anfang Mai – Ende September; 3 ha – 47 Stpl. + 39 MCV;
- *Rhin Bhui Caravan Park* (B*), Tel. 068/27262, Anfang Mai – Ende September; 2,4 ha – 12 Stpl. + 20 MCV + 50 NE; in Meeresnähe; keine Zelte! Hundeverbot.

Tarbert und **Eoynes** nach Limerick lohnt der Umweg nicht. Die Landschaft erscheint eintönig, vor allem im Vergleich zu dem auf Dingle oder Beara Gesehenen.

Will man aber einen Badeaufenthalt einlegen, findet man bei Fenit, vor allem aber südlich von Ballyheige und bei Ballybunnion kilometerlange **Sandstrände**. Felsige Küstenabschnitte gibt es am Kerry Head und zwischen Inshaboy Point und Kilmore.

Adare, hübscher Ortskern und Abteien

Adare, (irisch Ath Dara – Furt bei den Eichen) an unserer Hauptroute nach Limerick, ist ein hübsches, kleines Städtchen mit interessanten Abteiruinen und einer Zeile strohgedeckter Häuser an der breiten Hauptstraße in der Ortsmitte, sowie rustikalen und traditionsreichen Restaurants. Das »College Restaurant« in der Main Street ist in einem der oben erwähnten, niedrigen, strohgedeckten Cottages eingerichtet. »Dunraven Arms« Hotel auf der anderen Straßenseite, gilt als eines der traditionsreichsten Häuser in Irland.

Am nördlichen Ortsrand von Adare liegen nahe der Brücke über den River Maigue östlich der Straße und sehr schön am Flußufer die Ruinen des Franziskaner Klosters. Die Abtei wurde 1464 gegründet und weist interessante Grabnischen, einen Kreuzgang und Kapellen auf.

In der Nähe die Ruinen des Desmond Castle, eine Festung, die ihre Usrpünge im 13. Jh. hat. Bis 1721 gehörte das Castle mitsamt den umliegenden Ländereien den Fitzgeralds, Earls of Kildare. Später wurde das Anwesen von den Quins erworben, den Earls of Dunraven.

Innerhalb des ausgedehnten Parklands von Dunraven Estate liegt Adare Manor, ein Herrensitz aus dem 19. Jh., mit interessanter Gemäldesammlung und Möblierung. Adare Manor House ist seit kurzem wieder der Öffentlichkeit zugänglich. Zugang zu den Klosterruinen erschwert.

Auf der Westseite der Straße nach Limerick Trinitarian Abbey und eine ehemalige Augustinerklosterkirche aus dem 14. Jh., die später bis 1807 als protestantische Kirche diente.

Hotels,

Hotels: Dunraven Arms (A) Tel. 0612/94206; *Guesthouse:* Woodlands (B) Tel. 061/94511; sowie *B + B.*

Camping

Camping: 16 km nordwestlich Adare liegt bei Kilcornan im ausgedehnten Staatsforst und Waldpark Curraghchase der gleichnamige *Campingplatz*. Einzelheiten siehe Etappenende.

Ob man die Tagestour hier beendet oder noch bis Limerick fährt, um dort zu übernachten, wird jeder individuell entscheiden, je nach dem wieviel Zeit er sich bis hierher ließ. Für die im Folgenden beschriebene Stadtbesichtigung und für die erwähnten Ausflüge ist mindestens ein ganzer Tag nötig. Man wird also erst am anderen Tag damit beginnen.

6. KILLORGLIN – LIMERICK

✻ Limerick

Auf unserer Route kommen wir über die N20 nach Limerick und bleiben immer auf der Hauptstraße, die ohne Umwege ins Zentrum führt.

Schon weit im Stadtgebiet überquert man den ovalen Platz »The Crescent« am Beginn der O'Connell Street. Diesen Platz, den Häuser mit schönen typisch georgianischen Eingängen einrahmen, ziert ein Denkmal des berühmten Iren Daniel O'Connell, der den katholischen Iren 1829 die Gleichberechtigung erstritt.

Wir folgen der O'Connell Street, der anschließenden Hauptgeschäftsstraße Patrick Street, sowie dem oberen Teil der Rutland Street und zweigen vor der Brücke rechts ab zum gut beschilderten Touristeninformationsbüro (1) in der Michael Street. Davor großer Parkplatz (gebührenpflichtig). Günstiger Ausgangspunkt für einen Stadtrundgang.

Limerick (irisch Liumneach – kahler Ort), an der Shannon-Mündung gelegen, ist mit gut 60.000 Einwohner die drittgrößte Stadt Irlands. Ihre interessantesten Plätze sind auf einem kaum eineinhalbstündigen Rundgang zu sehen, der wie folgt aussehen könnte:

Wir gehen vom Touristenbüro (1) die wenigen Schritte zurück zur Rutland Street, überqueren die Mathew-Brücke über den Abbey River und sind gleich darauf an der linkerhand, etwas erhöht gelegenen und schon von weitem sichtbaren St. Mary's Cathedral (2).

Die Kathedrale wurde auf Veranlassung des letzten Königs von Munster, Donal Mór O'Brien, um 1172 erbaut. Sehenswert ist das Innere des altehr-

Rundgang durch Limerick

Marienkathedrale (2)
Sommer 9–13,
14.30–17.30 Uhr;
Winter 9–13 Uhr

Limerick Zentrum
1 Information
2 St. Mary's Kathedrale
3 King John's Castle
4 Thomond Brücke
5 Treaty Stone
6 Sarsfield Brücke
7 John's Square
8 St. John's Kathedrale
9 Stadtmuseum
10 Stadtbefestigung
11 Hauptpost
12 Rathaus

6. KILLORGLIN – LIMERICK

Limerick Rundgang

würdigen Kirchenbaus wegen seiner schönen Glasfenster, in allererster Linie aber wegen des hölzernen Chorgestühls aus dem 15. Jh. Das mit schönen Schnitzereien mittelalterlicher Motive geschmückte Gestühl aus Eichenholz gilt als das einzige seiner Art in ganz Irland. Neben Einhörnern, Antilopen mit verschlungenen Hälsen, sich in den Schwanz beißende Drachen, erkennt man verschiedene Vogeldarstellungen wie Adler und andere Greifvögel.

Der Glockenturm kann z. Zt. nicht bestiegen werden.

Von Anfang Juni bis Anfang September findet in der Kathedrale allabendlich um 21.15 Uhr eine »Sound and Light«-Vorstellung statt. Mit Lichteffekten, Musik und Texten wird die bewegte Stadtgeschichte geschildert. Eintritt.

Oberhalb der Kathedrale führt die Nicholas Street nach links. Bis ins 18. Jh. stand hier die Handelsbörse mit einem bei den Kaufleuten berüchtigten Sockel mit Namen »The Nail«. Hier hatten sie ihre Abgaben zu entrichten. Noch heute gibt es angeblich den Ausdruck »Paying on the nail«, was soviel bedeutet wie »auf Heller und Pfennig bezahlen«.

Über die Nicholas Street bis zur Castle Street und links zur Thomond Brücke (4). Vor der Brücke erheben sich links die mächtigen runden Tortürme von King John's Castle (3). Die Burg entstand im frühen 13. Jh. und erhielt während der Belagerung von Limerick 1691 arge Blessuren durch Kanonenkugeln. Im Juli und August, jeweils dienstags und donnerstags 21 Uhr, werden in der Burg irische Folkloreabende – Seisiún – abgehalten.

Burg (3)

Auf der anderen Seite der Thomond Brücke sieht man linkerhand, auf einem Denkmalsockel, den in Irland berüchtigten »Treaty Stone« (5). Der Felsbrocken war 1865 hier als Denkmal aufgestellt worden. Der Überlieferung nach wurde auf dem Stein 1691 ein Vertrag (treaty) unterzeichnet, der den irischen Truppen nach der Belagerung Limericks durch englische Truppen freien und ehrenhaften Abzug garantieren sollte und den Katholiken Irlands Religionsfreiheit bescheinigte. Der Vertrag wurde aber nie eingehalten. Limerick erhielt daraufhin den Beinamen »Stadt des gebrochenen Vertrages«.

Wir setzen unseren Rundgang fort und gehen am Uferweg Clancy's Strand, mit schönem Blick auf Brücke und Burg, flußabwärts bis zur breiten, verkehrsreichen Sarsfield Brücke (6). Man sieht hier noch alte Schleusenkammern. Mit dem Bau dieser heute wichtigsten Brücke im Stadtgebiet von Limerick über den Shannon war 1824 begonnen worden. Benannt ist sie nach Patrick Sarsfield, einem mutigen Verteidiger Limericks während der Belagerung 1690/91.

Wir gehen geradeaus durch die Sarsfield Street stadteinwärts, überqueren die O'Connel Street, folgen der William Street bis zur Griffin Street, die links abzweigt und gehen bis zum John's Square (7). Der Platz wird überragt vom 86 Meter hohen Turm – dem höchsten Kirchturm in Irland – der im 19. Jh. im gotischen Stil errichteten St. John's Cathedral (8).

Stadtmuseum (9)
Di–Sa 10–13,
14.15–17 Uhr

An der Nordseite des John's Square, der im 18. Jh. als standesgemäße Wohngegend für wohlhabende Bürgerfamilien galt und restauriert wird, ist in einem der wiederhergestellten Häuser das Limerick Museum (9)

6. KILLORGLIN – LIMERICK

eingerichtet. Archäologische Funde, Münzen, Gemälde und Fotografien geben Entwicklungsstufen und Höhepunkte der Stadtgeschichte wieder. Über John's und Broad Street gelangen wir zurück zum Ausgangspunkt unseres Stadtrundgangs am Touristeninformationsbüro. Ein Umweg über die Leila Street führt an Resten der alten Stadtbefestigung (10) vorbei.

Limerick

Das Touristeninformationsbüro ist übrigens in den Arkaden eines alten, völlig restaurierten Getreide-Speicherhauses aus der Mitte des 18. Jh., »The Granary« genannt, eingerichtet. Später diente der Bau auch als Zollager für Tabak, Whiskey und Zucker. Im Restaurant »The Granary Tavern« allabendlich irische Folklore im Rahmen einer »Captain's Table« genannten Touristenveranstaltung.

Information: Tourist Information Office Limerick City, The Granary, Michael Street, Tel. 061/317522. Geöffnet: Juli – August Mo.-Sa. 10-18 Uhr, So. 10-13 Uhr; übrige Zeit Mo.-Fr. 10-18 Uhr, Sa. 10-13 Uhr.

Information (1)

Hotels: Die Mehrzahl der Hotels von Limerick liegt an der zum Shannon Airport führenden Straße N18 Richtung Ennis.
Cruise's Royal (A) Tel. 061/44977, Jurys (A) Tel. 061/55266, Limerick Inn (A) Tel. 061/51544, The Limerick Ryan (A) Tel. 061/53922, Two Mile Inn (A) Tel. 061/53122, Glentworth (B*) Tel. 061/43822, Royal George (B*) Tel. 061/44566, The New Greenhills (B*) Tel. 061/53033, Woodfield House (B*) Tel. 061/53023, Railway (B) Tel. 061/43653. *Guesthouses:* Alexandra House (B) Tel. 061/318472, Clifton House (B) Tel. 061/51166, Cloneen House (B) Tel. 061/54461, Parkview (B) Tel. 061/51505; sowie B + B.

Hotels

Kilcornan
– *Currahchase Caravan and Camping Park* (A), Tel. 061/86349, Ende Mai – Mitte September; 18 km südwestlich Limerick beschilderter Abzweig von der N69 (Limerick-Foynes); ebene Wiese für Zelte und Baumnischen mit Hartstandplätzen im Wald des Nationalparks, gepflegt; abseits gelegen, gute Wandermöglichkeiten; 5,2 ha – 100 Stpl.; Komfortausstattung, aber unzeitgemäßer Duschraum.

Camping bei Limerick

O'Brien's Bridge
– *The Shannon Cottage Caravan and Camping Park* (B), Tel. 061/377118, Anfang Jan. – Ende Dezember; ca. 13 km nordöstlich Limerick, über die R 463 (Limerick-Killaloe) zu erreichen; netter kleiner Platz am Shannon und unmittelbar am Ortsrand; 0,4 ha – 14 Stpl.; Standardausstattung. Gute Angelmöglichkeiten.

Killaloe
– *Lough Derg Caravan and Camping Park* (A), Tel. 061/76329, Mitte Mai – Mitte September; ca. 26 km nordöstlich Limerick und ca. 5 km nördlich Killaloe an der R463; ebenes, langgestrecktes Wiesengelände mit hohen Büschen umgeben, Hartstandplätze, direkt am See Lough Derg; 2 ha – 57 Stpl. + 15 MCV; Bootssteg, Bootsslip; kleiner Sandstrand, Bade- und Angelmöglichkeit, Laden, Cafeteria in Hochsaison; Komfortausstattung.

Museum: Hunt Collection im National Institute of Higher Education (NIHE), 5 km östlich der Stadt an der N240. Sammlung des Keltenforschers John Hunt mit seltenen Exponaten der Bronzezeit, dem Mittelalter bis ins 18. Jh.

Museum

Unterhaltung: Neben den *Folkloreveranstaltungen* in »The Granary« und im King John's Castle (Einzelheiten siehe Stadtrundgang) ist besonders in den **Pubs** »Hogan's Thomond House«, »South's« und »Punch's« gemütliche Atmosphäre zu erleben.

Unterhaltung

6. KILLORGLIN – LIMERICK

»mittelalterliche« Banketts in Bunratty Castle, tgl. 18 und 21 Uhr

Ein Erlebnis besonderer Art ist die Teilnahme an einem der *Mediaeval Banquets*. Diese rustikalen »mittelalterlichen« Bankette oder »Rittermahle« werden in den restaurierten Burgen Bunratty Castle westlich Limerick, Knappogue Castle nahe Quin und Dunguaire Castle in Kinvara, südlich Galway, veranstaltet. Platzreservierungen über die Touristeninformationsbüros sind in jedem Falle notwendig. Eintritt pro Person ca. IR £ 30,–.

Veranstaltungstermine: Bunratty Castle, ganzjährig täglich 18 und 21 Uhr; Knappogue Castle, Mai bis Oktober täglich 18 und 21 Uhr; Dunguaire Castle, Mitte Mai bis Mitte September täglich 18 und 21 Uhr.

Die Gäste werden von mittelalterlich gewandeten Damen und Herren in der großen Halle des Schlosses nach altem Brauch mit Brot und Salz empfangen. Bei Met oder Sangria – je nach geschichtlichem Hintergrund des Hauses – und alten Weisen mit Harfen-, Flöten- und Violinbegleitung wird den »noble Lords and Ladies« etwas über die Vergangenheit und das Schicksal der Burg und deren einstigen Bewohnern erzählt. Alle Texte der Lieder und Vorträge natürlich nur in Englisch.

Danach begibt man sich über enge Wendeltreppen und an geheimnisvoll dunklen Türnischen vorbei in den rustikalen Speisesaal. Nach einem wieder von Harfenspiel und Gesang begleiteten Mahl bei Kerzenlicht, bei dem die Suppe geschlürft und beim Essen mit den Fingern nachgeholfen werden darf, wird man mit Volksliedern, traditioneller Musik, Balladen und – je nach Schloß – mit Rezitationen und Sketchen irischer Dichter wie William Butler (W.B.) Yeats, John Millington Synge oder George Bernard Shaw unterhalten.

Nach einem letzten Drink »one for the road« oder einem Kaffee verläßt man das alte Gemäuer mit dem Gefühl, für etwa 70 Mark pro Person einen netten Abend erlebt zu haben und zwei Stunden lang gut unterhalten worden zu sein.

Ausflüge von Limerick Bunratty Castle, ✻ tgl. 9.30–17 Uhr. Eintritt

Ausflüge: Bunratty Castle and Folk Park, 13 km westlich Limerick. Die wuchtig aufragende Burg liegt heute unmittelbar an der Fernstraße N 18, die aber erst im 19. Jh. angelegt wurde. Davor galt das Marschland hier als unpassierbar. Bunratty wurde auf einer ehemaligen Insel am Nordufer des Shannon Flusses wahrscheinlich in erster Linie deshalb angelegt, weil von hier aus der Schiffsverkehr nach Limerick ausgezeichnet kontrolliert werden konnte.

Tradraighe, so der Name der einstigen Insel, deren Umgebung längst verlandet ist, war schon den Wikingern bekannt. Die erste nachweisliche Befestigung war wahrscheinlich nicht mehr als ein hölzerner Palisadenzaun. Er wurde von einem normannischen Herzog namens Robert de Muscegros 1251 angelegt. 25 Jahre später errichtete Thomas de Clare die erste Steinfestung, die aber bereits zu Beginn des 14. Jh. von Iren wieder zerstört wurde. Unter den O'Briens, Earls of Thomond, bauten die Iren Bunratty mehrmals wieder auf, konnten sich aber nie lange halten, denn die ganze Gegend um Bunratty war von Engländern besiedelt. Schließlich ließen sich Mitte des 15. Jh. die MacNamaras aus dem Cuilein-Clan in der Burg nieder.

Der mächtige Bau, so wie wir ihn heute sehen, stammt aus dem Jahre

6. KILLORGLIN – LIMERICK

1450, erbaut von Maccon MacSioda MacNamara. Später kam die Burg durch Heirat an die O'Briens, genauer an Tirlog O'Brien, Prinz von Thomond. Er hatte Raghnail MacNamara, die Tochter des Clanchefs geheiratet. Ihr Sohn machte Karriere am Hofe Heinrichs VIII. (1542) und wurde schließlich zum Earl of Thomond ernannt. Der vierte Earl of Thomond, Donogh, kämpfte für Königin Elizabeth I. gegen die Iren und wurde dafür königlich belohnt. Donogh wählte Bunratty zum Wohnsitz, erweiterte – dank der reichen Lebensrente aus England war ihm das ohne weiteres möglich – die Burganlage, erhöhte die Türme, stattete die Räume und Hallen kostbar aus und ließ Gärten pflanzen. Die Gesamtanlage muß mit den Jahren einen überaus ansehnlichen Eindruck gemacht haben, daß selbst der päpstliche Nuntius Renuccini – aus Italien sicher vom Anblick schöner Parks und Schlösser verwöhnt – von einem Besuch beim 6. Earl of Thomond 1646 höchst beeindruckt zurückkam.
Eben dieser 6. Earl übergab 1646 während eines Bürgerkriegs Bunratty an die Commonwealth Truppen, die unter dem Befehl von Admiral Penn standen. Dieser Admiral war der Vater des berühmten Quäkers William Penn, dem namhaften Pionier und späteren Staatengründer in den USA. Man vermutet deshalb, daß William Penn einige Jahre seiner Jugend auf Bunratty verbrachte.
In den späteren Jahrhunderten war das Schloß verlassen und dem Verfall preisgegeben.
Erst 1956 begannen staatliche Stellen mit der Restaurierung der Burg, die heute vor allem durch eine fantastische Sammlung alter Möbelstücke beeindruckt. Viele Stücke des mittelalterlichen Mobiliars sind Leihgaben oder Geschenke großzügiger Grafen.
Die Burg selbst ist ein fast quadratischer Bau mit viereckigen Türmen an jeder Ecke, wobei die Nord- und Südtürme durch einen mächtigen Bogen unter den Zinnen verbunden sind.
Der zentrale Gebäudeteil wird von großen Hallen und dem eigentlichen Repräsentationsraum der Burg, der sogenannten »Great Hall« eingenommen. Sie liegt im zweiten Obergeschoß. In der Great Hall wurde hofgehalten, Empfänge und Bankette gegeben. Die Halle ist gut 16 Meter hoch, 16 Meter lang und 10 Meter breit, hat einen Marmorfußboden und eine interessante Deckenkonstruktion, in die das gesamte Dachgebälk miteinbezogen ist. Es fällt auf, daß keinerlei Kamin vorhanden ist. Man beheizte den riesigen Raum (wohl mehr schlecht als recht) von einer zentralen, offenen Feuerstelle aus, deren Rauch durch eine Öffnung im Dach abzog. Die darunterliegende, gewölbte Halle, Main Guard genannt, wird als Speisesaal der Burg bezeichnet, der aber auch von den Wachsoldaten bewohnt war.
In den obersten Stockwerken der Ecktürme sind vor allem die gräflichen Privatgemächer im North Solar und South Solar interessant, die mit originalem Mobiliar aus dem 15.–17. Jh. bestückt sind. Weiter sind Schlafzimmer, die Küche, eine Kapelle mit schönen Stuckarbeiten an der Decke aus dem 17. Jh. und weitere Quartiere in den vier Türmen zu sehen.

Unmittelbar an Bunratty Castle grenzt das Freilichtmuseum Bunratty Folk Park an. Es ist eine Parkanlage mit einer Ansammlung alter, hier

Bunratty Castle *

Bunratty Freilichtmuseum

6. KILLORGLIN – LIMERICK

Juni–Aug.
9.30–20 Uhr;
übrige Zeit tgl.
9.30–17 Uhr,
Eintritt.

wieder aufgebauter Häuser aus ganz Westirland. Darunter befinden sich eine Schmiede, das Haus eines Fischers, Farmhäuser aus verschiedenen Regionen etc. Viele der Häuser sind belebt durch Handwerker, wie Bäcker, Korbmacher, Kerzenzieher u.a., die bei Torffeuer ihre Berufe nach alter Manier ausüben.

Äußerst malerisch ist der anschließende Straßenzug eines Städtchens aus dem 19. Jh., mit Pub, Postamt, Läden, Druckerei etc. Erst vor einiger Zeit kamen die Gebäude und landwirtschaftlichen Maschinen einer Farm hinzu. Dort gibt es eine Diaschau über die Entwicklung der Landwirtschaft Irlands.

uriges Pub ✲✲

Eines allerdings sollte man bei einem Bunratty-Besuch keinesfalls versäumen, nämlich eine Stipvisite bei »*Durty Nelly's*«. Dieses uralte verräucherte Dorfpub voller Atmosphäre stammt aus dem Jahre 1620. Das Gasthaus liegt unmittelbar neben der Burg. Man kann im »Durty Nelly's« auch gepflegt essen, vor allem Fischgerichte.

Tagesausflug zum **Lough Gur.** Der See liegt ca. 18 km südöstlich von Limerick und ist über die Straße R 511 Richtung Kilmallock zu erreichen. Das Gebiet um Lough Gur ist übersät mit vorgeschichtlichen Denkmälern, Steinkreisen, Megalith-Gräbern etc. Ausgrabungen führten zu aufschlußreichen Funden von Keramik- und Metallfragmenten aus der Bronze- und Jungsteinzeit. Damit war zu belegen, daß dieses Gebiet seit etwa 5000 Jahren bewohnt ist. Ganz in der Nähe der Straße Limerick–Kilmallock liegt zum Beispiel Irlands größter Steinkreis.

Lough Gur Besucherzentrum,
Mai–Sept.
Mo–Sa 10–13, 14–18 Uhr, So 14–18 Uhr.
Eintritt

Es wurde ein Besucherzentrum eingerichtet, das mittels Anschauungsmaterial, Modellen, Fotografien, Nachbildungen von Funden und einer Diaschau einen Überblick über die frühgeschichtliche Zeitperiode des Neolithikums gibt. In der Reisesaison geführte Rundgänge.

Bunratty Folk Park
bei Limerick

7. LIMERICK — GALWAY, 170 km

Vorweg **ein Tip:** Wer alle auf der folgenden Etappe erwähnten Sehenswürdigkeiten gründlich und mit Muse besichtigen und sich an den Cliffs of Moher oder in den Burren etwas aufhalten will, macht es sich bequemer, den Besuch von Knappogue Castle, Quin Abbey und Craggaunowen in einen separaten Tagesausflug von Limerick aus einzuschließen, eventuell mit dem Besuch von Bunratty Castle zu kombinieren.

Wir verlassen Limerick auf der N 18 in Richtung Ennis, zweigen aber schon nach 10 km nach Norden auf die Landstraße R 462 ab und kommen nach weiteren 5 km nach **Sixmilebridge.** In der Nähe des sonst unbedeutenden Ortes kann das **Craggaunowen Project,** nahe der Straße nach Quin gelegen, besichtigt werden. Zu sehen gibt es Craggaunowen Castle in dem ein Teil der Hunt-Sammlung mittelalterlicher Objekte ausgestellt ist. Dann den Nachbau einer Siedlung aus der Bronzezeit auf einer Insel, ein Farmhaus und das legendäre, aus Rinderhäuten gefertigte Boot »Brendan«. Mit ihm segelte vor nicht zu langer Zeit Tim Severin nach Nordamerika, um die Legende von der ersten Atlantiküberquerung des hl. Brendan vor mehr als tausend Jahren zu beweisen.

Craggaunowen Castle,
Juni–Aug., tgl.
10–18 Uhr; übrige Zeit bis 17 Uhr.
Eintritt

Kaum 8 km weiter liegt links der Straße nach Quin Knappogue Castle. Diese Burg entstand 1467 und war eines von 42 Castles des MacNamara-Clans, des vom 5. bis 15. Jh. in dieser Region maßgebenden Geschlechts.
Mit kurzen Unterbrechungen, wie etwa zur Zeit Cromwells, blieb Knappogue Castle bis ins 18. Jh. in den Händen der MacNamaras. 1800 wurde die Burg an die Scott-Familie verkauft, angeblich um Verbindlichkeiten einzulösen. Aber kaum 50 Jahre später wechselte der Besitzer abermals. Knappogue Castle ging in die Hände der Lords of Dunboyne über, die umfangreiche Erweiterungsbauten anfügten.
Nach den Aufständen von 1921 verfiel das Anwesen mehr und mehr, bis es 1966 von einem wohlhabenden Texaner gekauft und in Zusammenarbeit mit irischen Stellen wieder in den Zustand einer Burg aus dem 15. Jh. versetzt wurde. Mittelalterliche Bankette Mai bis Oktober täglich 18 und 21 Uhr.

Knappogue Castle, ✱
Mai–Okt.
tgl. 9.30–17 Uhr.
Eintritt

7. LIMERICK – GALWAY

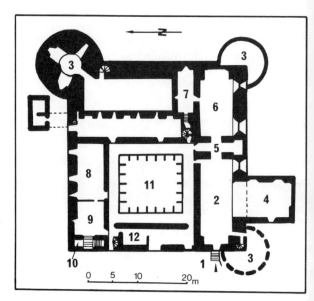

Quin Abbey
1 Eingang
2 Hauptschiff
3 Wehrtürme
4 Querschiff
5 Turm
6 Hauptschiff u. Altar
7 Sakristei
8 Refektorium
9 Küche
10 Quelle
11 Kreuzgang
12 Gruft

Nach 5 km erreichen wir **Quin.**

Abtei von Quin ✻ Am Ortsrand rechts liegt Quin Abbey, eine frühere Franziskaner Abtei. Sie entstand 1402 auf den Trümmern eines noch älteren Klosters, das aber 1378 in Flammen aufgegangen war. Davor stand hier eine normannische Befestigung. Von ihr sind nur noch die Fundamente von zwei runden Ecktürmen erkennbar.

Elizabeth I. konfiszierte das Kloster und stationierte hier 1584 Truppen, die wiederum von den Männern O'Briens's vertrieben wurden. Als James I. in London den Thron bestieg, kamen die Mönche wieder, mußten aber 1637 abermals der weltlichen Macht weichen.

Völlig ruiniert wurde die Abtei 1691, als wilhelminische Truppen das Kloster anzündeten, weil dort irische Soldaten lagerten, die sich nach Frankreich absetzen wollten.

Aber selbst die stattlichen Ruinen, der Turm, der gut erhaltene Kreuzgang und das Kirchenschiff mit den kaum noch entzifferbaren Grabsteinen der MacNamaras beeindrucken heute noch den Besucher.

Auf der anderen Seite des an der Abtei vorbeifließenden Baches, stehen die efeuüberwucherten Mauern der kleinen Saint Finghin Kirche, deren Ursprünge in die erste Zeit der Christianisierung Irlands zurückgehen sollen.

Auf der Weiterfahrt passieren wir wenig später
Ennis (irisch Inis – Flußwiese), den Haupt- und Verwaltungsort der Grafschaft Clare. Der Rang einer Grafschaftsstadt wurde Ennis, das an einer Flußschleife des River Fergus liegt und heute etwa 7000 Einwohner hat, schon von Königin Elizabeth I. im 16. Jh. gewährt.

7. LIMERICK — GALWAY

Information: Tourist Information Office Ennis, Bank Place, Tel. 065/28366. Ein Heft mit der Schilderung der Einzelheiten eines in der Stadt markierten Rundgangs ist erhältlich.

Hotels: Old Ground (A) Tel. 065/28127, West County (A) Tel. 065/28421, Auburn Lodge (B*) Tel. 065/21247, Queen's (B) Tel. 065/28963; *Guesthouse:* Derrynane House (B) Tel. 065/28464; sowie B + B.

Information und Hotels

Ab Ennis nehmen wir die Straße N 85 und erreichen nach etwa 30 km das kleine Seebad
Lahinch an der Lisconnor Bucht mit einem fantastisch langen Sandstrand an der sonst felsigen Küste. Diese Küste, vor allem ein Kap weiter südlich, wurde 1588 sechs Schiffen der spanischen Armada zum Verhängnis. Sie zerschellte an den Klippen, die noch heute als »Spanish Point« bekannt sind.

Schöner Strand von Lahinch

Auf irisch heißt Lahinch »Leacht Ui Chonchubhair«, was etwa »O'Connor's Steinhaufen oder steinerner Grabhügel« bedeutet. Früher war Lahinch auch als »Leath Inse« (Halbe Insel) bekannt, da der Ort an zwei Seiten von Wasser umgeben war.

Hotels: Vaughans Aberdeen Arms (A) Tel. 065/81100, Atlantic (B) Tel. 065/81049, Sancta Maria (B) Tel. 065/81041, Claremont (C) Tel. 065/81007; *Guesthouse:* Greenbrier Inn (A) Tel. 065/81242; sowie B + B.

– Lahinch Caravan and Camping Park (B*), Tel. 065/81424, Mitte Mai–Ende September; am südlichen Ortsrand an der Straße N 67 Richtung Kilkee; langgestreckte, überwiegend ebene Wiese mit Hartstandplätzen zwischen Einfamilienhäusern; 2 ha – 112 Stpl.; Komfortausstattung; zum Ortszentrum mit Geschäften und Pubs ca. 300 Meter, zur herrlich breiten Sandbucht ca. 400 Meter.

Hotels und Camping

Auf eine der atemberaubendsten und bekanntesten Küstenlandschaften Irlands treffen wir etwa 10 km nordwestlich von Lahinch –
die Cliffs of Moher. Auf fast 8 km fällt hier die Felsküste senkrecht in die Fluten des Atlantiks ab. Am O'Briens's Tower (1835 erbaut), einem vorzüglichen Aussichtspunkt in der Nähe des großen Parkplatzes mit Besucherzentrum, ragen die Klippen 212 Meter aus dem Meer. An klaren Tagen kann man von hier aus die Aran-Inseln im Nordwesten und weit dahinter die Hügel der »Twelve Pins« in Connemara erkennen. Übrigens: Fotografen wird interessieren, daß man die Cliffs erst nachmittags in einigermaßen gutem Licht erwischt.

Klippen von Moher ✻✻✻

Die Unzugänglichkeit der Klippenwände macht sie zu einem idealen Brutplatz für Seevögel.

Unsere Route folgt der Straße R 478 bis **Lisdoonvarna** (irisch Lios Dúin Bhearna – Bezirk des Schlucht-Forts) einem Kurort mit Heilquellen (Schwefel, Eisen, Magnesium). Von hier geht es südostwärts nach **Kilfenora** am Rande des Burren-Gebietes. Der Ort hat eine Kathedrale, deren Ursprung ins 11. Jh. datiert wird. Bemerkenswerte Hochkreuze.
Das Burren Display Centre vermittelt durch Anschauungsmaterial verschiedenster Art und durch besondere visuelle Techniken einen Überblick über die Entstehung des seltsamen Karstgebietes »The Burren«, die

7. LIMERICK – GALWAY

dortigen Gesteinsformationen sowie über seltene Arten aus der Blumen- und Tierwelt. Geöffnet: Juni–Aug. 9.30–19 Uhr, sonst kürzer. Eintritt.

Von Kilfenora geht es auf der Straße R 476 nach Osten. Nach etwa 5 km kommen wir an den Abzweig der Straße R 480, die mitten durch das Burren-Gebiet nordwärts nach Ballyvaghan führt. Ihr folgen wir.
Unmittelbar an der Weggabelung liegt links die stattliche Ruine des Lemanagh Castles. Deutlich kann man den älteren Teil an der Ostseite – ein Turmhaus aus dem Jahre 1480 – und die fensterreiche Front des im 17. Jh. von Conor O'Brien angebauten befestigten Hauses unterscheiden.

Karstgebiet der Burren ✽

Das Burren-Gebiet, etwa zwischen Lisdoonvarna im Westen, Gort im Osten, Killinaboy im Süden und Ballyvaghan im Norden gelegen, ist ein ca. 520 qkm großes Karstgebiet. Das zerrissene, kahle, fast vegetationslose, grauweiße Kalksteingebiet fällt durch seinen felsigen Charakter in dem ansonsten immergrünen Irland umsomehr ins Auge. Das ganze Gebiet ist für an Botanik, Archäologie oder Geologie interessierte Leute eine ganz besonders anziehende Ecke.
Charakteristisch für solche Landschaftsformen sind zum Beispiel Höhlen und unterirdische Flüsse. So sind angeblich die Seen in den Niederungen bei Gort durch unterirdische Wasserläufe mit den Burren verbunden. Man sagt, hier gebe es Seen, die nach einem Regen über Nacht wieder versikkern oder Flußläufe, die in Löchern oder Strudeln im Boden verschwinden.
Interessant sind die vielfältigen Formen, die die Felsoberflächen – durch Wind und Wetter jahrtausendelang bearbeitet – angenommen haben, aber auch die verschiedenen Blumenarten, die in den windgeschützten Felsritzen blühen. Besonders Ende Mai, Anfang Juni ist hierfür eine gute Zeit.
Diese seltsame, unwirtliche Region muß in frühgeschichtlicher Zeit eine stattliche Bevölkerungszahl ernährt haben, denn das Burrengebiet ist geradezu »übersät« mit Ringforts, Dolmen und Megalith-Gräbern.

Steinkreise und Megalithgräber

Ein Steinfort, das Caherconnell Stone Fort, liegt links etwas abseits der Straße R 480, etwa auf halbem Wege nach Ballyvaghan. Der Zugang ist beschildert, aber etwas beschwerlich. Knapp 2 km weiter liegt, nun rechts und nahe der Straße, Poulabrone Megalithic Tomb, eines der schönsten Beispiele eines vorgeschichtlichen Steingrabes in Irland. Aufrechtstehende Steine formen eine vieleckige Grabkammer, die von einer flachen Steinplatte bedeckt ist. Diese Form der Begräbnisstätten (auch Dolmen genannt) der Megalith-Kultur, die ihren Höhepunkt um 2000 v.Chr. hatte, war der führenden Volksschicht, dem Adel, vorbehalten.
Ca. 5 km weiter besteht die Möglichkeit, eine Karsthöhle zu besichtigen. Ailwee Cave liegt ca. 1 km abseits der Hauptstraße (gut beschilderte Zufahrt) und ist die einzige der vielen Höhlen im Burren-Gebiet, die für die Allgemeinheit erschlossen wurde. Man nimmt an, daß die Höhle vor etwa zwei Millionen Jahren durch einen unterirdischen Flußlauf entstand. Viel später bewohnten Tiere die Höhle, darunter auch Bären.

7. LIMERICK – GALWAY

Bislang sind 500 Meter der insgesamt 1000 Meter langen, schmalen und selten sehr hohen Höhle für Besucher erschlossen (Beleuchtung, befestigter Weg). Außer den Fragmenten eines angeblichen Bärenskeletts und einiger, bescheidener, aber immerhin bis zu 5000 Jahre alter Tropfsteingebilde gibt es wenig Außergewöhnliches zu sehen. Regelmäßige Führungen, Dauer 30 Minuten. Geöffnet: März–Oktober täglich 10–19 Uhr. Eintritt. Originell erbautes Besucherzentrum.

Über Knocktian – auf der anderen Hangseite erkennt man die Ruine von Newtown Castle, eine runde Wohnburg aus dem 16. Jh. – erreichen wir die Straße N 67 und gleich darauf **Ballyvaghan** an der Südküste der Galway-Bucht.
Gut 8 km östlich, in Bealaclugga, Möglichkeit zum Abzweig zur Abteiruine von Corcomroe in sehr abgeschiedener Lage. Die ehemalige Zisterzienser-Abtei mit einigen schönen Steinmetzarbeiten wurde 1180 von Donal Mór O'Brien, König von Limerick, gegründet. Sein Enkel König Conor O'Brien starb 1267 und soll hier begraben sein.

Zurück zur Hauptstraße N 67 und weiter nach **Kinvara,** das nach ca. 16 km erreicht wird. Am nördlichen Ortsrand liegt auf einer Erhöhung an der Kinvara-Bucht, einem Seitenarm der Galway-Bucht, Dunguaire Castle, mitunter auch Dungory Castle genannt.
Die Burg steht an einem Platz, der schon im 7. Jh. durch eine Befestigung des Königs von Connaught, Guaire Aidhneach, eingenommen wurde. Von ihm stammt auch der Name der heutigen Burg Dunguaire. Die Wortkombination beinhaltet den Namen des Königs Guaire und das irische Wort Dún, was soviel wie Fort oder Festung bedeutet.

Dunguaire Castle, ✼
April–Sept.,
tgl. 10–17 Uhr. Eintritt

König Guaire war ein großherziger, freigiebiger und gastfreundlicher Mann, was in langen Balladen bescheinigt wird und ihm den Beinamen »Guaire the Generous – Guaire der Großzügige« einbrachte. Legenden ranken sich darum, daß des Königs rechter Arm vom vielen Geben schon länger war, als der linke. Geschichtlich verbrieft aber ist, daß am Hofe König Guaires ständig Poeten, Dichter, Sänger und Barden, aber auch geistliche Würdenträger zu Gast waren. Eine Ballade erzählt von 300 Gästen, jeder mit eigenem Diener und Hund, die 16 Monate beim König logiert hatten.
»A year, a quarter and a month
Have we sojourned with thee, Oh King ...«
Glaubt man diesen Dokumenten, muß die damalige Burganlage wesentlich größer gewesen sein, als die heutige.
Nach dem Tode Guaires um 633 verblaßte der Ruf der Burg, bis 1520 Mitglieder des O'Heyne Clans, deren früher Vorfahre ein Sohn Guaires gewesen sein soll, auf den alten Mauern eine neue Burg errichteten.
Es folgten stürmische Jahre in der Geschichte von Dunguaire Castle. Des öfteren wechselten die Besitzer, bis das Anwesen 1642 an Richard Martyn kam, dem damaligen Stadtoberhaupt von Galway. Es blieb im Besitz der Martyns bis in unser Jahrhundert.
1924 kauft Oliver St. John Gogarty, Arzt, Poet, Schriftsteller, Zeitgenosse und Freund W.B. Yeats' und Lady Gregory's das ziemlich verfallene

7. LIMERICK – GALWAY

Schloß. Aber der vielseitige Gogarty wohnte nie richtig in Dunguaire Castle.
Schließlich erstand eine Dame namens Christabel, Lady Ampthill, den Besitz, um ihn sich im authentischen Stil des 16. Jh. als Residenz ausstatten zu lassen.
Seit 1972 nun gehört Dunguaire Castle einer gemeinnützigen Gesellschaft, die u.a. auch die »Mediaeval Banquetts« als Touristenunterhaltung ins Leben gerufen hat. Die alte traditionelle Bindung zwischen Dunguaire und Literatur wird in den abendlichen Rittermahlen weitergepflegt.
Mittelalterliche Bankette Mai bis September allabendlich 18 und 21 Uhr.

Reisende mit großem Interesse an Kirchendenkmälern sollten einen Abstecher zu den Kirchen von **Kilmacduagh** machen. Sie liegen ca. 11 km südöstlich von Kinvara oder ca. 3 km südwestlich von Gort. Zu dem Kirchenensemble gehört auch ein etwa 30 Meter hoher Rundturm, der besonders dadurch auffällt, daß er etwa 60 cm aus dem Lot geraten ist.

✳ **Galway** erreichen wir von Kinvara aus nach 26 km. Die aufstrebende Provinzhauptstadt mit rund 37.000 Einwohnern ist Verwaltungszentrum der Grafschaft Galway, wichtige Handels- und Industriestadt in Westirland bzw. Connaught und das Tor nach Connemara und zu den Aran-Inseln. Galway ist eine alte Stadt mit fast tausendjähriger Geschichte. Der irische Name Galways ist »Abhainn na Gaillimhe« und bezieht sich auf den Fluß Corrib, an dem Galway liegt.

1240 bauten die de Burgos hier eine Stadt, nachdem sie die Ländereien von den O'Hallorans erobert hatten. Bald entwickelte sich ein lebhafter Seehandel mit dem Kontinent. Vor allem aber war es der Sherry Import aus Spanien, der Galway bald zu einer bedeutenden Hafen- und Handelsstadt machte. Richard II. verlieh Galway 1484 die Stadtrechte und einen Freibrief, der die Gemeinde in die Lage versetzte, sich von der stadtbeherrschenden de Burgos-Sippe unabhängig zu machen. Fortan bildeten Vertreter von 14 Stämmen den Rat der Stadt. Meistens waren es normannische oder walisische Kaufmannsfamilien, darunter auch die Familie Lynch, von der noch zu berichten sein wird. Natürlich gab es auch der Stadt feindlich gesinnte Clans. Einer war der mächtige O'Flaherty-Clan aus Iar-Connaught. 1549 ließen die Stadtväter über dem westlichen Stadttor folgenden Spruch anbringen: »From the fury of the O'Flahertys, good lord deliver us« – Vom Zorn der O'Flahertys verschone uns, Oh Herr.
Im 16. Jh. besaß Galway ein humanistisches Gymnasium mit sehr gutem Ruf, das namhafte Persönlichkeiten hervorbrachte. Im 17. Jh. wurde das Gymnasium geschlossen, als Cromwell's Truppen Galway 9 Monate lang belagerten und 1652 schließlich einnahmen. In der Folgezeit sank die Bedeutung der Handelsstadt auf den Nullpunkt. Durch die Ernennung zur Bezirksverwaltungsstadt der Westcounties durch die Briten im 18. und 19. Jh. erlangte Galway wieder etwas an Rang und Namen, hatte aber nach der großen Hungersnot 1845–1848, wie andere Landesteile auch, unter einer erschreckende Ausmaße annehmenden Auswanderungswelle zu leiden.

7. LIMERICK – GALWAY

Ausgangs des 19. Jh. wurde Galway zum Mittelpunkt einer wiedererwachenden Besinnung auf die keltische Tradition des Landes. 1893 wurden die »Gaelic League« zur Wahrung von Brauchtum und Folklore und die ersten Gaeltacht-Gemeinden zur Wahrung der irischen Sprache, des Gälischen, gegründet. Die Galway-Gaeltacht, die Connemara und die Aran-Inseln einschließt, ist heute noch die zweitgrößte »Sprachinsel« des Irischen nach Donegal.

Galway

Mit der Gründung des Irischen Staates 1922 begann auch für Galway ein neuer Zeitabschnitt. Bildung und Wirtschaft bekamen neue Impulse. Heute ist Galway eine geschäftige Stadt mit Industrie, Hafen und Universität. Außerdem hat sich die Vorstadt Salthill zu einem lebhaften Seebad mit Hotels jeder Kategorie, breiter Strandpromenade und Amüsierbetrieben entwickelt.

Bei einem Stadtbesuch parkt man den Wagen am geschicktesten auf dem Parkgelände Forster Street, das ist die N 6 Richtung Dublin/Limerick, oder am zentralen Eyre Square (2) und beginnt dort mit dem Stadtrundgang.

Rundgang durch Galway

Von der Südecke des Platzes ist das Touristeninformationsbüro (1) nur wenige Schritte entfernt. Dort findet man neben diversen Auskünften auch Schiffahrtsbüros, die Fahrten zu den Aran Inseln anbieten.

An der Nordseite des Platzes, in dem der J.F. Kennedy-Gedächtnis-Park

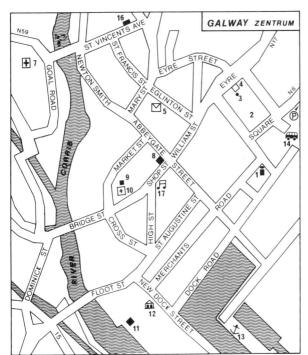

Galway Zentrum
1 Information
2 Eyre Platz, Kennedy Park
3 O'Conaire Denkmal
4 Browne Portal
5 Hauptpost
6 Salmon Weir, Lachstreppe
7 Kathedrale
8 Lynch's Castle (Bank)
9 Lynch Memorial (Fenster)
10 St. Nicholas Stiftskirche
11 Spanischer Bogen
12 Stadtmuseum
13 Schiffe z.d. Aran Inseln
14 Bahnhof, Busbahnhof
15 Claddagh Quay
16 Rathaus
17 Irisches Theater

7. LIMERICK – GALWAY

Rundgang durch Galway

angelegt ist, steht das Denkmal des Padraig O'Conaire (3). Der als trauriger, kleiner, auf einer Mauer sitzender Mann dargestellte Dichter gilt als einer der Pioniere, die die irische Sprache wieder mit neuem Leben erfüllten.

Daneben eine Kanone, die an das mutige Verhalten der Connaught Rangers in Indien erinnert, um die Sache ihrer Landsleute zuhause während des Bürgerkrieges 1920 zu unterstützen.

Davor steht am Gehsteig das Browne Portal (4), Reste eines früheren herrschaftlichen Hauses, das die einstige Schönheit der Stadthäuser dokumentieren soll.

Von hier gehen wir stadteinwärts zur Eglinnton Street, an der Hauptpost (5) vorbei in die anschließende Francis Street und überqueren die Salmon Weir Bridge (6) über den Corrib River. Der Flußlauf ist hier durch Wehre und Schleusen so gestaltet, daß er den zur Laichzeit dem Lough Corrib zustrebenden Lachsen wenig Hindernis bietet.

Auf der anderen Seite der Brücke die Kathedrale (7) von Galway. Der aus Kalkstein errichtete Bau entstand erst 1965. Für den Fußboden im Kirchenschiff wurde Marmor aus Connemara verwendet.

Wir gehen zurück über die Brücke und danach gleich rechts in die Newtonsmith Street. Sie führt ein Stück am Fluß Corrib entlang. Die zweite Querstraße rechts ist die Market Street. Sie endet in einem weiten Bogen am Galway Market an der großen Flußbrücke (Bridge Street).

In der unteren Hälfte der Market Street ist auf der der Stadtmitte zugewandten Straßenseite ein bemerkenswertes gotisches Eingangsportal zu finden, das auch als Lynch Memorial (9) bekannt ist. Auf einer Marmorplatte ist eingemeißelt, was hier 1493 geschah. James Lynch FitzStephan, damals Richter und Magistratsoberhaupt von Galway, erhängte auf dem Balkon des Hauses eigenhändig seinen Sohn Walter.

Legende vom Richter Lynch

Die Geschichte, mehr eine ausgeschmückte Legende, verdient kurz erzählt zu werden. Richter Lynch war u.a. auch im Sherry-Handel tätig. Um seinen Sohn Walter ins Geschäft einzuführen, schickte er ihn für einige Zeit zu einem Handelspartner nach Spanien zur Ausbildung. Die überwältigende Gastfreundschaft gegenüber seinem Sohn in Spanien veranlaßte Richter Lynch, später als Gegenleistung einen Sohn des spanischen Geschäftsfreundes bei sich in Galway aufzunehmen, auszubilden und in die Gesellschaft einzuführen. Lange waren beide Söhne ein Herz und eine Seele und gerngesehene Gäste auf gesellschaftlichen Veranstaltungen in Galway. Bis sie sich eines unglücklichen Tages für dasselbe Mädchen interessierten. Die beiden jungen Männer schlossen Wetten ab und provozierten sich gegenseitig immer mehr, wer wohl letztlich das Herz der schönen Kaufmannstochter erobern würde. Schließlich war der junge Spanier der Glückliche und Walter Lynch ermordete ihn, wohl aus Eifersucht.

Das Drama zeichnet sich ab. Der in seiner Auffassung von Recht und Gesetz unbeugsame Vater und Richter James Lynch verurteilte seinen Sohn zum Tode.

Aber niemand in ganz Galway war zu finden, das Urteil zu vollstrecken. Die Bürger waren vielmehr der Auffassung, man solle das Todesurteil in eine Geldstrafe umwandeln, ein offenbar nach altem keltischen Stam-

7. LIMERICK – GALWAY

mesrecht durchaus legitimes Mittel. Richter Lynch weigerte sich hartnäckig, das einmal gefällte Urteil zu revidieren und erhängte schließlich seinen Sohn vor aller Augen eigenhändig.
Seitdem sind die Begriffe Law and Order, Recht und Gesetz, mit dem Namen Lynch verbunden. Im Laufe der Jahre verfälschte sich allerdings die Bedeutung des Wortes »Lynch-Justiz«. Was einst den unbeugsamen, schon wieder ans Unmenschliche grenzenden Willen beschrieb, Recht und Gesetz gnadenlos durchzusetzen, wurde schließlich zur Bezeichnung für die illegale Hinrichtung oder Ermordung eines nicht selten Unschuldigen durch eine aufgebrachte, rasende Menge.

Rundgang durch Galway

Weiter gehen wir am linken Flußufer entlang, die Cross Street hinunter. Von der nächsten Flußbrücke, Wolfe Bridge, schöner Blick über den Fluß in die Stadt bis zur Kathedrale. Nach Süden zur Hafenseite hin erkennt man an der Kaimauer die efeuüberwucherten Bögen eines alten Bauwerks, Spanish Arch (11) genannt. Hier landeten früher die Segler aus Spanien, um ihre Fracht aus Wein, Sherry und Brandy zu löschen.
Auf der anderen Flußseite erstreckt sich der Stadtteil Claddagh, früher ein eigenständiges gälisches Fischerdorf, von dessen Romantik aber leider nichts mehr übrig ist. Die einstmals strohgedeckten Häuser fielen 1930 einer Stadtsanierung zum Opfer.
Aus Claddagh stammt die besondere Form eines Ringes, der den Namen des ehemaligen Dorfes trägt und früher der traditionelle Ehering im Galwaygebiet war. Das Motiv des Claddagh-Ringes sind ein Herz und zwei Hände, die es freundschaftlich umfassen. Solche Ringe werden heute noch gerne getragen.
Ganz in der Nähe des Spanish Arch das Stadtmuseum (12), das allerdings nur im Sommer geöffnet ist.
Von der Wolfe Bridge gehen wir über Quay Street und High Street stadteinwärts. Sie stößt auf die Shop Street, die Hauptgeschäftsstraße, wie sich aus dem Namen unschwer vermuten läßt. Diese Einkaufszeile führt schließlich zurück zu unserem Ausgangspunkt am Eyre Square.
Zuvor sollte man jedoch nahe der Einmündung der High Street in die Shop Street rechts das Irische Theater »An Taibhdhearc na Geillimhe« (17) beachten. Ganzjährig Vorstellungen in gälischer Sprache, aber auch irische Folklore, traditionelle Musik und Gesang.
Etwas weiter, an einer Straßengabelung zur Linken, findet man die Stiftskirche St. Nicholas (10). 1320 von Anglo-Normannen errichtet, wurde die Kirche im 15. und 16. Jh. mehrfach umgebaut und erweitert. Hier soll Kolumbus vor seiner ersten Entdeckungsreise nach Westen gebetet haben. Bemerkenswertes Inneres. Im Sommer Ton- und Licht-Schau, 21 Uhr. Bei der Kirche findet der traditionelle Samstagsmarkt von Galway statt.
An der Kreuzung Shop/Abbeygate Street, links am Eck, das graue Natursteinhaus ist Lynch's Castle (8). Der Bau entstand schon im 15. Jh., wahrscheinlich während der Zeit Heinrichs VIII. und ist ein bemerkenswertes Beispiel eines früheren irischen Stadtschlosses. Schöne Frontfassade, heute Sitz einer Filiale der Allied Irish Banks. Zu besichtigen.

7. LIMERICK – GALWAY

Information (1)

Information: Aras Fáilte, Galway, Eyre Square Tel. 091/63081, ganzjährig.

Hotels

Hotels, außer Salthill: Great Southern (A*) Tel. 091/64041, Ardilaun House (A) Tel. 091/21433, Corrib Great Southern (A) Tel. 091/55281, The Galway Ryan (A) Tel. 091/53181, Anno Santo (B*) Tel. 091/22110, Flannery's Motor Inn (B*) Tel. 091/55111, Skeffington Arms (B*) Tel. 091/63173, Atlanta (B) Tel. 091/62241, Imperial (B) Tel. 091/68409, Currans (C) Tel. 091/62445, Giblins (C) Tel. 091/62606, Hilltop (C) Tel. 091/21009; *Guesthouses:* Adare Salthill (B) Tel. 091/62638, St. Joseph's (C) Tel. 091/62436; sowie zahlreiche Häuser im Seebad Salthill.

Camping bei Galway

Ballyloughane
– *Ballyloughane Caravan Park* (B), Tel. 091/55338, Anfang April–Ende September; am östlichen Stadtrand Abzweig von der N 6 bei der Milk Co. zum Strand; eingefriedete Wiese in bebautem Gebiet in unmittelbarer Strandnähe; 0,6 ha – 20 Stpl.; keine Zelte! Mindestausstattung.

Salthill
– *Salthill Caravan and Camping Park* (B), Tel. 091/22479, Anfang April–Ende September; ca. 1 km westlich Salthill an der Küstenstraße R 336 Richtung Spiddle; 2,1 ha – 50 Stpl. + 10 MCV; Standardausstattung.

Barna
– *Hunter's Silver Strand Caravan and Camping Park* (B), Tel. 091/69452, Anfang April–Ende September; ca. 7 km westlich Galway und etwa 1,5 km vor Barna an der Küstenstraße R 336, Einfahrt durch die Texaco-Tankstelle; weitläufiges, gepflegtes, schön gelegenes Wiesengelände bis an die seichte Bucht reichend, mit Ausblicken, Hartstandplätze; 8 ha – 100 Stpl.; einfache Standardausstattung; Sandstrand etwa 1,5 km entfernt; in Barna gutes Restaurant mit Pub.

Carraroe
– *Coillean Caravan and Camping Park* (B), Tel. 091/75189, Anfang April–Ende September; ca 43 km westlich Galway; Wiese mit Hartstandplätzen in Ortsnähe; schöne, einsame, felsdurchsetzte Umgebung, nahe Bucht mit zahllosen Inseln; 1,4 ha – 62 Stpl.; Mindestausstattung.

Unterhaltung

Unterhaltung: Irisches Theater, An Taibhdhearc, Middle Street, Tel. 091/62024. *Jesuit Hall,* Sea Road (englischsprachige Vorstellungen). *Galway Rennwoche,* Ende Juli/Anfang August. *Galway Austernfestival* im September.

Abstecher zu den Aran-Inseln ✻

Ausflüge: **Aran-Inseln** – Zu erreichen: Per Flugzeug von Galway-Carmore aus, bis 4 Flüge täglich außer sonntags, Flugzeit 30 Minuten.
Per Schiff von Galway aus, eine Abfahrt täglich, Fahrzeit ca. 2,5 Stunden, keine Autos. Oder von Rossaveal (Ros a Mhíl) aus (ca. 40 km westlich Galway) bis 10 Abfahrten täglich, Fahrtdauer 55 Minuten, keine Autos.
Die am Eingang der Galway-Bucht 40 km vor dem Festland gelegene Inselgruppe besteht im wesentlichen aus drei Inseln: Inishmore oder Inis Mór, die große Insel, Hauptort ist Kilronan oder Cill Rónáin; Inishmaan oder Inis Meáin, die mittlere Insel und Inisheer oder Inis Oirr, die östliche Insel. Die Einwohnerzahl aller drei Inseln erreicht zusammen kaum 1400.
Auf den Arans ist Gälisch noch Umgangssprache unter den Einheimischen. Vieles ist vom alten irischen Brauchtum noch lebendig. Immernoch sind die so zerbrechlich wirkenden mit Teer getränkten Leinen bespannten Curraghs in Gebrauch, mit denen früher ausschließlich zum Fischfang ausgefahren wurde.

7. LIMERICK – GALWAY

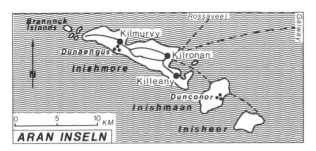

Abstecher zu den Aran-Inseln ✱

Begehrte Exportartikel sind die handgestrickten Aran-Pullover (Bainín) und die geknüpften, bunten Stoffgürtel (Crois). Beide haben lange Tradition. Jede Familie fertigt ihr eigenes Muster und man sagt, daß in früheren Zeiten aufgefundene, ertrunkene Fischer schon am Muster ihres Sweaters erkannt und identifiziert werden konnten. Typisch sind auch die mokassinartigen Lederschuhe »pampooties«.

Die Landschaft der Insel ist kahl und unwirtlich. Die kleinen Felder, die zwischen den Felsen zu sehen sind, wurden über Generationen und in jahrelanger, mühsamer Arbeit künstlich angelegt. Auf den felsigen Boden wurde Schicht für Schicht Sand und Tang aufgebracht. Mit der Zeit ergab das kostbaren, fruchtbaren Boden.

Reste frühchristlicher und vorgeschichtlicher Bauten sind über alle Inseln verstreut.

Das bedeutendste vorgeschichtliche Baudenkmal ist auf Inishmore zu finden, das große Steinfort Dún Aengus. Es liegt an der Westküste, unmittelbar am Rand der fast 100 Meter senkrecht ins Meer abfallenden Klippen. Das aus drei Wällen bestehende Ringfort hat seinen Namen »Aonghusa« vom Clanchief der Fir Bolg, einer legendären Sippe. Erstaunlich ist jedoch, daß dieses Fort, eines der größten seiner Art in Westeuropa, mit keiner Silbe in der Folklore der Arans auftaucht.

Unterkunft bieten einfache Hotels, Pension und Privatzimmer.

Bei schönem Wetter ist es ein Erlebnis besonderer Art, die Insel mit dem Fahrrad zu erkunden. Fahrradverleih am Hafen und im Ort. Bei schlechtem Wetter kann man sich eines Kleinbusses bedienen, die es als Taxis zu mieten gibt.

Küste mit Cottage bei Roundstone, Connemara

Kylemore Abbey bei Clifden

Cliffs of Moher mit O'Brien's Tower

8. GALWAY – LETTERFRACK, 210 km

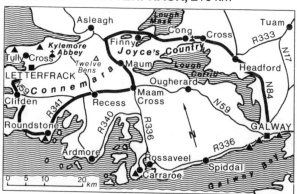

Die Route der folgenden Etappe führt durch eine der schönsten Landschaften in Westirland.

Galway verlassen wir auf der N 84, die nordwärts nach **Headford** führt. Kunsthistorisch Interessierte machen von hier einen Abstecher nach **Tuam,** ca. 20 km östlich gelegen. Sehenswerte St. Mary's Cathedral an der Ortseinfahrt. Hochkreuzfragment auf dem Marktplatz »The Square«. Headford, ein einladendes Städtchen verlassen wir in Richtung Cong, Straße R 334.

Schon nach knapp 2 km taucht linkerhand, abseits der Straße, Ross Abbey auf. Die Franziskanerabtei wurde 1357 gegründet, ausgangs des 15. Jh. erweitert und zählt zu den besser erhaltenen Klosteranlagen in Irland, obwohl Cromwell's Truppen Ross Abbey 1656 erheblich zerstörten.

Der inselreiche See Lough Corrib (ca. 110 qkm), an dessen Ostufer wir in einiger Entfernung vorbeifahren, ist übrigens der zweitgrößte See in Irland und ein ausgezeichnetes Fischrevier. Die Umgebung weist all die Merkmale auf, wie sie landläufig von irischer Landschaft erwartet werden – leuchtend grüne Wiesenhügel, überzogen von einem Gitternetz aus lose aufgeschichteten Steinmäuerchen und dazwischen die weißen Punkte ungezählter Schafe.

In Cross (An Chrios) zweigen wir westwärts nach Cong (Conga) ab. Am Ostrand von Cong passiert man die ausgedehnten Parkanlagen des *Ashford Castle-Hotels*. Gegen eine Eintrittsgebühr kann man durch die riesige Domäne mit eigenem Golfplatz und Bootsanleger bis zum Schloßhotel fahren. Ashford wurde im 18. Jh. von den Brownes erbaut. Im letzten Jahrhundert kam das Anwesen in den Besitz der Brauerfamilie Guinness, die das Schloß in Irlands luxuriösestes Hotel mit internationalem Ruf verwandelten.

Cong liegt an der Grenze der beiden Grafschaften Galway und Mayo auf einer bewaldeten Landenge zwischen den Seen Lough Corrib und Lough

8. GALWAY – LETTERFRACK

Mask. Im 12. Jh. war die Stadt Residenz der Könige von Connaught. Die Ursprünge des Ortes gehen aber noch weiter zurück und zwar bis ins 7. Jh. Von der ersten Klostergründung aus jener Zeit durch den Heiligen Féichín ist aber nichts mehr vorhanden.

Die alte Cong Abbey, ein ehemaliges Augustinerkloster, wurde 1120 vom damaligen König von Connaught, Turlough Mór O'Conor gegründet. Rory O'Conor, der letzte irische Hochkönig, ist hier begraben. Nach den gescheiterten Verteidigungsanstrengungen gegen die 1169 einfallenden Normannen zog sich Rory O'Conor nach Cong zurück und starb hier 1198. — *Abtei von Cong*

Cong wird von einem glasklaren Wasserlauf durchflossen. Dieser Verbindungsarm zwischen Lough Mask und Lough Corrib legt den größten Teil seines knapp 5 km langen Weges unterirdisch zurück, wobei natürlich Höhlen entstanden. Von den etwa 40 Höhlen in und um Cong können einige besichtigt werden, zum Beispiel »Kelley's Cave« an der Straße R 345 etwa 1 km östlich Cong Richtung Ballinrobe oder »Pigeon Hole« 1,5 km westlich Cong Richtung Clonbur an der R 345.

Manche der Höhlen dienten in alten Zeiten Dieben, aber auch Freiheitskämpfern als Zufluchtsort.

Um 1850 begann man mit dem Bau eines Verbindungskanals zwischen den beiden Seen. Hunderte von Arbeitern gruben mehr als vier Jahre an dem 6 km langen Wasserweg. Als aber der Kanal geflutet wurde, verschwand das Wasser alsbald wieder durch das poröse Kalkgestein. Heute ist der »Dry Canal« nur noch als Kuriosität zu bestaunen.

Hotels: Ashford Castle (A*) Tel. 094/71444, Ryan's (B) Tel. Cong 4; *Guesthouse:* Rising of the Waters Inn (C) Tel. Cong 8; sowie B + B. — *Hotels*

Durch ein Waldgebiet führt die Straße nach **Clonbur (An Fháirche)**. In der Gegend westlich davon wird dem Autotouristen durch Wegweiser mit ausschließlich irischen Ortsnamen das Leben nicht gerade leichtgemacht.

Nur etwa 1,5 km westlich von Clonbur erhebt sich der 415 Meter hohe Mount Gable. Wer sich der Mühe des Aufstieges unterzieht, wird mit einem fantastischen Blick auf Cong und die Seenlandschaft belohnt. Auch der am Fuße des Mount Gable lieblich gelegene Lough Coolin ist ein beliebtes Ausflugsziel.

Um den Mount Gable rankt sich die folgende Legende. In grauer Vorzeit haben sich dort oben angeblich die Fir Bolg, die Ureinwohner Irlands, versammelt, bevor sie in die Schlacht von Moytura (östlich von Cross) zogen, um sich gegen die vorrückenden Eindringlinge der Göttin Danu, Tuatha Dé Danainn, zu wehren.

Joyce Country, irisch Dúiche Sheoigheach, ist benannt nach einem namhaften anglo-normannischen Geschlecht, das wahrscheinlich schon im 13. Jh. aus Wales nach Irland einwanderte. Das Gebiet ist eine noch sehr lebendige Sprachinsel des Gälischen.

Ab Clonbur halten wir uns an den Straßengabelungen immer rechts, um auf die Straße nach **Finny (Fionn Mhuigle)** zu stoßen. Die Seenland-

8. GALWAY – LETTERFRACK

bezaubernde Landschaften im Joyce Country ✻✻

schaft hier kann man mit 'bezaubernd' beschreiben, obwohl jedes andere begeistert lobende Wort genauso gerechtfertigt wäre. Die Sanftmut, Ruhe und Geborgenheit, die von diesen grünen, weitgeschwungenen, menschenleeren Hügeln und den dazwischen liegenden Seen ausgeht, läßt sich kaum in Worte fassen. Das wäre die Arbeit eines Poeten.

Das Ende des zweiten Sees, Lough Nafoofy, wird von einem kleinen Sandstrand abgeschlossen. Man überquert einen Bachlauf, der weiter oben in einer schmalen Felsspalte einen Wasserfall bildet, und folgt dann der schmaler werdenden Straße, die sich vom Talende zu einem baum- und strauchlosen Hochmoor in den Bunnacunneen-Bergen hinaufwindet. Bald darauf stoßen wir auf die Straße 336. Ihr folgen wir südostwärts bis **Maam (An Mám)**, zweigen dort südwärts ab und fahren an der Ostseite des Lackavrea Mountain über eine Anhöhe bis **Maam Cross (An Teach Dóite)**. An der großen Kreuzung von Maam Cross – alter Verkehrsknotenpunkt, Marktplatz und ehemaliger Bahnhof – stoßen wir auf die Hauptstraße N 59, der wir etwa 20 km westwärts über Recess (Sraith Salach) in Richtung Clifden (An Clochán) folgen.

Durch ein weites, seendurchsetztes Tal an der Südflanke der Maumturk Mountains kommen wir in die Landschaft **Connemara**. Im Westen erheben sich die Gipfel des Bergzuges »Twelve Pins« oder »Twelve Bens« (Beanna Beola). Connemara bietet einige der schönsten Landschaftsbilder Irlands. Im allgemeinen wird die Landschaft zwischen Lough Corrib und dem Atlantik als Connemara bezeichnet.

herrliche Küste und Strände bei Roundstone ✻

Eine dieser unvergeßlichen Landschaftsbilder an einer zerrissenen Felsküste mit zahllosen Inseln findet man bei **Roundstone (Cloch na Rón)**. Wir erreichen das Städtchen über Toombeola und die Straße 341. Südwestlich vom Ort liegen herrliche Sandbuchten, zum Beispiel Gorteen Bay und Dog's Bay. Letztere eignet sich gut zum Windsurfen.

Hotels und Camping

Hotels: Roundstone House (B) Tel. Roundstone 20, Seals Rock (C) Tel. Roundstone 15; sowie B + B.

– Gorteen Bay Caravan and Camping Park (B), Tel. 095/35882, Anfang März – Ende September: südwestlich Roundstone zwischen Straße und Sandbucht: mehrere, zum Meer geneigte, sandige Wiesen: 5,6 ha – ca. 40 Stpl. + ausgedehnte Dauercampersiedlung; Standardausstattung

Die Küstenstraße von Roundstone nach Clifden wird gerne als "Brandy and Soda Road" betitelt, um das würzige, belebende Meeresklima hier zu betonen. Auf manche Leute wirkt es anscheinend so erfrischend wie ein Brandy-Soda. Wollte man aber eine Lästerzunge führen, könnte man ebenso gut sagen, der holprige Zustand der Straße nach Clifden wirkt auf den strapazierten Autotouristen ebenso unvorteilhaft, wie der übermäßige Genuß von Brandy and Soda.

Reichlich entschädigt wird man dafür durch eine außerordentlich schöne Küstenszenerie und Ausblicke über die felsdurchsetzte Seenplatte landeinwärts, mit dazwischen verstreuten, weißen, manchmal noch strohgedeckten Häusern vor der imposanten Kulisse der Twelve Bens.

8. GALWAY – LETTERFRACK

Clifden (An Clochán), ca. 1400 Einwohner, wird gerne als die "Hauptstadt" Connemaras bezeichnet. Einer Hauptstadt gerecht wird immerhin schon die ungewöhnlich breit angelegte Main Street. Vielleicht hatte John D'Arcy, der Clifden 1812 gründete, großes mit der jungen Stadt vor.
Das Stadtbild wird von zwei Kirchenbauten geprägt. Die Kirche der Protestanten entstand 1820 und enthält eine Silberkopie des legendären "Cong-Kreuzes" (Orginal im Nationalmuseum, Dublin), während die katholische Kirche 1830 auf dem Platz eines alten "Clochán" erbaut wurde. Von dieser bienenkorbartigen, aus Stein aufgeschichteten Klosterzelle leitet Clifden seinen irischen Namen An Clochán ab.

Hotels: Abbeygien House (A) Tel. 095/21070, Rock Olen Country House (A) Tel. 095/21035, Clifden Bay (B*) Tel. 095/21167, Ardagh (B*) Tel. 095/21384, Celtic (B*) Tel. 095/21297; *Guesthouses:* Atlantic Coast (B) Tel. 095/21050, Derryclare (B) Tel. 095/21440; sowie *B+B.* — **Hotels**

Ab Clifden folgen wir der N 59 auf einer herrlichen Fahrt über ein Hochmoor, mit schönem Blick auf die Twelve Bens im Osten, etwa 18 km über Letterfrack bis zur Kylemore Abtei. Das als Sitz des Parlamentariers Mitchell Henry 1864 konzipierte Schloß ist heute ein Konvent der Benediktiner-Nonnen. Gotische Kapelle. Der Besuch lohnt wegen der idyllischen Lage des ehemaligen Schlosses an einem See, umgeben von Bergen. — **Kylemore Abtei**

Zurück nach **Letterfrack**. Der kleine Ort wurde erst im 19. Jh. von Quäkern gegründet und ist ein guter Ausgangspunkt für Abstecher, zum Beispiel in den Connemara Nationalpark. Das 1540 ha große Naturschutzgebiet erstreckt sich um den 445 Meter hohen Diamond Hill südöstlich von Letterfrack. Park ganzjährig geöffnet. — **Connemara Nationalpark;** Besucherzentrum Ostern–Sept. tgl. 10–18.30 Uhr. Eintritt

Hotels: Rosleague Manor (A) Tel. Moyard 7, Renvyle House (A) Tel. Renvyle 31; *Guesthouse:* Crocnarow Country House (A) Tel. Moyard 9: sowie B + B. — **Hotels**

Gowlaun-Lettergesh
– *Lettergesh Beach Caravan and Camping Park* (B), Tel. 095/43406; ganzjährig; ca. 9 km nordwestlich Letterfrack, in Tully Cross rechts ab; schmale, langgestreckte, wellige Wiese, von der Straße bis ans Meer reichend, Hartstandplätze; schöne ausgesprochen ruhige Lage; 3 ha – 70 Stpl. + 5 MCV: Standardausstattung; Treppe zur Felsküste mit eingelagerten Sandpartien. — **Camping bei Letterfrack**

Renvyle
– *Renvyle Beach Caravan and Camping Park* (C), Tel. 095/43462, Ostern – Ende Sept.; ca. 8 km nördlich Letterfrack, in Tully Cross links ab; zum Meer hin teils stark abfallende Wiese in sehr schöner, ruhiger Lage: 2 ha – 30 Stpl. + MCV; Mindestausstattung.

9. LETTERFRACK – CROSSMOLINA, 270 km

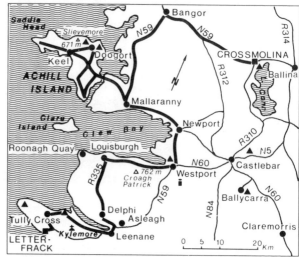

Über **Tully Cross,** einem kleinen Dorf mit einer Reihe strohgedeckter Ferien-Cottages, die ganzjährig vermietet werden, zur Küste und ostwärts. Wir passieren ein idyllisches Hochtal (Abzweig zur *Jugendherberge*) mit dem See Lough Fee und stoßen schließlich wieder auf die N 59. Sie führt hinunter an den Killary Harbour. Dieser tatsächlich mit einem Fjord vergleichbare Meeresarm reicht weit ins Land hinein und ist ein ausgezeichnetes Zuchtgewässer für Hummer.

Die schmale Straße führt direkt am Fjord entlang nach **Leenane** (*Hotel*). Es ist eine großartige Route, die dem von Bergen umrahmten Meeresarm folgt.

Schließlich erreichen wir den von ganzen Rhododendronwäldern überwucherten Nordrand des Fjordes und fahren unterhalb des ca. 700 Meter hohen Ben Gorm – nun in der Grafschaft Mayo (Mhaigh Eo) – nach Westen.

Später führt die Straße hinein in die Berge und durch romantische Wälder. *Campingmöglichkeit* bei der Delphi Lodge.

In einer kahlen, menschenleeren Landschaft wird der Doo Lough Paß am gleichnamigen See erreicht. Er führt zwischen den Sheeffry Hills (761 m) im Osten und den bis 817 Meter hohen Mweelrea Mountains im Westen nach **Louisburgh** (Cluain Cearbán) nahe der Clew Bay. An einem regnerischen trüben oder nebeligen Tag ist die Fahrt hierher eine recht melancholische Angelegenheit.

In Louisburgh bietet sich die Gelegenheit, westwärts zum ca. 7 km entfernten **Roonagh Quay** abzuzweigen. Von hier verkehren regelmäßig von Anfang Juni bis Ende August bis zu zweimal täglich Boote zur 6 km vorgelagerten Clare-Insel. Die 8 km lange Insel mit knapp 160 Einwoh-

Boote zur Insel Clare

9. LETTERFRACK – CROSSMOLINA

nern und einer steilen Klippenküste ist ein idealer Ferienort zum "Abschalten". Ein Hotel, Privatunterkünfte.
Im 16.Jh. war Clare-Island der Sitz der legendären See- oder Piratenkönigin Gráinne Ui Mhaille oder Grace O'Malleys, die von dem kleinen Hafen an der Ostküste aus ihnre Beutezüge unternahm. In ihrer Burg oberhalb des Hafens (heute Küstenwachstation und nicht zugänglich) soll im Schlafgemach der Seekönigin ein Loch in der Wand gewesen sein, durch das sie das Haltetau ihres Schiffes führte und am Pfosten ihres Baldachinbettes befestigte. Solche und andere Geschichten über Grace die Seekönigin, die 1600 starb, sind auf Clare-Island noch lebendig.

Auf der Weiterfahrt von Louisburgh Richtung Newport erkennt man schon von weitem den Kegel des 762 Meter hohen heiligen Berges **Croagh Patrick** in der Nähe von Murrisk.
Der hl. Patrick, Irlands Schutzpatron, soll im Jahre 441 die 40-tägige Fastenzeit auf dem Berg verbracht und dann von den Iren das Gelübde gefordert haben, sich nie vom katholischen Glauben abzuwenden. Jedes Jahr findet am letzten Sonntag im Juli eine Prozession auf den Gipfel statt.

Irlands »Heiliger Berg«

Westport (Cathair na Mart) war lange Zeit eine bedeutende Seehandelsstadt an der Südostecke der Clew Bay. Am Quay, auf den wir von Westen her kommend stoßen, sieht man noch die lange Reihe der einstigen Lagerhäuser. Hier am Hafen haben sich in letzter Zeit einige gute Fischrestaurants und Pubs etabliert.
Westport wurde als Stadt erst zum Ende des 18. Jh. planmäßig angelegt. Der Entwurf stammt von James Wyatt, einem bekannten Baumeister aus der georgianischen Architekturepoche. Ihm hatte der Earl of Sligo den Auftrag erteilt, nahe seiner Domäne die Stadt zu bauen. Eine Besonderheit ist der achteckige Platz "Octagon" im Zentrum der Stadt. Auch die hübsch angelegte Mall, eine breite Lindenallee mit schönen Häusern beiderseits der Carrowbeg-Flusses, unterscheidet Westport von anderen irischen Städten. Westport ist heute ein bedeutendes Seeangelzentrum. Die Clew Bay mit ihren zahllosen Inseln gilt als das beste Seeangelrevier in ganz Europa.
Westport House ist der Sitz der Marquis von Sligo und liegt am Westrand der Stadt. Das Herrenhaus aus dem 18. Jh. wurde von Richart Cassies entworfen und von James Wyatt fertiggestellt. Bei der Besichtigung sind u.a. schöne Stuckarbeiten, Gemäldegalerie, kostbares Mobiliar, altes irisches Silber, Waterford Glas u.v.a. zu sehen. Außerdem ein schöner Park samt Zoo. Planwagenstation.

Herrensitz Westport; Juni–Aug. tgl. 10.30–19 Uhr, Mai und Sept. 14–17 Uhr.

Information: Tourist Information Office Westport. The Mall. Tel. 098/25711.

Information

Hotels: Westport Ryan (A) Tel. 098/25811, Castle Court (B*) Tel. 098/25920, Clew Bay (B*) Tel. 098/25438, The Railway (B*) Tel. 098/25090 Westport (B*) Tel. 098/25122, Grand Central (B) Tel. 098/25027; *Guesthouse:* Anglers Rest Tel. 098/25461; sowie *B + B*.

Hotels

– *Roman Island Caravan and Camping Park* (B*), Tel. 098/25819, Ostern – Ende September; am Westrand der Stadt, am Quai entlang, bei den

Camping

9. LETTERFRACK — CROSSMOLINA

alten Hafengebäuden: ebene, gepflegte Wiese mit Hartstandplätzen; 2,5 ha - 72 Stpl.: Standardausstattung.

— *Parklands Caravan and Camping Park* (B), Tel. 098/25141, Mitte Mai — Mitte September; auf der Domäne von Westport House, Zufahrt vom Quai aus; ausgedehntes, parkähnliches Gelände bei einem Gutshof mit Planwagenmietstation; Standardausstattung.

Castlebar, die Verwaltungsstadt der Grafschaft Mayo, lassen wir rechts liegen und fahren von Westport über die N59 nordwärts nach **Newport** und weiter, an den Ruinen der links der Straße gelegenen Burrishole Abbey (15.Jh.) vorbei, bis **Mulrany.** Der irische Ortsname ist An Mhála Raithní, was soviel wie kahler Farnhügel bedeutet.

In Mulrany geht es westwärts ab auf die Straße R 319, durch die Halbinsel Corraun und den überbrückten Achill-Sund auf die Achill-Insel (Oileán Acla). Sie ist nicht nur die größte Insel Irlands, sondern sicher auch eine der landschaftlich reizvollsten.

rund um Achill-Island ✳✳   Gleich in Achill Sound verlassen wir die Hauptstraße und folgen dem "Atlantic Drive". Die so benannte Küstenstraße führt paralel zum hellgrünen Sund, am Turm des ehemaligen Kildavnet Castel vorbei, der einstigen Festung der See- oder besser Piratenkönigin Gráinne Ui Mhaille von der Insel Clare, zur Südspitze von Achill-Island und weiter nach Dooego. Der Südspitze vorgelagert ist Achillbeg Island mit einigen Resten frühchristlicher Bauten und Festungsruinen der Ui Mhailles.

Nach einem kurzen kräftigen Anstieg der Straße an der Westseite der Insel liegt plötzlich die wilde, klippenreiche Ashleam Bay vor uns, wohl eines der schönsten Küstenpanoramen der Insel.

Ab Dooego führt der Weg zurück zur Hauptstraße.

Ca. 11 km weiter westlich liegt **Keel** mit einem herrlichen Sandstrand und wenig weiter Dooagh, ebenfalls mit schönem Badestrand.

Keem-Bucht   Die Straße führt noch weiter nach Westen, steigt steil an, führt an den fast senkrecht ins Meer abfallenden Bergwänden des Croaghaun entlang, um schließlich an der verschwiegenen Bucht von Keem mit einem wunderschönen, geschützten, felsbegrenzten Sandstrand zu enden. Badende sollten sich vor der überraschend starken Stömung am Ausgang der Bucht in acht nehmen.

Auf dem Weg zur Keem-Bucht zweigt unweit von Dooagh ein Seitenweg zu einem Wasserwerk an einem kleinen See ab. Wer gut zu Fuß ist, kann von hier aus, mehr oder weniger querfeldein, zum Saddle Head wandern und die rund 150 Meter steil aus dem Meer ragenden Klippen erkunden. Weiter südwestlich liegt oberhalb der Keem-Bucht der 665 Meter hohe Croaghaun, der fast ein seiner gesamten Höhe unmittelbar aus dem Atlantik aufragt. Es wird eindringlich davor gewarnt, zu nahe an den Klippenrand heranzutreten. Er ist zum Teil überhängend und immer wieder brechen Stücke davon ab.

Strand von Doogort   Von Keel an die Nordseite der Achill-Insel, nach **Doogort** unterhalb des 671 Meter hohen Slievemore. Von Doogort aus bietet es sich an, entweder unterhalb des Slievemore an der Küste entlangzuwandern oder den meist recht sanft ansteigenden Berg gar zu erklimmen oder Boote zu mie-

9. LETTERFRACK – CROSSMOLINA

ten und zu den interessanten Seehundhöhlen zu fahren, etwa 3 km nordwestlich.
An der Südseite des Berges liegt, Slievemore Village, ein seit der Hungersnot verlassenes Dorf. In der Nähe vorgeschichtliche Megalithgräber. Herrliche, weite Sandstrände.

Hotels und Camping bei Doogort

Hotels: Slievemore (B) Tel. 098/43224, McDowell's (C) Tel. 098/43148, Strand (C) Tel. 098/43232; *Guesthouse:* Gray's (B) Tel. 098/43244. Weitere Hotels und Gästehäuser in Keel und Dooagh; sowie *B + B*.

– *Seal Cave and Camping Park* (B*), Tel. 098/43262, Anfang April – Ende September; am westlichen Ortsrand von Doogort; zu einem Hang anteigende Wiese, einige Terrassen, Hartstandplätze; 1,5 ha – 40 Stpl.; Komfortausstattung; Sandbucht ca. 100 Meter entfernt.

– *Lavelle's Caravan and Camping Park* (C), Tel. 098/47232, Anfang Juni – Ende September; ca. 3 km östlich Doogort; wellige Wiese, teils sandig; 1,5 ha - 56 Stpl. + 6 MCV; Mindestausstattung; ca. 200 Meter zur breiten Golden Sand Beach.

Über Bunacurry und Achill Sound zurück nach Mulrany und auf der N59 31 km nordwärts nach Bangor-Erris und ab hier knapp 30 km nach Osten bis Crossmolina.

Moorgebiete bei Bangor

Auf weite Strecken führt die Straße schnurgerade durch schier endlos erscheinendes, menschenleeres Moorland. Östlich Bangor kommt man an einem Dampfkraftwerk vorbei, das mit Torf betrieben wird. Riesige Moorflächen hier und anderswo in Irland werden industriell abgebaut. Immerhin besteht ein Siebtel der Insel aus Torfmooren. Die Torfkraftwerke verschlingen aber solche Mengen an Heizmaterial, daß bis zum Jahr 2000 die industriell nutzbaren "peat bogs", so der irische Name für die Torffelder, erschöpft sein werden.
Torf, diese braunen, anfangs feuchten Klumpen aus Pflanzenfasern, haben einen sehr geringen Heizwert, eine sehr geringe Wärmeentwicklung.Es ist überhaupt erstaunlich, daß das Zeug brennt, denn im Rohzustand besteht es aus 95% Wasser. Torf glimmt mehr als er brennt und entwickelt dabei einen angenehm würzig duftenden Rauch, der heute noch in vielen Dörfern und kleinen Städten zu spüren ist.

Crossmolina, ein hübsches aber unbedeutendes Städtchen am Deel-Fluß mit 19 Pubs und 2 Kirchen ist in Anglerkreisen beliebt wegen seiner Nähe zum fischreichen Lough Conn.

Camping und Pension Crossmolina

– *Hiney's Caravan and Camping Park* (A), Tel. 096/31202; Anf. März – Ende Okt.; noch im südlichen Ortsbereich von Crossmolina, an der Straße 315 Richtung Newport/Castlebar. Gepflegter Rasenplatz, überwiegend mit Mobilheimen belegt; 1,2 ha – 26 Stpl. + MCV; einfache Standardausstattung.
Guesthouse: Dolphin (B) Tel. 096/31270; sowie *B + B*.

10. CROSSMOLINA – SLIGO, 190 km

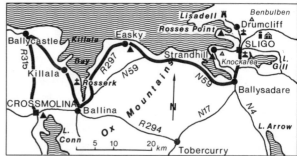

Von Crossmolina auf der Straße R315 20 km nordwärts nach **Ballycastle**. Schönes Küstenpanorama an der Bunatrahir-Bay nordwestlich der Stadt und nördlich am Downpatrick Head mit Resten der St. Patrick-Kirche.

»Blowing Hole«

Ganz in der Nähe des Downpatrick Head ein "puffing hole" oder "blowing hole" das hier den Namen *Poulnachantinny* hat. Diese puffing holes sind Trichter oder Kamine in Küstenfelsen, die mit dem Meer Verbindung haben. Die anrollenden Wellen pressen das Wasser in das Felsloch und bei starkem Seegang jagen dann Wasserfontänen in die Höhe.

Ogham Stein

Ab Ballycastle auf der Straße R314 nach Südosten. Nach etwa 9 km kann man an der Bogenbrücke nach Norden abzweigen und zum ca. 4 km entfernten Breastagh Ogham Stone (beschildert) fahren. Auf dem Weg dahin sieht man an der Bucht Rathfran Abbey, die Ruine eines Dominikanerklosters aus dem 13. Jh. Einige Kilometer nördlich davon landeten 1798 französische Truppen unter General Humbert, um die irische Sache zu unterstützen. Erfolg hatten sie allerdings nicht.

Rosserk Abbey ✲
1 Eingang
2 Torweg
3 Klosterhof
4 Dormitorium; darüber
5 Küche und Refektorium; darüber
6 Kapitelhaus
7 Dormitorium; darüber
8 Chor
9 Wasserbecken
10 Grabmal
11 Turm
12 Schiff
13 südl. Querschiff
14 Seitenkapellen

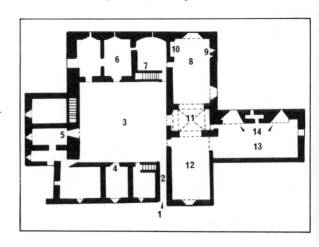

10. CROSSMOLINA – SLIGO

Etwa 6 km nach Kilalla, das durch seinen Rundturm mitten im Ort auffällt, bietet sich Gelegenheit einen Abstecher zur Rosserk Abbey am Mündungstrichter des River Moy zu machen. Caravaner sollten ihren Hänger an geeigneter Stelle in der Nähe der Hauptstraße zurücklassen. Die Nebensträßchen sind durchwegs einspurig mit schlechten Ausweich- und Wendemöglichkeiten. Das letzte Stück zur Abtei ist gar nur ein enger Feldweg.
Rosserk Abbey, 1441 als Franziskanerkloster gegründet, ist sehenswert. Nicht nur wegen seiner gut erhaltenen Bausubstanz, der schönen Steinmetzarbeiten an den Säulen im Chor und an den kleinen Nischen neben dem Altar, sondern auch wegen der einsamen, fast idyllischen Lage.

Rosserk Abtei ✱

Wir kehren zurück zur Hauptstraße und erreichen kurz darauf **Ballina,** ein betriebsames Kleinstädtchen an der Moy-Mündung.
Auf dem Weg nach Sligo kann man einen Umweg über Enniscrone (mit ausgedehntem Dünengelände) und
Easky – *Atlantic 'N' Riverside Caravan and Camping Park* (B*), Anfang April – Ende August – machen.

Nach einer längeren Fahrt an den im Osten aufragenden Ox Mountains entlang, kommen wir nach **Ballysodare** (typisches, altes **Pub** in einem strohgedeckten Haus, "The Thatch", im Sommer irische Musik), verlassen kurz darauf die Hauptstraße N 4 und fahren über das Seebad **Strandhill** (*Campingplatz* siehe Etappenende) unterhalb des markanten Berges Knocknarea nach Sligo.
Am Ortsrand von Strandhill ist Dolly's Cottage interessant. Dieses rustikale Landhaus aus dem Jahre 1800 wurde von der irischen Landfrauenliga gekauft und wieder in den Stand eines ländlichen Anwesens aus dem frühen 19. Jh. versetzt. Mittwochs Markt.

altes Pub

Dolly's Cottage;
Juli–Aug. 15–17 Uhr.
Eintritt

Sligo, irisch Sligeach, was Muschelfluß bedeutet, wird 807 erstmals geschichtlich erwähnt. Die Stadt am Garavogue-Fluß, dem Verbindungsarm zwischen Lougt Gill und dem Meer , zählt heute rund 15.000 Einwohner und ist das bedeutendste Industrie- und Handelszentrum im Nordwesten der Republik.
Sligo sonnt sich heute noch ein bißchen im Ruf des weit über Irland hinaus bekannten Dichters und Literaturnobelpreisträgers William Butler Yeats. Yeats (1865 - 1939) verbrachte einige Zeit seiner Jugend in Sligo und beschrieb in vielen seiner Werke die Schönheit der Landschaft um Sligo, so zum Beispiel in "The Lake Isle of Innisfree" (im Lough Gill), oder in "The Fiddler of Dooney" (Der Fiedler von Dooney). W.B. Yeats liegt auf dem Friedhof bei Drumcliff begraben.
Sehenswert in Sligo sind vor allem die Abtei von Sligo und das Sligo Museum mit Kunstgalerie.
Sligo Abbey in der Abbey Street wurde 1252 für den Dominikanerorden gegründet, im 15. und 16. Jh. zweimal niedergebrannt und 1641 endgültig zerstört. Die verbliebenen Reste, darunter das Ostfenster und der (restaurierte) dreiseitige Kreuzgang mit jeweils 18 Bögen und schönen Säulchen, sind sehenswert. Falls verschlossen, Schlüssel in 6 Abbey Street bei Mr. McLoughlin.

Abtei von Sligo

10. CROSSMOLINA – SLIGO

Sligo Museum
10.30–12.30,
14.30–16.30 Uhr.

Sligo Museum und Kunstgalerie in der County Library (öffentliche Bücherei der Grafschaft Sligo) in der Stephen Street. Sammlung von Werken moderner Kunst und eine eigene Yeats-Abteilung mit einer kompletten Sammlung der Werke des Schriftstellers, Erstausgaben, Photographien, Zeichnungen und die Nobelpreismedaille, die W.B. Yeats 1923 verliehen bekam.

Zwei Gebäude, die an W.B. Yeats erinnern, stehen an den beiden Enden der Wine Street im Stadtzentrum. An der Ecke Adelaide/Wine Street steht ein repräsentatives Stadthaus mit einem Aussichtsturm. Von dort oben beobachtete der Reeder Pollexfen im letzten Jahrhundert seine ein- und auslaufenden Schiffe. Sein Enkel W.B. Yeats soll sich als Junge hier gerne aufgehalten haben. Heute ist der Turm als "Yeats' Watch Tower" bekannt.

Am anderen Ende der Straße steht nahe der Hyde-Brücke das "Yeats Memorial Building (Yeats Gedächtnishaus). Ein Zentrum zur Pflege des Andenkens an das Schaffen des Dichters durch Lesungen, Sommerschulen, Literaturseminare etc.

Zu den schönsten und urigsten Pubs in Sligo zählt wohl "Hargadon's" in der O'Connell Street Nr. 4–5 im Stadtzentrum.

Information

Information: Tourist Information Office Sligo, Temple Street, Tel. 071/61208, ganzjährig. Geführte Stadtrundgänge.

Hotels

Hotels: Sligo Park (A) Tel. 071/60291, Silver Swan (B*) Tel. 071/3232, The Southern (B*) Tel. 071/21 01, Clarence (B) Tel. 071/2211; *Guesthouse:* Boone Chere (B) Tel. 071/2014; weitere Hotels in Rosses Point und Strandhill.

Rosses Point

Camping

– *Greenlands Caravan and Camping Park* (A), Tel. 071/771 13; Anfang Juni – Mitte September; 8 km nordwestlich Sligo, neben dem Golfplatz von Rosses Point; hügeliges Dünengelände mit Hartstandplätzen, sehr schöne Lage und herrlicher Rundblick auf Meer und Berge; 1,6 ha – 67 Stpl. + MCV; Standardausstattung; zur Sandbucht ca. 100 m.

Strandhill

– *Buenos Ayres Caravan and Camping Park* (B), Tel. 071/681 20; Mai – Ende September; ca. 8 km westlich Sligo; 6,5 ha – 80 Stpl. + 12 MCV; Standardausstattung; am Strand.

Unterhaltung

Unterhaltung: Traditionelle irische Musik findet man gewöhnlich im Trades Club, Castle Street; Blue Lagoon, Riverside; McLynn's, Market Street; Ellen's, Maugherow und The Thatch in Ballisodare.

Ausflüge von Sligo

Ausflüge: Aufstieg zum 330 Meter hohen Berg Knocknarea, dem im Westen von Sligo aufragenden Tafelberg. Am einfachsten ist es, den Berg von der Südostseite aus anzugehen, etwa ab Grange House. Herrliche Ausblicke u.a. auf Sligo, die Bucht und den See Lough Gill.

Berg Knocknarea

Von fast überall her erkennt man auf der flachen Bergkuppe – und dort in der Mitte – eine kleine Erhebung. Oben dann sieht man, daß diese Erhebung ein riesiges Hünengrab ist, genannt "Misgaun Maedbh", das 10 Meter in der Höhe und über 50 Meter an der Längsseite mißt. Traditionsgemäß nimmt man an, es sei das Grab der legendären Queen Maeve, einer Königin, die in Connacht vor rund 2000 Jahren herrschte. Ihr Konter-

10. CROSSMOLINA – SLIGO

fei ziert heute übrigens die irischen Ein-Pfund-Noten. Maeve muß ein recht wildes, kriegerisches Frauenzimmer gewesen sein, denn die Legenden über sie sind voll von Kriegsgeschichten, Raubzügen, Ränken, Intrigen und Männern, die aber neben Maeve eher klein, unterdrückt oder beherrscht erscheinen. Die sagenumwobene Maeve erinnert in manchen ihrer männervernichtenden Taten an Brunhild aus dem Nibelungenlied. Das Gebiet um Sligo muß schon in vorgeschichtlicher Zeit ein kulturelles Zentrum gewesen sein. Bei **Carrowmore,** unterhalb der Ostseite des Knocknarea, liegt die größte Ansammlung von Steinkreisen, Dolmen und Hünen- und Megalithgräbern.

Ausflüge von Sligo

Ein gemütlicher Halbtagesausflug führt um den malerisch gelegenen See Lough Gill. Rund um den See sind Park- und Picknickplätze angelegt, von denen aus man Spaziergänge zum See oder in die angrenzenden Wälder unternehmen kann. Am Ostufer, beim Weiler Dromahaire, Abzweig zum Bootsanleger zur Insel Innisfree. Yeats hat die Insel besungen und beginnt sein Gedicht: »I will arise and go now, and go to Innisfree«.
Ebenfalls am Ostufer liegt das Parkes Castle, das restauriert wird und zugänglich ist. Bald danach geht links der »Lough Gill Loop« (Rundweg) ab, von wo schöne Aussichten auf den See, Knocknarea und das Meer möglich sind.
Rundfahrten per Kabinenboot werden ab Sligo-Riverside durchgeführt. Dauer ca. zweieinhalb Stunden. Abfahrten: Juli und August täglich 11.30 und 15.30 Uhr; übrige Zeit Mai bis September 15 Uhr.

See Lough Gill

Coney Island, eine unbewohnte Insel zwischen Strandhill und Rosses Point, von der angeblich der Vergnügungspark in New York seinen Namen hat, kann man bei Ebbe über das Watt per Auto erreichen. Den Weg von der Strandhill-Seite her markieren Säulen.

Über Dumcliff nach Lissadell House.
Vor **Drumcliff,** ca. 8 km nördlich von Sligo, liegt unmittelbar an der Straße N15 Kirche und Friedhof des Ortes. An der Westseite der Straße der Rest eines Rundtumes und ein Hochkreuz, an der Ostseite der Friedhof, die Kirche und dahinter der mächtige, markante Tafelberg Benbulben mit der typischen, steilen Traufkante.
»Under bare Benbulben's head In Drumcliff churuchyard Yeats is laid... «.
Linkerhand des Kirchenportals das Grab William Butler Yeats. Yeats starb 1939 in Südfrankreich. Seine sterblichen Reste wurden 1948 hierher nach Drumcliff überführt. Auf dem Grabstein stehen die Worte: »Cast a cold Eye/On Life, on Death/Horseman, pass by!«
(Wirf einen kühlen Blick auf das Leben, den Tod, Reiter, geh vorbei!)
Lissadell House liegt etwa 13 km nordwestlich von Sligo an der Drumcliff Bay inmitten eines ausgedehnten Waldes mit schönen Spazierwegen. Das Haus selbst ist ein grauer, kantiger Steinklotz aus dem 19. Jh., dem jedes Zeichen von Eleganz fehlt. Im Inneren, vor allem in der langen, hohen, düsteren Halle wird man eher an ein Mausoleum, als an einen herrschaftlichen Wohnsitz erinnert. Lediglich die hellen, freundlichen

Yeats-Grab bei Drumcliff

Herrensitz Lissadell;
Mai – Sept. tgl. außer So 14 – 17.15 Uhr, letzte Führung 16.30 Uhr.
Eintritt

Räume des Speise- und Musiksalons wirken dieser drückenden Atmosphäre entgegen. In einem der Schlafzimmer nächtigte W.B. Yeats bei seinen regelmäßigen Besuchen in Lissadell.

Lissadell House ist der Sitz der Familie Gore-Booth. Besonders die beiden Schwestern Eva und Constance werden in der jüngeren Familiengeschichte hervorgehoben. Eva Gore-Booth wird als begabte Dichterin geschätzt. Ihre Schwester Constance heiratete den polnischen Grafen Markiewicz und machte eine politische Karriere. Im Osteraufstand 1916 nahm sie eine führende Rolle ein, war Arbeitsminister in der ersten irischen Regierung und wurde schließlich ins Westminster Parlament gewählt, angeblich als erste Frau, nahm ihren Sitz dort allerdings nie ein.

Etwa 4 km weiter westlich Richtung Ballyconnell liegt bei Maugherow eines der ältesten und urigsten Pubs im Nordwesten Irlands, **»Ellen's Pub«.** Abends wird in der über 200 Jahre alten Kneipe gelegentlich, an Wochenenden regelmäßig, traditionelle, irische Musik gemacht.

altes Pub ❊

Bei Leenane am Killary Harbour

11. SLIGO – PORTSALON, 280 km

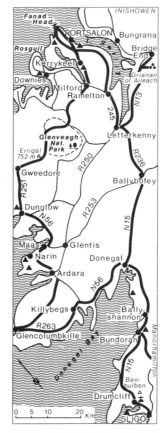

Auf der Straße N15 nordwärts über Drumcliff und Grange nach Cliffony. Hier kann man nach **Mullaghmore** abzweigen, einem kleinen, netten Seebad mit gutem Sandstrand und Bootshafen. Ganz in der Nähe das stolz aufragende Schloß der Mountbattons an der Küste. Es ist der Öffentlichkeit nicht zugänglich. Man erkennt den markanten Bau auch von der N15 aus.

Schließlich haben wir das mächtige Benbulben-Massiv, das uns seit Sligo im Osten begleitet, passiert und kommen nach **Bundoran**. Der beliebte Badeort hat seine Geschäfte, Gaststätten, Spielhallen, Bingohallen und Amusement Centers alle schön an der einzigen, dafür langen Hauptstraße aufgereiht. Die Strände verbergen sich irgendwo dahinter. Informationsbüro an der Brücke von Mai bis September. Unterkünfte aller Preisklassen und für jeden Geschmack.

Unter den vier Campinganlagen von Bundoran scheinen die Plätze *Central* (C, Mitte März bis Ende September) und *Dartry View* (B*, Ostern bis Ende September) noch am ehesten für Touringzwecke geeignet zu sein.

Wir sind nun in Donegal (Dun na nGall), der nordwestlichsten Grafschaft Irlands und vielleicht auch einer der ärmsten und am wenigsten industriell entwickelten Grafschaften der Republik. Aber zweifellos ist Donegal auch einer der wenigen Zipfel unseres Kontinents, die ihre Landschaften, aber auch ihre Bräuche und Lebensweisen weitestgehend unverfälscht und unbeschädigt bis in unsere Zeit gerettet haben. Da sollte man sich beim Anblick von Bundorans Hauptstraße nicht täuschen lassen.

Donegal

Donegal ist es wert, daß man es geruhsam durchstreift. Besonders hier sind der gegebene Routenvorschlag und die Etappeneinteilung noch mehr als sonst nur als Anhaltspunkt, als Richtschnur, als Rückgrat zu verstehen, auf dem man aufbauen kann.

11. SLIGO – PORTSALON

Ich glaube, Donegal mag man, oder man mag es nicht. Wem es schwerfällt das Gefühl zu ertragen, nun wirklich am »Rand der Welt« zu leben, wer ungern durch fast menschenleere Gegenden fährt, immer wieder an Küsten und Strände stößt, die aussehen, als würde jetzt gerade zum erstenmal ein Mensch hierherkommen und wer sich unbehaglich bei dem Gedanken fühlt, daß das gelegentlich von Bombenanschlägen und Attentaten geschüttelte Londonderry gleich nebenan ist, für den wird Donegal eine gewöhnungsbedürftige Gegend sein.

Ballyshannon, die wichtigste Stadt in Süddonegal mit ihrer steilen Hauptstraße wird passiert. Der Landkorridor zwischen Atlantik und Ulstergrenze ist hier gerade 4 km breit.
Auf der wirklich ausgezeichnet ausgebauten N15 (in Donegal fällt so etwas noch auf) kommen wir kurz darauf nach Donegal Town.

Unterwegs, südlich von Ballintra, Abzweig möglich zur Küste nach
Rossnawlagh

Camping
– *Manor House Caravan and Camping Park* (B*), Tel. 072/51477; Apr. – Ende Sept.; ca. 10 km nordwestlich Ballyshannon; Dünengelände; 2 ha – 42 Stpl. + 20 MCV; einfache Standardausstattung.

Donegal Town war im Mittelalter Sitz des O'Donnel-Clans, dessen Stammsitz als Burgruine heute noch gleich hinter dem Stadtplatz »The Diamond« aufragt. Auf diesem Platz erkennt man einen 7,5 Meter hohen Obelisken, der an »die vier Meister« erinnert. Sie trugen im 17. Jh. eine Geschichtschronik zusammen, die »Annals of the Four Masters«.
Ganz in der Nähe des Touristenbüros liegt ein riesiger alter Anker, bekannt als »Napoleonic Anchor«. Das eineinhalb Tonnen schwere Monstrum soll vom französischen Segler »Romaine« stammen, der zusammen mit anderen Schiffen aus Brest Unterstützung für Wolfe Tones' Aufstand von 1798 bringen sollte.
Schließlich ist Donegal Tweed zu erwähnen, dieser robuste Wollstoff, der von der Magee Tweed Factory seit über 100 Jahren in Donegal Town hergestellt wird. Fabrikbesichtigung möglich. Führungen Montag bis Freitag 11.30 und 15.30 Uhr.

Information, Hotels, Camping
Information: Tourist Information Office Donegal, Quay Street, Tel. Donegal 148; geöffnet Juni bis September.
Hotels: Hyland Central (A) Tel. 073/21027, Abbey (B*) Tel. 073/21014, National (C) Tel. 073/21035; *Guesthouse:* Atlantic (B) Tel. 073/21187; sowie *B + B*.
Camping: siehe unter Rossnawlagh.

Ab Donegal führt unsere Route nach Westen über Killybegs, einem Fischereihafen, nach Glencolumbkille.
Ca. 12 km hinter Killybegs kann man in **Carrick** (An Charraig) nach Süden abzweigen, um auf einer Wanderung den 601 Meter hohen Slieve League oder die bis 310 Meter hoch aufragenden Klippen von Bunglass zu erkunden. Die Klippen zählen mit zu den großartigsten Küstenlandschaften in

11. SLIGO – PORTSALON

Irland. Man sollte sich die Wege über die Klippen aber gut ansehen. Manche eignen sich nur für Schwindelfreie.

Glencolumbkille (Gleann Cholm Cille) ist ein winziges, sehr abgeschiedenes Dorf und liegt mitten in der Gaeltacht von Süddonegal. Gälisch ist hier noch Umgangssprache. Seinen Namen hat der Ort vom heiligen Colmcill, der sich oft hierher zurückzog. Jedes Jahr wird im Juni in einer Prozession der Namenstag des Heiligen gefeiert.
In jüngster Zeit hat Glencolumbkille durch ein Gemeinde-Selbsthilfe-Programm von sich reden gemacht, das von Pfarrer James McDyer energisch unterstützt wurde.
Glencolumbkille hat ein Hotel der Kategorie B, Ferienbungalows und natürlich Privatzimmer.
Eine Besichtigung wert ist auf alle Fälle das Folk Museum, ein Freilichtmuseum. In der Nähe des Strandes sind eine ganze Reihe alter strohgedeckter Häuser wiederaufgebaut worden. Die teils recht spärliche Möblierung deutet auf die harten Tatsachen eines Lebens in den sonst sehr romantisch aussehenden Häuser hin. U.a. sind auch ein altes Schulhaus und ein »sheebeen«, das Haus eines »moonshiners«, zu sehen, der illegal Schnaps, Poteen, brannte.

Freilichtmuseum ✽

In einem der Häuser aus dem 19. Jh. mit Wohnküche, »guter Stube« und Schlafkammer, hängt rechts vom Kamin in der Wohnstube die Kopie eines Lehrlingsvertrages aus der zweiten Hälfte des letzten Jahrhunderts. Viel Platz nehmen da die Verhaltensregeln ein, die der »apprentice« gegenüber dem Lehrherrn zu befolgen hatte. Nostalgiefreaks wird dies interessieren, um auch einmal etwas von der Kehrseite der »guten alten Zeit« kennenzulernen.

Ab Glencolumbkille nehmen wir die direkte Straße nach **Ardara (Ard an Rátha).** Sie führt durch ein einsames Tal, dann über den Glengesh Pass (270 m) und schließlich in zwei spitzen Kehren durch ein wunderschönes, weitgeschwungenes Tal nach Ardara.
Bald danach Abzweig möglich nach
Rosbeg

– *Tramore Beach Caravan and Camping Park* (B), Tel. 075/51491, Anfang April – Ende Oktober; welliges, dünenartiges Gelände zwischen Binnensee und sandiger Bucht; 2 ha – 40 Stpl. + 40 NE; Standardausstattung.

Camping bei Rosbeg

In **Maas** treffen wir wieder auf die N56, überqueren die Brücke über den Mündungstrichter des Gweebarra und kommen nach etwa 18 km nach
Dunglow (An Clochan Liath)
Hotels: Ostan na Rosann (B) Tel. 075/21088, Sweeney's (B) Tel. 075/21033

Hotels und Camping

– *Dungloe Caravan and Camping Park* (B), Tel. 075/21350, Anfang Mai – Ende September; kleine Wiese beim Friedhof, im Ort hinter der Esso-Tankstelle; 1 ha – 25 Stpl.

Wenn es Zeit und vor allem das Wetter erlauben, ist ab Dunglow ein Abstecher zur **Insel Arranmore** möglich. Man fährt von Dunglow nord-

11. SLIGO – PORTSALON

westwärts bis **Burtonport** (Ailt an Chorrain), einem kleinen Fischerdorf, und nimmt dort die im Sommer – soweit es das Wetter zuläßt – etwa halbstündlich verkehrende Fähre zur Insel. Bei schönem Wetter ein herrlicher Ausflug. Außerhalb der Sommerzeit verkehrt die Fähre nur einmal täglich gegen 11 Uhr. Die kaum 700 Einwohner zählende Insel ist das größte Eiland vor Donegals Küste, ca. 5 km vom Festland entfernt. Hübsche kleine Dörfer, schöne Küstenpartien. Der kleine See Lough Shure ist angeblich das einzige Gewässer in Irland, in dem Regenbogenforellen geangelt werden können.

Ein *Hotel* der Kategorie C, Privatunterkünfte und *Jugendherberge*.

Unsere eigentliche Route aber zweigt an der Esso-Tankstelle in Dunglow nach Nordosten Richtung **Gweedore** (Goath Dobhair) ab und führt durch das melancholische, mit zahllosen Seen und Findlingen durchsetzte Torfmoor »The Rosses« (Na Rosa). Wie eh und je ist das von der Zivilisation unberührt gebliebene Gebiet für den unvorsichtigen Wanderer, der vom Nebel oder von der hereinbrechenden Nacht überrascht wird, nicht ungefährlich.

Man passiert den Loch an Luir oder Lough Anure, dann einen Wasserfall zur Rechten, den der Gweedore-Fluß bildet, und gleich darauf den Weiler Croithly oder Crolly.

Wenig später wenden wir uns an der Straßengabelung bei Gweedore nach rechts und fahren ostwärts weiter Richtung Leitier Ceannain oder Letterkenny.

Bald erreichen wir den hübsch gelegenen See Lough Nacuny, halten uns am nächsten Straßenabzweig wieder rechts und fahren hinein in die Derryveagh Mountains. Am Ende des von Bergen umrahmten, stillen Sees liegt weit unterhalb der Straße malerisch das Dorf **Dunlewy** mit einer markanten Kirchenruine. Das Tal, an dessen Ausgang Dunlewy liegt und das einen weiten Einschnitt in die Derryveagh-Berge bildet, wird »Poisoned Glen«, das vergiftete Tal, genannt. Angeblich wird das Wasser des Talbodens durch dort wachsende giftige Pflanzen ungenießbar.

An der Nordseite des Sees steigt der 752 Meter hohe Errigal Mountain steil an, der höchste Berg der Grafschaft Donegal. Die kegelartige Kuppe des Berges sieht durch das Quarzitgestein immer etwas unwirklich hell aus. An der Westseite gibt es eine *Jugendherberge*. Interessant vielleicht für Wanderer, die den Berg besteigen wollen.

Die Straße R 251 steigt weiter an und führt über eine Paßhöhe hinauf in die weite, einsame Berglandschaft. Oft weht hier oben ein steifer, kalter Wind, der es kaum erlaubt, die Autotür zu öffnen. Wenn dazu der Niesel der über die Höhen schrammenden grauen Wolken ins Gesicht peitscht, wird die Lust auszusteigen eh auf ein Mindestmaß reduziert.

Bei schönem Wetter allerdings ist es hier oben prächtig. Im Osten sieht man die helle Kuppe des Errigal, im Norden erhebt sich der 670 Meter hohe Muckish Mountain und weit im Süden, am Rande der Cerryveagh Mountains, der 683 Meter hohe Slieve Snaght.

Eine hohe Durchschnittsgeschwindigkeit wird man hier oben nicht erreichen, denn die Straße ist relativ schmal, holprig und nicht in bestem Zustand.

Wenn die Straße in einem weiten Bogen nach Südosten führt, kommt man bald darauf zum Glenveagh National Park. Der Eingangsbereich ist neu und großzügig gestaltet. Ein modernes Besucherzentrum mit Gaststätte, Informationsstand, Erklärungen und Anschauungsmaterial zum Nationalpark steht zur Verfügung. Pendelbusse (Fahrpreis in der Eintrittsgebühr enthalten) verkehren laufend vom Besucherzentrum zum Schloß Glenveagh Castle, der eigentlichen Attraktion im Park.

Glenveagh National Park, ✻ Juni–Sept., Mo–Sa 10.30–18.30, So 12–20 Uhr. Eintritt

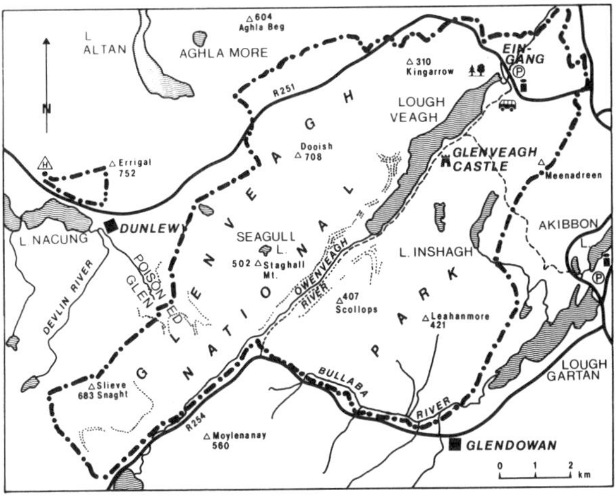

Läßt man sich auf dem Weg von Sligo bis hierher etwas Zeit, ist es durchaus möglich, daß man den Glenveagh Nationalpark erst am Spätnachmittag erreicht und die Zeit für einen Besuch zu knapp wäre. Siehe Öffnungszeiten. Der letzte Pendelbus zum Schloß fährt schon um 17 Uhr, sonntags um 18.30 Uhr. Es empfiehlt sich dann, einen Tagesausflug hierher zu unternehmen oder den Parkbesuch als Abstecher von Letterkenny aus auf dem Rückweg nach Sligo einzubauen.

Der Nationalpark umfaßt weite Gebiete um das herrliche Tal des langgestreckten Sees Lough Veagh, der tief in die Berge der Derryveagh Mountains hineinreicht. Das Gebiet ist bekannt für seinen Wildreichtum. Vor allem Hirsche leben hier noch in ansehnlicher Zahl. Insgesamt ist das Areal fast 10.000 ha groß, reicht vom Poisoned Glen im Westen bis zum Lough Gartan im Osten und schließt den Berg Slieve Snaght und als Exklave Mount Errigal ein.

Nahe beim Besucherzentrum ist ein Naturlehrpfad eingerichtet. Wanderungen führen vom Schloß am Ostufer zum südlichen Seende und von dort weiter, am Stalking Cottage vorbei, durch das enger werdende Tal aufwärts bis zur Straße R 254. Ein anderer Weg zweigt etwa 1 km vor dem Schloß nach Südosten ab, führt am Lough Inshagh vorbei und erreicht am Lough Nacally eine Nebenstraße, die bei Church Hill in die Straße nach Letterkenny mündet.

Glenveagh Castle wurde 1870 von John George Adair erbaut. Die Domäne von Glenveagh hatte er sich zwischen 1857 und 1859 durch den

11. SLIGO – PORTSALON

Ankauf mehrerer kleiner Güter erstanden. Einen nicht gerade guten Ruf erwarb sich Adair im Jahre 1861, als er seine 254 Pächter im kalten April des Jahres auf die Straße setzte.
Das Schloß besteht im wesentlichen aus einem viereckigen, viergeschossigen, zinnengekrönten Wohnturm und einem Rundturm. Viele der Räume sind noch im Stil des 19. Jh. möbliert und werden nach der Restaurierung dem Publikum zugänglich sein. 20minütige Ton-Dia-Schau über Tier- und Pflanzenwelt und die Vergangenheit von Glenveagh. Gemütliche Teestube.
Ein Erlebnis ist der angrenzende Schloßpark mit einer farbenprächtigen Vegetation und teils exotischen Pflanzen und Blumen. Angelegt wurden die Gärten von der Frau des Schloßerbauers Adair.

Auf unserer Weiterfahrt zweigen wir ca. 4 km östlich des Nationalparkeingangs nach Cill Mhic Réanáin (Kilmacrenan) ab und fahren von dort nach Milford, vorbei am Lough Fern.
Etwa ab Kilmacrenan ändert die Landschaft plötzlich ihr Gesicht. Waren es vorher noch unbewohnbare Hochmoore, ist es nun urbargemachtes Weideland mit Gehöften und heckenumrandeten Wiesen, durch das wir fahren.
Millford liegt sehr schön am Ende der Mulroy bzw. Broad Water Bay. Hier gabelt sich die Straße – westwärts zur Rosguill-Halbinsel, ostwärts zur Fanad-Halbinsel.

Wir nehmen zunächst einmal die Straße R 246 zur Fanad-Halbinsel und kommen nach ca. 6 km nach **Kerrykeel,** einem unscheinbaren Ort am Ostufer der Mulroy Bay mit vier einfachen Pubs, einem Geschäft, einer Tankstelle und einem großen *Campingplatz:*

Camping
– *Rockhill Caravan and Camping* (A), Tel. 074/50012, Anfang Mai – Mitte September; im Ort bei der Esso-Tankstelle an der Hauptstraße beschildert; bis zur Broad-Water-Bucht reichend, dort ungünstige Badegelegenheit; für Caravaner 20 Hartstandplätze hinter den 142 Mobilhomes der Dauercamper, für Zeltler separate Wiese; Standardausstattung. Weiter Weg zu den Warmduschen am Platzeingang. Tennis.

Man kann die Etappe hier beenden oder noch ca. 8 km weiter nach Norden fahren und kommt dann nach **Portsalon,** einem kleinen Seebad an der Ostküste der Fanad-Halbinsel. Sie wird hier begrenzt vom bis fast nach Letterkenny reichenden Meeresarm Lough Swilly.

Camping bei Portsalon

Portsalon
– *Knockalla Holiday Centre* (A), Tel. 074/59108, Anfang April – Mitte September; ca. 3 km südlich Portsalon, nahe Lough Swilly; ansteigendes Wiesengelände in schöner Lage, Blick zur Küste, Hartstandplätze; 5,6 ha – 53 Stpl. + 9 MCV + 73 NE; Komfortausstattung.

Ballyhiernan
– *Eel Burn Caravan and Camping Park* (B), Tel. 074/59026, Anfang April – Ende September; zwischen der Küstenstraße und der Sandbucht von Ballayhiernan; fast ebenes, teils sandiges Gelände; 4 ha – 40 Stpl.; Standardausstattung.

Sonstige Unterkünfte in Gästehäusern und Privatzimmern. *Jugendherberge.*

Ausflüge: Zum Fanad-Head, der Nordspitze der Halbinsel, eine fantastische Küstenlandschaft. Am äußersten Ende steht der auf Granitfelsen erbaute Leuchtturm. Dieses wichtige Seezeichen an der Einfahrt zum Lough Swilly entstand 1812 nach dem dramatischen Untergang einer Fregatte. An der Ostküste bei Doaghbeg, ca. 3,5 km nördlich Portsalon, spektakuläre Felsbögen in den Klippen.

schöne Küste am Fanad-Head ✣✣

Zur Rosguill-Halbinsel, zwischen Mulray Bay und der Bucht Sheep Haven. Über Millford, Carrigart und Rosapenna nach **Downings.**

Hier *Cosey's Caravan and Camping Park* (C), Tel. 074/55376, im Ort an der Hauptstraße, ebene, umzäunte Wiese am Sheep Haven; Hartstandplätze; 3,2 ha – 28 Stpl. + 10 MCV + 30 NE; Mindestausstattung.

Camping und Hotels in Downings

Hotels findet man in Carrigart, Rosapenna und Downings. *Jugendherberge* an der Straße zum Melmore Head.

Sehr schön ist die Rundfahrt »Atlantic Drive« nördlich von Downings.

kleine Rosguill-Rundfahrt

12. PORTSALON – INISHOWEN – SLIGO
420 km, 2-Tages-Tour

Der erste Abschnitt der Etappe – für sich schon eine Tagestour ab Portsalon – führt auf die **Halbinsel Inishowen.**
Wir verlassen Portsalon entlang der Lough Swilly-Küste südwärts. Die erst 1972 offiziell eingeweihte Küstenstraße führt unterhalb der Knockalla Mountains nach
Rathmullan, einem beliebten Urlaubsort, aber auch einem wichtigen Hafen mit bewegter Vergangenheit. Im ersten Weltkrieg diente Rathmullan der britischen Flotte als wichtiger Ankerplatz. In den Jahrhunderten davor war der Hafen immer wieder Schauplatz von Ereignissen, die den Lauf der Geschichte Irlands beeinflußten. Vor allem die als »The Flight of the Earls« dokumentierte Flucht der Grafen von Tyrone und Tir Conaill, die sich 1607 über Rathmullan nach Frankreich absetzten, hatte weit reichende Folgen. Die aufgegebenen Grafschaften wurden von englischen und schottischen Kolonisten eingenommen und machte Ulster damals zu einer Hochburg englischer Macht in Irland.
Das Rathmullan Seeangelfestival im Juni und die Rathmullan Regatta alljährlich Anfang August sind die wichtigsten Veranstaltungen.

12. PORTSALON – INISHOWEN – SLIGO

Hotels

Hotels: Rathmullan House (A) Tel. 074/58188, Fort Royal (B*) Tel. 074/58100, Pier (C) Tel. 074/58115; sowie *B + B.*

Über Ramelton (auch Rathmelton genannt) südwärts nach Letterkenny. Kurz vor der Stadt passiert man den Abzweig zur Kildonnell Friary. Die Ruine des im 16. Jh. von den O'Donnells gegründeten Franziskanerklosters liegt in Ufernähe des Lough Swilly.

Letterkenny, mit etwa 5000 Einwohnern die größte Stadt in der Grafschaft Donegal erstreckt sich an einem Berghang, der vom Swilly-Fluß nach Nordwesten ansteigt.

Der gälische Stadtname ist »Leitir Ceannain«, was soviel wie »der Berghang der O'Cannons« bedeutet. Die O'Cannons waren vor der Normannenzeit der beherrschende Clan im Swilly-Tal.

Kathedrale in Letterkenny

Das Stadtbild von Letterkenny wird geprägt von dem weithin sichtbaren, hellen Sandsteinbau der St. Eunan Cathedral. Der spitze, gotische Turm ist 65 Meter hoch. Sehenswert sind im Inneren die kunstvoll gearbeitete Decke und die Kirchenfenster. Auf dem Kirchengelände ein Denkmal zu Ehren des Kardinals O'Donnell, während dessen Amtszeit die Kirche 1901 geweiht wurde.

Die kleinere Kirche gegenüber ist die irisch-anglikanische Kirche. Eines der Gemeindemitglieder des Kirchensprengels soll vor vielen Jahren als erster das Weihnachtslied »Stille Nacht, Heilige Nacht« ins Englische übersetzt haben. Auf dem Friedhof liegen berühmte, aber auch berüchtigte Iren begraben. So der Parlamentarier und Verfechter besserer Pächterrechte John Kinneans (um 1880), aber auch der Graf und Räuberhauptmann Redmond O'Hanlon und seine sieben Söhne.

Information und Hotels

Information: Tourist Information Office Letterkenny, Derry Road (N 13), Tel. 074/21160, ganzjährig.

Hotels: Gallagher's (B*) Tel. 074/22066, Mount Errigal (B*); sowie *B + B.*

Ab Letterkenny auf der gut ausgebauten N 13 ostwärts Richtung Derry (Londonderry) und auf die Halbinsel Inishowen.

Inishowen wird eingerahmt von den Buchten Lough Swilly im Westen und Lough Foyle im Osten. Der irische Inselname »Inis Eoghain« geht zurück auf Eoghain. Er war der Sohn des legendären Königs »Niall of the Nine Hostages« (Niall der neun Geiseln) und lebte im 5. Jh. zur Zeit des Hl. Patrick. Er gilt als der Stammvater des O'Niall-Clans in Ulster.

prähistorisches Ringfort ✱

Bei Bridge End an der modernen Rundkirche aus Naturstein, Abzweig nach rechts und bergan zum Ringfort Grianan of Aileach.

Der ausgezeichnet erhaltene, über 3500 Jahre alte steinerne Ringwall mit 5 Meter hohen und bis 4 Meter dicken Mauern und einem Durchmesser von 23 Metern liegt auf einer Anhöhe. Von den Mauern der Anlage, die vom 5. bis ins 11. Jh. Residenz der O'Neills, der Könige von Aileach, war, bietet sich dem Besucher eine ganz fantastische Rundumsicht – im Osten bis Londonderry am River Foyle und zur Bucht Lough Foyle und nach Nordwesten über die Insel Inch im Lough Swilly bis zur Fanad-Halbinsel.

12. PORTSALON – INISHOWEN – SLIGO

Die Inishowen-Rundfahrt läßt sich entfernt vergleichen mit dem »Ring of Kerry«. Jedoch ist die Fahrt durch die Landschaft dieser nördlichen Halbinsel noch ursprünglicher, wilder, abgeschiedener. Auf Inishowen gibt es eine markierte Rundstrecke. Sie ist mit »Inis Eoghain 100« beschildert, beginnt und endet in Bridge End und führt über 100 Meilen (160 km) in alle sehenswerten Ecken der Halbinsel. Wer der »Inis Eoghain 100« ganz folgt, sollte sich viel Zeit nehmen, denn die Route führt häufig über schmale Nebenstraßen. Die hier beschriebene Tour durch Inishowen folgt teilweise diesem ausgeschilderten Rundweg.

Über Burnfoot und Muff fahren wir am Ufer des Lough Foyle nach Moville (Seebad mit Hotels) und **Greencastle**. Von der Burg, die der Stadt ihren Namen gab, sind nur noch gewaltige Ruinen übrig.

Noch 5 km weiter liegt **Dunagree Point,** mit einem schönen von Klippen eingerahmten Sandstrand unterhalb des Leuchtturmes. Bei klarem Wetter Sicht bis an die Küste von Antrim in Nordirland.

Der einfachste Weg von Greencastle nach Malin führt über Moville, Lekkemy und Culdaff.

Wer sich vor sehr engen und teils steilen Sträßchen nicht scheut (für Gespanne aber keinesfalls zu empfehlen!) nimmt von Greencastle den Weg über den Bergrücken nach Norden zur herrlichen Bucht am Balbane Head und von dort nach Leckemy, wo man wieder auf die Hauptstraße stößt. Wegen fehlender Beschilderung ist eine gute Karte nötig!

Ein Höhepunkt nicht nur der Inishowen-Tour, sondern der ganzen Irland-Rundreise, ist die Fahrt zum Malin Head, quasi dem Nordkap Irlands und dem Umkehrpunkt unserer Irlandtour. Die als »Atlantic Scenic Route« beschilderte Rundfahrt um das Kap mit seinen vom Meer zernagten Felsklippen ist ein unvergeßliches Erlebnis und rechtfertigt alleine schon den weiten Weg an die Nordspitze Irlands. Vom Aussichtspunkt bei dem alten ausgedienten Beobachtungs- und Signalturm geht der Blick bis zum leuchtturmbestückten Inselchen Inishtrahull im Nordosten.

fantastische Küstenszenerie am Malin Head ✷✷

Ab und zu sieht man kleine Bauerngehöfte, deren Häuser noch strohgedeckt sind. Zum Schutz vor den im Winterhalbjahr wütenden Stürmen sind die Dächer mit Seilen oder Netzen an der Hausmauer festgezurrt. Diese Vorsichtsmaßnahme war und ist teilweise noch heute an anderen Küstenregionen Westirlands bei strohgedeckten Häusern üblich.

Über Malin, mit seinem riesigen Dünengelände an der Trawbreaga Bucht, und über die steinerne Bogenbrücke dort nach **Carndonagh.** Am nördlichen Ortsbeginn das Donagh-Kreuz. Dieses Hochkreuz (3,5 m) ist reich verziert und vermutlich das älteste seiner Art in ganz Irland (7. Jh.). Weiter westwärts über **Ballyliffin** nach **Clonmany.**

> *Hotels:* Strand (B*) Tel. Clonmany 7, Ballyliffin (B) Tel. Clonmany 6; sowie B + B.

Hotels in Ballyliffin

> – *Tullagh Bay Caravan and Camping Park* (B), Tel. 077/7 62 89, Mitte Mai – Ende September; ca. 3 km nördlich Clonmany, dünenartiges Gelände, durch bewachsene Sandhügel von einem fantastischen Sandstrand getrennt (Vorsicht beim Baden, Strömungen); 1,7 ha – 20 Stpl. + 30 NE; Standardausstattung.

Camping bei Clonmany

12. PORTSALON – INISHOWEN – SLIGO

Clonmany liegt von Hügeln umgeben in einer verträumten Landschaft, nahe mehrerer herrlicher Strände. Jede Gemeinde eines Urlaubslandes am Mittelmeer würde sich die Hände reiben angesichts solcher Strände und eines jeden Urlaubers Herz müßte höher schlagen angesichts dieser paradiesischen Leere der Strände. Hier oben will beides, Händereiben und Herzhüpfen, nicht so recht gelingen. Und in der Tat sind heiße Sonnentage, die auch einen nicht-nordsee-geeichten Schwimmer ins Wasser locken, von der selteneren Sorte. Aber ein Sonnenbad zwischen den windgeschützten Dünen und Klippen oder ein Spaziergang am einsamen Strand, zählt zu den schönen Dingen eines Irlandurlaubs.

Für den Rückweg nach Buncrana wählen Caravan-Gespannfahrer besser die Straße R 238 und sehen sich den nachfolgend beschriebenen Umweg auf einem Abstecher von Clonmany aus an.

Ab Clonmany führt uns eine schmale Straße westwärts, vorbei an vielen Zwergbauernhöfen mit oft noch strohgedeckten Dächern, zum Gap of Mamore in den Urris Hills. Der Anstieg zum nur 250 Meter hohen Sattel in einem lieblichen Bergeinschnitt ist nicht sehr lang, aber so steil, daß er durchaus an einen Hochgebirgspaß erinnert. Vom Parkplatz aus genießt man eine unvergleichliche Aussicht vom Fanad Head im Westen, über den Dunaff Head voraus bis zum Malin Head im Norden.

Auf sehr steiler Talfahrt verlassen wir das Bergland von Inishowen. Weiter im Osten erkennt man noch einmal den Slieve Snaght, mit 615 Metern der höchste Berg auf der Halbinsel. Bald darauf kommen wir nach **Buncrana,** der größten Stadt auf Inishowen und ein beliebtes Seebad in Norddonegal. Buncrana war im 15. Jh. der Stammsitz des O'Doherty-Clans. Reste ihrer Burg sind nahe der Castle Bridge erhalten. Noch heute ist der Name O'Doherty auf Inishowen sehr geläufig. Man sagt scherzhaft: »Klopfe an irgendeine Tür und ein O'Doherty kommt heraus.«

Von Buncrana über Burnfoot und Bridge End zurück nach Letterkenny. Man kann nun – falls nicht schon auf der Herreise geschehen – ab Letterkenny den Abstecher zum Glenveagh Nationalpark in den Highlands von Donegal einbauen.

Zur Weiterreise Richtung Sligo zweigen wir 3 km östlich von Letterkenny südwärts auf die N56 ab. Nach 17 km kommen wir nach Ballybofey und nehmen dort die N15 nach Donegal Town. Den weiteren Weg über Ballyshannon bis Bundoran kennen wir von der Herfahrt. Es wäre schade, nun einfach bis Sligo durchzufahren, zumal auch diese Strecke ja schon bekannt ist.

Viel interessanter ist der Weg über **Manorhamilton.** Dazu zweigen wir in Bundoran bei der Kirche auf die Straße R 280 nach Süden ab. Die Fahrt geht ins County Leitrim und über Kinlough hinein in ein canyonartiges, weites Tal. Einigermaßen überrascht ist man vom Anblick der klippenbewehrten Berghänge, die das Tal besonders an der Westseite säumen und so gar nicht in die eher sanfte Hügellandschaft passen wollen.

13. SLIGO – ATHLONE

In Manorhamilton zweigen wir nach Westen auf die N16 ab. Ein imposantes Landschaftspanorama bietet sich uns noch einmal in Höhe des Glencar Lake mit Blick über den See auf die Klippenabhänge des Benbulben-Massivs.
Sligo ist nur noch 10 km entfernt. Einzelheiten über die Stadt, sowie Camping- und Unterkunftsmöglichkeiten siehe am Ende der Etappe Crossmolina-Sligo.

13. SLIGO – ATHLONE, 125 km

Von Sligo machen wir einen großen Sprung bis fast ins Zentrum der Grünen Insel.
Dazu bedienen wir uns der Fernstraße N4 Richtung Dublin und verlassen sie erst wieder nach ca. 82 km in Longford.

Unterwegs passiert man **Boyle** in der Grafschaft Roscommon. Interessant sind die Ruinen der Zisterzienserabtei. Die Reste der Klosteranlage aus dem Jahre 1161 liegen nördlich der Stadt nahe des Boyle River. Recht gut erhalten sind Chor, Schiff und Querschiff.

Hotels: Forest Park (B*) Tel. 079/62229, The Royal (B) Tel. 079/62016; sowie *B + B.*

Gut 3 km östlich von Boyle liegt an der N4 der Lough Key Foprest Park. Das ausgedehnte Waldgebiet am Ostufer des Sees bietet vielfältige Möglichkeiten zum Wandern oder Naturlehrpfaden zu folgen. Im Frühsommer kann man die Farbenpracht blühender Azaleen- und Rhododendronsträucher erleben. Tiergehege. Aussichtsturm Moylurg Tower. Am See Restaurant, Geschäft und Picknickplatz, Wassersport.

Abtei von Boyle;
Juni–Sept. tgl. 9.30–18 Uhr, sonst kürzer

Hotels

Waldpark am Lough Key

13. SLIGO – ATHLONE

Camping

Ebenfalls im Park
- **Lough Key Caravan and Camping Park** (A), Tel. 079/62212, Ende Mai – Anfang September; ebenes, vielfach durch hohe Büsche in Nischen aufgeteiltes, gepflegtes Gelände, von Wald umgeben, Harstandplätze; 5,5 ha
- 72 Stpl. + 6 MCV; zeitgemäße Komfortausstattung; Cafeteria; Hundeverbot.

Carrick-on-Shannon, ca. 10 km südöstlich Boyle, ist die Hauptstadt der Grafschaft Leitrim, dem bevölkerungsschwächsten County in Irland.
Carrick-on-Shannon hat sich zum wichtigsten Zentrum der Kabinenkreuzer-Mietstationen am Shannon-Fluß entwickelt (siehe auch unter »Reisen im Lande« – Shannon-Mietboote).

Information und Hotels in Carrick-on-Shannon

Information: Tourist Information Office Carrick-on-Shannon, Bridge Street, Tel. 078/20170, geöffnet Mai – September.

Hotels: Bush (B*) Tel. 078/20014, County (B*) Tel. 078/20550, Cartown House (C) Tel. 078/20103; *Guesthouse:* Rutledges (B) Tel. 078/20032; sowie *B + B*.

Longford schließlich, die Stadt, in der wir von der N4 südwärts abzweigen, ist das Verwaltungszentrum der gleichnamigen Grafschaft.

Information und Hotels in Longford

Information: Tourist Information Office Longford, Main Street, Tel. 043/46566, geöffnet Juni – September.

Hotels: Longford Arms (B*) Tel. 043/46296, Annaly (B) Tel. 043/46253; sowie *B + B*.

Longford verlassen wir auf der Roscommon-Straße N63 und zweigen nach ca. 3 km auf die Straße R 397 nach Ballymahon ab. Von dort folgen wir der N55 bis Athlone, südlich des Lough Ree am Shannon gelegen. Schöner Blick vom Parkplatz an der N55 kurz vor Athlone auf die Fluß- und Seenlandschaft.

Athlone ist eine alte, historische Stadt. Ihre Bedeutung erlangte sie vor allem durch die Grenzlage zwischen den Provinzen Leinster und Connaught und durch ihre Brücke über den Shannon. Sie war früher der einzige Flußübergang weit und breit.

Eine strategisch so wichtiger Platz im Zentrum Irlands war natürlich befestigt. Teile der alten Stadtmauer sind am Ostufer beim Railway View noch zu sehen und Reste der ersten Steinbrücke stehen in der Bridge Street.

Burg von Athlone;
Juni – Aug. Mo – Sa
11 – 13, 15 – 18 Uhr.
Sonst kürzer.
Eintritt

Am Westufer des Shannon-Flusses liegt Athlone Castle. Die starke Festung stammt ursprünglich aus dem 13. Jh., erfuhr aber im Laufe der Jahrhunderte mehrfache Veränderungen. In der Zeit der Cromwellschen Kriege und der großen Belagerung im 17. Jh. wechselte die Burg wiederholt ihre Besitzer. 1922 wird Athlone Castle von den britischen an die irischen Streitkräfte übergeben und blieb bis 1969 Militärstützpunkt. Von den Festungsmauern schöner Blick auf die Stadt.

Bei einem Rundgang durch die Stadt sollte man auch die O'Connell Street aufsuchen und dort eines der originellsten Pubs in Athlone, »Des Earl's«.
Die Ruinen einer ehemaligen Franziskanerabtei aus dem Jahre 1241 sind in der Abbey Road zu besichtigen. Cathel O'Conor, König von Connaught, ließ das Kloster einst errichten.

13. SLIGO – ATHLONE

Information: Tourist Information Office Athlone, 17 Church Street, Tel. 0902/2866, ganzjährig.

Information

Hotels: Prince of Wales (B*) Tel. 0902/72626, Royal (B*) Tel. 0902/2924, Newpark House (B) Tel. 0902/39124, Shamrock Lodge Tel. 0902/2601, The Paddock (B) Tel. 0902/72070; sowie *B + B.*

Hotels

Ballykeeran
– *Lough Ree Caravan and Camping Park* (B), Anfang Mai – Mitte September; ca. 5 km nördlich Athlone Abzweig von der N55; unebene, teils stärker geneigte Wiese in ansprechender Lage, bis an einen Ausläufer des Shannon-Sees Lough Ree reichend; 2 ha – 54 Stpl.; einfache Standardausstattung, Bootssteg, Tennisplatz, Hundeverbot.

Camping

Ausflug: über Clonmacnoise und Clonfert nach Birr und zurück nach Athlone.

Ausflug von Athlone

Clonmacnoise liegt ca. 15 km südlich Athlone am östlichen Shannonufer im County Offaly.
Bereits in der Mitte des 6. Jh. (ca. 545) gründete der heilige Ciaran auf einer kleinen Anhöhe oberhalb eines Flußknicks des Shannon diese Klostersiedlung. Der Platz befand sich zwar noch innerhalb des damaligen Königreiches von Meath, lag aber so zentral in Irland, daß sich auch Könige aus Connaught und Tara hier begraben ließen.

Klostersiedlung
Clonmacnoise ✶✶
Juni – Sept. tgl. 10 – 19 Uhr, sonst kürzer. Führungen. Eintritt

Die Siedlung war fast tausend Jahre lang ein Mittelpunkt der Wissenschaft und Geisteslehre in ganz Europa. Seinen Höhepunkt an Bedeutung und Einfluß auf die christliche Kultur erlebte Clonmacnoise zwischen dem 6. und 12. Jh. Die Klostersiedlung war bis 1552 bewohnt, dann wurde die Anlage von in Athlone stationierten englischen Truppen zerstört.
Clonmacnoise ist kein kompakter Klosterkomplex wie Jerpoint etwa oder

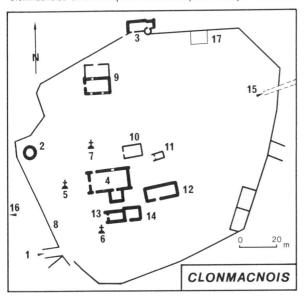

Clonmacnois
1 Eingang u. Information
2 O'Rourke's Rundturm
3 Finghin Tempel
4 Kathedrale
5 Westkreuz
6 Südkreuz
7 Nordkreuz
8 Grabplatten
9 Connor Tempel
10 Kelly Tempel
11 Kieran Tempel
12 Meaghlin Tempel
13 Doolin Tempel
14 Hurpan Tempel
15 zur Nuns' Kirche
16 zur Burgruine
17 überdachter Altar

13. SLIGO – ATHLONE

Klostersiedlung Clonmacnoise ✱✱

Quin, wo sich alles um eine dominierende Abteikirche gruppiert. Hier liegen ca. zehn Kirchen und Kapellen auf dem Klostergelände scheinbar ohne Plan verstreut.

Rundturm (2)

Im Westen ragt ein 20 Meter hoher, noch recht gut erhaltener Rundturm (2) auf. Nur die spitze Haube fehlt dem Fluchtturm aus dem 10. Jh. Fergal O'Rourke soll ihn erbaut haben.

Ungewöhnlich ist der zweite, kleinere nur 17 Meter hohe Rundturm unten am Finghin-Tempel (3) aus dem 12. Jh. Ungewöhnlich deshalb, weil er direkt an die Kirche angebaut ist und sicher nicht als Wehrturm gedacht war. Im Inneren der Kirche, die auch MacCarthy's Church heißt, ist der romanische Chorbogen beachtenswert.

Kathedrale (4)

Der größte Kirchenbau von Clonmacnoise ist die Kathedrale (4), ein rechteckiger Bau aus dem 10. Jh. mit einem späteren Sakristeianbau an der Südseite. Den Grundstein legten der König von Tara Flann Sinna und der Abt Colman. Fragmente des romanischen Westportals stammen aus dem 12. Jh. Im 15. Jh. wurden Anstrengungen unternommen, die vorher offenbar äußerst spartanisch und ärmlich ausgestattete Kathedrale zu verschönen. Aus jener Zeit soll auch das Nordportal stammen. Es ist mit Steinmetzarbeiten verziert, die u.a. die Heiligen Dominic, Patrick und Francis darstellen.

Man nimmt an, daß die Kathedrale die Grabkirche der Hochkönige Turlock Mór O'Connor und Ruairi O'Connor sei.

Hochkreuze (5–7)

Auf dem Gelände befinden sich drei Hochkreuze. Das Westkreuz (5) vor dem Westportal der Kathedrale ist 4 Meter hoch und wird »Kreuz der Inschriften« genannt. Die Seiten sind mit Bildtafeln geschmückt. Über die Bedeutung der Motive ist man sich insofern einig, daß sie mit der Kirchengeschichte und mit der Gründung des Klosters in Zusammenhang stehen. Die unterste Bildtafel an der Ostseite zum Beispiel soll Abt Colman und König Flann bei der Grundsteinlegung der Kathedrale (symbolisiert durch den Pfahl, den die beiden Gestalten in die Erde rammen) darstellen.

Das Südkreuz (6) dürfte etwas älter sein. Es stammt aus dem 9. Jh. und ist mit Spiralen und Flechtwerk verziert.

Auf dem Nordkreuz (7) schließlich, das um 800 datiert wird, soll die seltsame Gestalt mit den gekreuzten Beinen an der Südseite des Kreuzschafts den Keltengott Cernbunno darstellen. Das würde der Ansicht bekräftigen, daß in der frühen Zeit der Christianisierung die Trennung zwischen heidnischem Glauben und christlicher Lehre noch nicht sehr scharf war.

Zum Ausgang hin ist an der Klostermauer – und seit kurzem auch im kleinen Museum – eine großartige Sammlung von fast 200 alten Grabplatten (8) zu bewundern. Die oft kunstvoll verzierten Grabsteine stammen aus der Zeit zwischen dem 8. und 12. Jh. zählen zur größten Sehenswürdigkeit von Clonmacnoise.

Die einzige Kirche außerhalb der Klostermauern und des Friedhofs liegt auf der Ostseite und wird Nun's Church (15) genannt. Die Kirche stammt aus dem späten 12. Jh. Ihr Stil ist mit dem vom Finghin-Tempel vergleichbar. Besonders die kunstvoll im irisch-romanischen Stil gearbeiteten Bögen des Westportals und des Chors sind sehenswert. Die Kirche

13. SLIGO – ATHLONE

ist eine Gründung von Derbhforgail, der Tochter des Königs von Meath. Dies ist in den »Annals of the Four Masters« (siehe Donegal) festgehalten.

Klostersiedlung Clonmacnoise ✲✲

Westlich von Clonmacnoise – was übrigens soviel wie »Wiese der Noise-Söhne« bedeutet – die kuriosen Ruinen von Grey Castle (16), wahrscheinlich im 13. Jh. als Festung zur Überwachung der Shannon-Schiffahrt errichtet. Die Festungswälle sind noch gut erhalten. Im 17. Jh. wurde die Burg gründlich geschleift, was die wenigen noch verbliebenen schiefstehenden Mauerreste beweisen.

Man kann von hier aus sehr schön die Flußlandschaft betrachten und den lebhaften Verkehr der Kabinenkreuzer auf dem Shannon beobachten.

Von Clonmacnoise über Shannonbridge, Shannonharbour, einem alten Frachtumschlagplatz und Binnenhafen am Grand Canal, und über Banagher nach **Clonfert**. Der Ort wäre den weiten Weg nicht wert, könnte er sich nicht eines der seltensten und schönsten Kirchenportale Irlands rühmen.

Clonfert heißt soviel wie »Wiesengrab«, was in Verbindung mit der Begräbnisstätte des Heiligen Brendan gebracht wird. Sankt Brendan, mit dem Beinamen »der Navigator«, wurde 484 in Kerry geboren, gründete 558 das Kloster von Clonfert und starb schließlich 578 in Annaghdown am Lough Corrib (Connemara) bei seiner Schwester Briga. Man nimmt an, daß der Leichnam nach Clonfert überführt wurde.

Den Beinamen »der Navigator« erhielt Sankt Brendan durch seine kühne Seefahrt über den Atlantik. Nach Abenteuern mit einem Wal, Eisbergen und speienden Vulkanen erreichten Brendan und seine Handvoll Männer das »Gelobte Land der Heiligen.« Aus genauen Seemansberichten über die Reise in ihr freiwilliges Exil läßt sich schließen, daß Sankt Brendan damals bereits in Amerika gelandet war.

Die St. Brendan's Kathedrale, wie wir sie heute sehen, hat ihren Ursprung im ausgehenden 12. Jh., als hier ein einfaches romanisches Gotteshaus entstand. Wichtige Erweiterungen und gotische Stilelemente wie der Chorbogen, Fenster und der Glockenturm kamen im 13. bzw. 15. Jh. hinzu. 1541 wurde die Kirsche weitgehend zerstört, aber 1664 wieder in ihren ursprünglichen Zustand versetzt.

Die große Sehenswürdigkeit ist das großartige Westportal. Dieses Meisterwerk romanischer Steinmetzkunst entstand im 12. Jh. Das Portal wird von einem hohen Giebel überragt, der mit einer Säulenreihe und in geometrischer Ordnung angebrachten Köpfen verziert ist. Darunter führen sieben überaus kunstfertig aus Sandstein gearbeitete Rundbögen auf die relativ kleine Kirchentür zu und verleihen dem Portal ein geradezu pompöses Aussehen.

Kirchenportal in Clonfert ✲

Im Kircheninneren verdienen die Fensterbögen an der Ostwand besondere Aufmerksamkeit. Sie stammen aus der Umbauphase im 13. Jh. und bestechen durch das schlichte Ebenmaß ihres Designs und ihrer Proportionen.

Eine kleine, aber für ein Gotteshaus eher ungewöhnliche Steinmetzarbeit sieht man an der Südseite des Chorbogens. Was sich auf den ersten Blick wie eine taschenradiolauschende Loreley ansieht, soll eine Meerjungfrau

13. SLIGO – ATHLONE

mit Spiegel und Kamm darstellen. Ein Hinweis auf die Legende, daß Sankt Brendan auf seiner Seereise zu den Kreaturen des Meeres gepredigt haben soll.

Birr Castle

Man kann den Ausflug mit einem Besuch in **Birr** verbinden. Die Stadt liegt ca. 20 km südöstlich von Clonfert.

Der Park von Birr Castle, Sitz des Earls of Rosse, kann besichtigt werden. Die Buchsbaumhecken im Park sind sogar im Guiness-Buch der Rekorde vermerkt. Sie gelten als die höchsten der Welt.

Ebenfalls im Park sind die Reste eines Riesenteleskops zu bestaunen. Mit einem Durchmesser von 1,8 Metern war es bis 1920 das größte Fernrohr der Welt. Mit ihm hat Sir Charles Parsons, der 3. Earl of Rosse und namhafter Astronom, im 19. Jh. die Spiralnebel entdeckt. Kleines Astronomie-Museum. Geöffnet: Ganzjährig täglich 9–13, 14–18 Uhr.

Birr selbst ist durch seine georgianische Architektur eine recht attraktive Stadt.

Von Birr über die N62 zurück nach Athlone, ca. 40 km.

Information und Hotels

Information: Tourist Information Office Birr, Emmet Square, Tel. 0509/20206, Juni – September.

Hotels: County Arms (B*) Tel. 0509/20791, Dooly's (B) Tel. 0509/20032; sowie *B + B*.

Clonfert, Galway
St. Brendans
Kathedrale, 12. Jh.

14. ATHLONE – BETTYSTOWN, 150 km

Unsere Route führt über die Straße R390 ostwärts nach **Mullingar,** der Verwaltungshauptstadt der Grafschaft Westmeath. Das Wahrzeichen der Stadt sind die 42 Meter hohen Zwillingstürme der Christkönigs-Kathedrale. Sie wurde 1936 im Renaissance-Stil erbaut. Im Inneren Mosaiken des russischen Künstlers Boris Anrep in der Nähe des Hochaltars. Spazierwege auf dem Traidelpfad entlang des Royal Canal, der durch die Stadt führt.

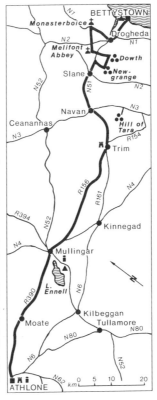

Information: Tourist Information Office Mullingar, Dublin Road, Tel. 044/48650, ganzjährig.

Information

Hotels: Bloomfield House (A) Tel. 044/40894, Greville Arms (B*) Tel. 044/48563.

Hotels

– Lough Ennel Caravan and Camping Park (B*), Tel. 044/489101, Anfang April – Ende September; ca. 6 km südlich Mullingar Abzweig von der N52 zum See; in einem Waldgebiet am Lough Ennel; 6 ha – 64 Stpl. + 4 MCV + 20 NE; Standardausstattung. Zum See über die Uferstraße.

Camping

Weiter ostwärts, nach Trim. Wenn man durch die recht langweilige, ebene Landschaft fährt, vorher aber die West- und Nordküste Irlands gesehen hat, kommt man zu der Einsicht, daß eine Steigerung der Eindrücke hier im Inselinnern kaum möglich ist.

Trim mit der größten anglo-normannischen Festung in Irland, 1172 erbaut, heute eine gewaltige Ruine, wird vor allem Geschichtsbeflissene interessieren, ebenso wie der Hill of Tara, ca. 15 km Luftlinie nordöstlich, nahe der N3.

legendärer Hill of Tara

Tara war um das 3. Jh. Sitz der Großkönige und das Zentrum der Macht im Irland der damaligen Zeit schlechthin. Zu sehen gibt es heute außer ein paar kreisrunden Erdwällen und Gräben nichts mehr. Der Rundblick von der Anhöhe auf die liebliche weite Gartenlandschaft ist allerdings unvergleichlich.

Nur noch mit sehr viel Fantasie läßt sich vorstellen, daß hier der legendäre Krönungsstein »Lia Fail« stand und sich die Burg »Teanhair na Riogh«,

14. ATHLONE – BETTYSTOWN

das Machtzentrum von 140 Königen erhob. Hier soll im 3. Jh. der mächtige Hochkönig Cormac Mac Art mit seinen sagenumwobenen Kriegern, den Feniern, und den Großen jener Zeit an einer riesigen Tafel tagelang Feste gefeiert haben. Und nur der Romantiker wird vor seinem geistigen Auge die Barden, Druiden, Musikanten und Harfenspieler auftreten sehen. Ja sogar eine melodramatische Liebesgeschichte rankt sich um den Königshügel, die Geschichte von Grainne und Dairmaid.

Grainne war die hübscheste Tochter von Cormac Mac Art, der sie seinem Heerführer versprochen hatte. Am Hochzeitstag aber betäubt Grainne die Gesellschaft mit präpariertem Wein und flieht – natürlich mit ihrem heimlich geliebten Dairmaid.

Nach Jahren wird anläßlich einer Versöhnungsfeier zur Sauhatz geblasen. Darmaid verletzt sich auf der Jagd schwer, aber der vor Jahren ausgestochene Bräutigam, der Heerführer, ebenfalls mit auf der Jagd, überläßt Dairmaid hilflos seinem Schicksal. Späte Rache.

Bei der Geschichte drängen sich rasch Vergleiche auf. Man wird erinnert an »Tristan und Isolde« oder an Siegfried in der Jagdszene des Nibelungenliedes.

Von Trim oder vom Hill of Tara nordwärts weiter nach Navan und von dort über die N51 durch das Tal des River Boyne ostwärts bis etwa 5 km nach Slane und Abzweig südwärts nach Newgrange.

Auf dem Hügel Slane Hill nördlich von Slane zündete im Jahre 433 der Heilige Patrick erstmals ein Osterfeuer auf irischem Boden an, um damit die Verbreitung des Christentums anzukündigen. Der Feuerschein soll bis zur Burg von Tara zu sehen gewesen sein. Der Hochkönig Loaghaire (sprich: Lierie) zitierte den Heiligen zu sich und verlangte Aufklärung über sein Tun. Die begeisterte Rede des Missionars führte dazu, daß der König die Einführung der christlichen Lehre duldete. Sich selbst ließ er aber nie taufen.

Die Flußniederung zwischen dem Fluß Boyne und der Hauptstraße ist reich an vorgeschichtlichen Denkmälern. Vor allem Megalithgräber sind in großer Zahl vorhanden.

Newgrange Hügelgrab; **Newgrange** ist das größte und am besten erhaltene Hügelgrab in ganz Europa. Eine beeindruckende Sehenswürdigkeit ganz besonderer Art. Dieses »passage-grave«, so die englische Bezeichnung, wurde bereits 3000 Jahre vor unserer Zeitrechnung angelegt. Eine Radio-Karbondatierung hat dies bewiesen. Das Grabmal besteht aus einem 18,9 Meter langen, etwa 1,5 Meter hohen Gang, der zu einer 6 Meter hohen Hauptkammer mit drei Seitenkammern führt. Gang und Grabkammern sind aus gewaltigen Steinplatten und Steinsäulen (Orthostaten) aufgeführt. Über dieser Grabanlage türmt sich ein gewaltiger, runder, 11 Meter hoher Hügel, der aus unzähligen Steinen aufgeschichtet wurde. Für die Oberfläche wurde teilweise helles Quarzgestein verwendet. Begrenzt wird die Basis des Hügels von 97 bis zu 4.5 Meter langen und etwa 3,5 Meter hohen Randsteinen. Viele tragen Verzierungen. Besonders der gewaltige Eingangsstein ist reich mit Spiralmustern geschmückt. Der Durchmesser des Hügels ist 85 Meter und man sagt, daß hier nahezu 200.000 Tonnen Steine aufgeschichtet seien.

Juni–Sept. tgl. 10–19 Uhr, übrige Zeit 10 Uhr – Dämmerung
Eintritt.

14. ATHLONE – BETTYSTOWN

Bei der Besichtigung betritt man das Grabmal durch den niedrigen, kaum schulterbreiten Gang, der leicht ansteigt und so konstruiert ist, daß kein Lichtstrahl in das Grabinnere fällt. Die Grabkammern sind kreuzförmig angelegt. Der Deckenstein der rechten Seitenkammer und die rechte Flanke der Endkammer sind verziert. In dieser Endkammer die berühmte dreiteilige Spirale.

In jeder Seitenkammer steht ein Beckenstein auf dem Boden. In diesen Steinbecken wurden Leichenknochen und Grabbeigaben gefunden.

Wie gesagt, ist es innerhalb des Ganggrabes absolut dunkel (der Führer hat natürlich eine Stablampe bei sich!). Das Tageslicht ist ausgesperrt. Nur einmal im Jahr, am 21. Dezember um 9.02 Uhr ist der Sonnenstand so, daß die Strahlen durch einen Schlitz in einem ungewöhnlich präzise placierten Deckenstein durch den Grabgang bis in die Grabkammern fällt. Der Raum wird dann für kaum 10 Minuten in Licht getaucht. Wie uns erzählt wurde, ein an Mystik kaum zu überbietendes Ereignis.

Wer die Erbauer von Newgrange waren ist nicht genau bekannt. In einer Beschreibung über Newgrange von Clare O'Kelly heißt es, daß es frühe Siedler aus Spanien oder der Bretagne gewesen sein könnten.

Natürlich taucht Newgrange in vielen keltischen Sagen auf. Eine beschreibt Newgrange, oder Brugh na Boine, als das Grab der Könige von Tara, was nicht mehr als eine Legende sein kann. Newgrange stand zur Zeit der Tarakönige schon ein paar tausend Jahre lang.

Sicher ist, daß der Grabhügel von den Kelten als heilige Stätte verehrt wurde. Bei Forschungsarbeiten fand man auf dem Deckenstein der Grabkammer einige römische Goldmünzen. Da die Römer Irland aber nie eroberten, können die Münzen nur von Reisenden stammen, die an der heiligen Stätte ein Opfer brachten. Wäre Newgrange in keltischer Zeit nicht eine – sicher mit Tabus belegte – Kultstätte gewesen, wären die Goldmünzen wohl bald verschwunden.

Führungen ins Ganggrab obligatorisch.

Dowth ist ein weiteres prähistorisches Ganggrab unter einem gewaltigen Hügel, das ganz in der Nähe von Newgrange liegt. Es ist nicht so gut erschlossen und die Grabkammern sind kleiner. Dowth weist aber Besonderheiten auf. So hat es beispielsweise zwei Gräber und ein unterirdisches Graben- oder Gangsystem, das vom eigentlichen Ganggrab wegführt. Der Zugang zu den Dowthgräbern ist beschwerlich. Man muß über eine Leiter hinabsteigen und kann die Gänge nur in sehr gebückter Haltung passieren.
Führung obligatorisch.

Dowth Hügelgrab; ✶✶
Juni–Sept. tgl. 10–12.30, 14–17.30 Uhr.
Eintritt

Howth, der dritte große Grabhügel (angeblich gibt es mehr als 10 im ganzen Boyne-Tal), wird nach Beendigung der Ausgrabungsarbeiten der Öffentlichkeit zugänglich sein.

Von Newgrange (oder von Dowth) fahren wir im B o y n e - T a l weiter ostwärts und stoßen in der Nähe des Schlachtfeldes von 1690 wieder auf die Hauptstraße nach Drogheda.

Am 1. Juli 1690 kämpften hier die Iren unter Jakob II., dem letzten Stuartkönig, der in England vom Thron vertrieben worden war, gegen die Trup-

14. ATHLONE – BETTYSTOWN

pen Wilhelm III. von Oranien. Die Iren unterlagen. Jakob II. setzte sich nach Frankreich ab. Die letzte wirkliche Chance der Iren, sich gegen die vordringenden Engländer zur Wehr zu setzen, war auf lange Zeit vergeben.

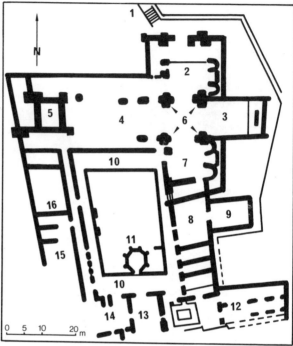

Mellifont Abbey
1 Eingang
2 nördl. Querschiff
3 Chor der Mönche
4 Hauptschiff mit Seitenschiffen
5 Krypta
6 Reste der Turmpfeiler
7 südl. Querschiff
8 Kapitelhaus
9 Kapitelhaus Museum
10 Kreuzgang
11 achteckiges Lavabo
12 Spital
13 Refektorium
14 Küche
15 Keller und Magazine
16 Quartier d. Laienmönche

Von der Hauptstraße N51 Richtung Drogheda nehmen wir den ersten Abzweig nach Norden und fahren zur Mellifont Abbey am Mattok-Fluß. Vom dem 1142 vom Erzbischof von Armagh (Ulster), Malachy O-Morgair, gegründeten Zisterzienserkloster mit dem schönen Namen »Honigquelle« stehen nur noch die Grundmauern. Die Abtei war die erste Gründung der Zisterzienser in Irland. Von ihr gingen noch viele Klostergründungen aus. Die Anlage ist nach kontinentalem Vorbild erbaut. Einige Säulen und Bögen des achteckigen Lavabos oder Baptisteriums am Ende des ehemaligen Klosterhofes sind noch erhalten. Es ist das einzige seiner Art in Irland.

Mellifont wurde unter Heinrich VIII. im 16. Jh. und durch Cromwell hundert Jahre später gründlich zerstört. *Jugendherberge* direkt nebenan.

Hochkreuze von Monasterboice ✶

Auf dem Friedhof von **Monasterboice,** ca. 6 km nordöstlich von Mellifont Abbey, stehen zwei der schönsten alten hochkreuze Irlands. Dasjenige vor dem Rundturm ohne Dachhaube wird auch das Westkreuz genannt. Es ist über 8 Meter hoch und zeigt auf mehreren steinernen Bildtafeln biblische Motive.

14. ATHLONE – BETTYSTOWN

Das schönste Hochkreuz in Irland dürfte aber zweifellos das etwas gedrungener wirkende Muiredach-Kreuz sein. Muiredach war der Abt des hiesigen Klosters von 890 bis 922. Die vielen in Stein gehauenen Bildmotive sind größtenteils noch gut erkennbar. Natürlich stammen auch hier die Themen aus der biblischen Geschichte. Leicht zu deuten ist zum Beispiel das untere Bild auf der Westseite des Kreuzes. Hier wird Jesus, in der Mitte, von zwei bewaffneten Soldaten, rechts und links, gefangengenommen. An der Ostseite des Kreuzschaftes erkennt man auf dem untersten Bild zwei nackte Gestalten, Adam und Eva unter dem Baum der Erkenntnis, der Sündenfall. Daneben erschlägt Kain seinen Bruder Abel. Das oberste Motiv könnte die Anbetung Jesu durch die heiligen Drei Könige darstellen. Darüber im Kreuzbalken das Jüngste Gericht. Auf der Rückseite der Gekreuzigte.

Von Monasterboice zur Hauptstraße N1 und weiter nach **Drogheda** unweit der Mündung des River Boyne in die Irische See. Eingegangen in die Geschichte ist Drogheda vor allem durch das grausame Massaker am 10. September 1649 durch Cromwell's Truppen nicht nur an der Garnison, sondern auch an der Zivilbevölkerung. Cromwell soll die Untat als Gottesurteil gerechtfertigt haben.

Hotels: Boyne Valley (A) Tel. 041/37737, Glenside (B*) Tel. 041/29185, Rossnaree (B) Tel. 041/37673, White House (B) Tel. 041/31017.   **Hotels**

Bettystown liegt kaum 9 km östlich von Drogheda an der Irischen See. Das kleine Seebad hat schöne, fast 10 km lange Strände.

Hotels: u.a. Neptune (B) Tel. 041/27107; *Guesthouse* Tara (B) in Laytown, Tel. 041/27239; sowie *B + B*.   **Hotels und Camping**

– *Bettystown Caravan and Camping Park* (B), Tel. 041/27173; Mitte März – Mitte Oktober; von der Küstenstraße in Bettystown an Beach Inn und Ola-Tankstelle beschilderter Abzweig; ca. 30 Stpl. für Touristen in einer Mobilhome-Siedlung mit ca. 100 Einheiten; hinter einem Vergnügungspark; Standardausstattung; zum Meer ca. 500 Meter.

Von Bettystown ist Dublin nur noch knapp 40 km entfernt. Der abwechslungsreichere Weg führt über die Küsten- und Badeorte Balbriggan, Skerries, Rush, Malahide und Howth.

Bei Donabate
– *Donabate Caravan and Camping Park* (C), Tel. 01/450038; Anfang Mai – Ende September; ca. 2 km östlich Donabate; von Feldern umgebene Wiese, 15 Stellplätze für Touristen in einer großen Mobilhome-Siedlung; Mindestausstattung; 400 Meter zum Meer.

Malahide besitzt ein Schloß, dessen kostbare Sammlung irischer Stilmöbel und die dort untergebrachte *Nationale Portraitgalerie* den Interessierten sicher zu einem Halt veranlaßt. Geöffnet: Mo.-Fr. 10-17 Uhr, Sa. 11-18 Uhr, So. 14-18 Uhr. Eintritt.

15. DUBLIN

Howth, eine kleine Halbinsel vor den Toren Dublins, ist eine bedeutende Sommerfrische. Der Blick vom 169 Meter hohen Aussichtspunkt im Südosten über die Dublin Bay zur Hauptstadt ist bemerkenswert. Im Ort Howth an der Nordseite ein großer Yachthafen, die Ruinen der Howth Abbey und der Park von Howth Castle. Letzterer ist bekannt wegen seiner Farbenpracht im Mai und Juni, wenn alles mit dem zarten Violett der Rhododendronblüten überzogen scheint.

Park von Howth Castle; Eintritt

Ein für seine irischen Musikabende bekanntes Lokal ist »Abbey Tavern«, rustikal, urig, Torffeuer, Gaslicht.

Bootsfahrten vom Pier zur unweit vorgelagerten **Insel Ireland's Eye** werden zwischen Mai und September angeboten.

15. DUBLIN

Mit rund 750.000 Einwohnern ist Dublin die größte Stadt und seit 1922 Hauptstadt der Republik.

Der Name Dublin leitet sich ab vom irischen Wort »Dubh Linn«, was soviel wie »dunkler Teich« bedeutet. Noch älter ist der offizielle irische Name der Stadt »Baile Atha Cliath«. Das nun heißt soviel wie »die Stadt an der Hürdenfurt« und ist ein deutlicher Hinweis auf die Lage Dublins. Schließlich entstand die erste Gemeinde an einer wichtigen Furt durch den Liffey, an der Straße zur alten Hauptstadt Tara.

Die erste richtige Ansiedlung entwickelte sich aus einem Stützpunkt der Wikinger, den die Nordmänner um 900 an der Liffeymündung angelegt hatten.

Im 12. Jh. kamen unter »Strongbow« die Anglo-Normannen nach Irland und setzten sich in Dublin fest. Heinrich II. machte Dublin zur englischen Kolonie. Zur Zeit Elizabeth I. standen die Dubliner auf der Seite der Gegner Cromwells und unterstützten später Jakob II.

Im 18. Jh. erlebte Dublin eine Blütezeit. Damals entstanden viele der breiten Boulevards mit repräsentativen georgianischen Häuserfronten. Großzügige Plätze mit Prachtbauten wurden angelegt. Die schönen Künste standen in Blüte. Kurz, Dublin war auf dem besten Wege eine Großstadt zu werden. Aber schon im Jahre 1800 wurde durch die »Act of Union« der Aufstieg gedämpft. Die Eigenständigkeit des irischen Parlaments in Dublin wurde beschnitten. Die Macht ging wieder von Westminster aus.

Ausgangs des 19. Jh. war Dublin das Zentrum der »Gälischen Liga«. Die Vereinigung hatte im Sinn, der irischen Sprache wieder auf die Beine zu helfen und meinte damit wohl auch 'Irland den Iren'. Ziemlich sicher ist, daß aus ihr der Anstoß zum Osteraufstand 1916 kam. Fünf Tage dauerte der Aufruhr in Dublin.

Noch einmal, während des Bürgerkrieges von 1921 – 1923, war Dublin Mittelpunkt der Auseinandersetzungen. Zurück blieb eine Stadt, die zwar nun die Metropole des »Freistaats« und ab 1948 der »jungen« Nation Éire war. Aber der Glanz des 18. Jh. war zerstört. Dublin hatte viele Jahre danach nicht nur Paradeplätze, sondern auch Elendsviertel. Doch heute ist die Stadt am Liffey wieder ein geschäftiger, ansehnlicher Repräsentant seines Landes, der sich zur Zeit allerdings mächtig anstrengen muß, die Schattenseiten vieler europäischer Großstädte nicht importiert zu bekommen.

15. DUBLIN

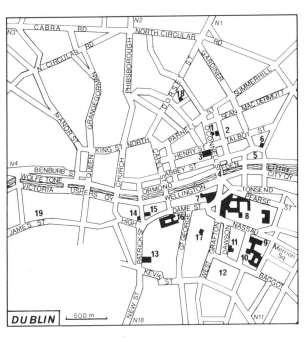

Dublin
1 Information
2 St. Mary's Kathedrale
3 Hauptpost
4 O'Connell Brücke
5 Hauptzollamt
6 Busbahnhof, Airterminal
7 Bank of Ireland, altes Parlament
8 Trinity College
9 Nationalgalerie
10 Nationalmuseum
11 Manison Haus
12 St. Stephan's Green, Park
13 St. Patrick's Kathedrale
14 St. Audeon's Kirche
15 Christ Church Kathedrale
16 ehem. Dublin Schloß, Rathaus
17 Stadtmuseum
18 Städtische Kunstgalerie
19 Guinness Brauerei

Am besten beginnt man einen Rundgang durch Dublin am Tourist Information Office (1) in der oberen O'Connell Street Nr. 14. **Stadtrundgang**
Zwei Straßen hinter dem Informationsbüro erhebt sich in der Marlborough Street die katholische St. Mary's Cathedral (2). Das erst im 19. Jh. erbaute Gotteshaus hat einen landesweit bekannten Gesangschor, den »Palestrina Choir«. An Sonntagen singt der Chor lateinische Messen und gregorianische Choräle.
Wir folgen dem breiten Boulevard O'Connell Street mit dem baumbestandenen Mittelstreifen stadteinwärts. An der Ecke mit dem Hauptpostamt (3) zweigt rechts die Henry Street ab, eine Fußgänger- und Einkaufszone. Vor dem Hauptpostamt mit seiner klassizistischen Säulenfassade begann 1916 der Osteraufstand.
Über die breite O'Connell-Brücke (4) überqueren wir den River Liffey. Das Denkmal davor zeigt Daniel O'Connell. Der Parlamentarier aus Kerry setzte mit seiner 1805 gegründeten »Catholic Association« die Gleichberechtigung der Katholiken durch. Seitdem kennt man Daniel O'Connel in Irland auch als den »Librator«, den Befreier.
Blickt man von der Brücke flußabwärts, also nach Osten, sieht man am linken Ufer die Kuppel des Custom House (Hauptzollamt) (5). Der gesamte Bau gilt als eines der schönsten öffentlichen Gebäude in Dublin. Hinter dem Hauptzollamt befindet sich übrigens der Busbahnhof (6), Abfahrtspunkt der Stadtrundfahrts- und Flughafenbusse.
Nach der Brücke folgen wir der Westmoreland Street, die halbrechts

15. DUBLIN

Stadtrundgang abzweigt und gehen bis College Green und zum Portal des Trinity College.

Auf dem Wege hierher sollte man sich Fleet Street merken – sie zweigt
gemütliche Pubs rechts ab – und die dortigen Pubs »Palace Bar« und »Bowes«. Diese alten, gemütlichen Gaststätten mit verräucherten Decken, hölzernen Wandverkleidungen, Spiegeln oder Bleiglasfenster sind genau richtig, um sich von anstrengenden Stadtrundgängen zu erholen.

Am College Green sind wir mitten im eigentlichen Zentrum von Dublin. Der säulengeschmückte, prächtige Repräsentationsbau an der Nord-
altes Parlament (7) westseite, gegenüber Trinity College, ist das alte Parlamentsgebäude, heute Bank of Ireland (7). Mitte des 18. Jh. für das irische Parlament errichtet, war das Gebäude oft Mittelpunkt der politischen Ereignisse, Parlamentssitz aber nur in den letzten 20 Jahren des 18. Jh. Denn schon im Jahre 1800 löste die »Act of Union« das irische Parlament wieder auf. Danach kam der Bau in den Besitz der Bank of Ireland. Führungen während der Schalterstunden.

Universität (8) An der Ostseite von College Green das Trinity College (8), die Universität von Dublin. Sie wurde 1592 mit huldvoller Zustimmung Elizabeth I. gegründet und fühlte sich immer der protestantischen Tradition verpflichtet, obwohl seit der Mitte des 19. Jh. Studenten aller Konfessionen zugelassen werden.

Durch den 1759 hinzugekommenen, mit korinthischen Säulen geschmückten Fassadenflügel betreten wir das Universitätsgelände und gehen über den großen, steingepflasterten Innenhof zur Bibliothek auf der rechten Seite. Sie ist eine der größten Forschungsbibliotheken der Welt und hat heute einen Bestand von zweieinhalb Millionen Bänden, darunter überaus kostbare Handschriften.

Bibliothek; Mo–Fr Von den insgesamt sieben Bibliotheksgebäuden ist für uns die Old
10–17, Sa 10–13 Uhr. Library und dort der altehrwürdige »Long Room« interessant. Der 65
Eintritt Meter lange ehemalige Lesesaal wird von einem Tonnengewölbe überspannt und bietet auf zwei Etagen Platz für rund 200.000 Bücher. Unter ihnen sind die ältesten Bücher, die das Trinity College besitzt.

Das kostbarste Exemplar und das Prachtstück der Bibliothek ist das welt-
Book of Kells ✱✱✱ berühmte Book of Kells, wohl die schönste Prunkhandschrift der Welt. Das Werk entstand um 800, wo genau, ist unbekannt. Man fand es 1007 vergraben in einer Kirche in Kells. 1661 kam es als Schenkung in die Universitätsbibliothek.

Auf 680 überschwänglich geschmückten und farbenprächtig gestalteten Seiten werden die vier Evangelien wiedergegeben. Der Detailreichtum und die verblüffende Präzision in der Ausführung der Malereien und Ornamente läßt sich kaum in Worte fassen.

1953 wurde das Buch restauriert und neu gebunden. Heute besteht es aus vier Bänden. Jeweils zwei werden im Long Room gezeigt und in regelmäßigem Wechsel je eine Text- und eine illustrierte Seite aufgeschlagen.

Zu den Ausstellungsstücken am Ende des Lesesaals gehört auch eine 500 Jahre alte irische Harfe.

Bemerkenswert sind noch die Marmorbüsten, die entlang der Regalnischen stehen. Es sind Werke aus dem 18. und 19. Jh. und stellen u.a. große Gelehrte und namhafte Collegemitglieder dar – von Homer über

15. DUBLIN

Sokrates bis Jonathan Swift und Wolfe Tone.
Wir verlassen das Universitätsgebäude auf der Ostseite und kommen zum Lincoln Place. Auf seiner Südseite, um den Komplex des Leinster House (Sitz der Abgeordnetenkammer des Parlaments) in der Kildare Street, liegen zwei der bedeutendsten Museen Dublins. Für ihre Besichtigung wird man sich einen extra Tag Zeit nehmen.
National Gallery von Irland (9), Merrion Square West, Ausstellung von ca. 2000 Gemälden aller wichtigen europäischen Schulen. Werke italienischer Meister wie Tizian, Tintoretto, Veronese, Canaletto, u.a., holländische Maler wie Rembrandt, Steen, de Witt, englischer Portraitmaler wie Reynolds, aber auch Degas, Manet, Monet oder El Greco, Goya, Ribera und Rubens oder van Dyck sind vertreten. Natürlich ist eine eigene Abteilung den Werken irischer Künstler vom 18. Jh. bis heute gewidmet.
National Museum (10), Kildare Street, Exponate aus vorgeschichtlicher Zeit, aus den Zeitepochen vom frühen Christentum über das Mittelalter bis ins 18. und 19. Jh., sowie aus der Zeit des Bürgerkrieges. Zu den kostbarsten Ausstellungsstücken neben den Schmuckstücken aus der Bronzezeit zählen wohl die »Tara Brosche«, das »Kreuz von Cong« und der »Ardagh Kelch«. Naturgeschichtliche Abteilung. Der Besuch sollte nicht versäumt werden, da er gerade nach der Rundreise durch Irland die vielen Eindrücke ergänzend abrundet.
Von der Kildare-Street durch die Molesworth Street, dann links und am Mansion House (11) in der Dawson Street, dem Amtssitz des Oberbürgermeisters, vorbei bis zum hübsch angelegten Stadtpark St. Stephen's Green (12). Ihn durchqueren wir und gehen weiter, am besten über Lower und Upper Kevin Street, zur St. Patrick's Cathedral (13). Der Kirchenbau stammt aus dem 12. und 13. Jh. Zwischen 1864 und 1869 wurde die Kathedrale mit Mitteln, die die Brauerfamilie Guinness zur Verfügung stellte, grundlegend renoviert.
Beeindruckend ist das Innere des Hauptschiffes, das im Chor mit Bannern geschmückt ist. Jonathan Swift, ein berühmter Sohn Dublins, war zwischen 1713 und 1745 Dekan der Kathedrale. Seine Grabplatte findet man im südlichen Querschiff. In der Denkmalsinschrift heißt es u.a.: »... wo wilde Entrüstung sein Herz nicht länger zerreißen kann...« Jonathan Swift war ein kritischer Zeitgenosse, der seine »wilde Entrüstung« zum Beispiel über die englische Justiz in Irland in scharfen Satiren niederschrieb. Neben Swift liegt »Stella« (Esther Johnson) begraben, mit der Swift wahrscheinlich heimlich verheiratet war. Genaueres über die Liaison der beiden blieb bis heute im Dunkeln.
Ebenfalls im Südschiff ist eine wahre Kuriosität der Diplomatie zu sehen. Es ist eine Tür mit einer kleinen Öffnung, durch die sich (so sagt man und in einem Gotteshaus wird wohl nicht geschwindelt) der Graf von Ormonde und der Graf von Kildare die Hand zur Versöhnung reichten, ohne sich von Angesicht zu Angesicht gegenüberstehen zu müssen. Das war 1492.
Standesgemäß für das liederreiche und sangesfreudige Irland hat man im Nordturm der Kirche dem letzten wahren Barden, Turlough O'Carolan, ein Denkmal gesetzt. Er starb 1738.
Neben der Kathedrale Marsh's Library, eine alte Bibliothek, in der Swift zu lesen pflegte.

Stadtrundgang

Nationalgalerie (9), Mo–Sa 10–18 Uhr, Do bis 21 Uhr, So 14–17 Uhr

Nationalmuseum (10), Di–Sa 10–17, So 14–17 Uhr.

St. Patrick's Kathedrale

15. DUBLIN

Stadtrundgang

Wir gehen über die St. Patrick Street stadteinwärts und sehen an der großen Kreuzung links in der High Street St. Audeon's Kirche (14), eine Gründung der Normannen und die älteste Kirche in Dublin. Der Bogen neben der Kirche ist der Rest der alten Stadtmauer.
Rechts in der Lord Edward Street die Christ Church Cathedral (15). Sie stammt aus dem Jahre 1038. »Strongbow« ließ die Kirche nach der Normannen-Invasion erneuern. Die Krypta ist der älteste Teil der Kathedrale. In der Kathedrale die Gruft »Strongbows« und das Grab von Laurence O'Toole, dem Schutzheiligen Dublins. Sehr schönes Kirchenschiff.
Ein Stück weiter in der Dame Street Dublin Castle (16), einst der Sitz der britischen Verwaltung in Irland. Sehenswert sind die »State Apartments« mit der hohen St. Patrick's Hall, Residenz der früheren Vizekönige, und die königliche Dreifaltigkeitskapelle »Chruch of the Most Holy Trinity«. Die State Apartments werden gelegentlich noch bei offiziellen Angelegenheiten benutzt. Öffnungszeiten deshalb im Touristen Informationsbüro erfragen.
Abseits der Dame Street, im Dame Court, »Stag's Head«, eines der ältesten Pubs in Dublin.
Von hier kann man durch die kleinen Straßen zum River Liffey gehen, den Fluß auf der Fußgängerbrücke überqueren und am linken Ufer über den Bachelors Walk zur O'Connell Street und zum Ausgangspunkt zurückgehen.
Weitere alte oder bemerkenswerte **Pubs** (außer den im Stadtrundgang erwähnten) fanden wir in der Poolbeg Street nahe der O'Connell Brücke, nämlich »Mulligan's« und in 51 South Great George's Street »The Long Hall«. Andere typische Dubliner Pubs sind: »Toner«, Lower Baggot Street; »Searson's«, Upper Baggot Street; »Mooney's«, 1 Lower Abbey Street; »Madigan's«, 25 North Earl Street; »Kehoe's«, South Anne Street; »Cassidy's«, 42 Camden Street; »O'Brien's«, Sussex Terrace; »Timmon's«, 29 East Essex Street; »Sean Murehy«, 1-2 Power's Court; »Doheny & Nesbitt«, Merrion Row.
Will man wissen, woher der Gerstensaft kommt, der in den Pubs so reichlich fließt, fährt man in die James's Street zur Guinness Brauerei (19), dem größten Bierproduzenten der Welt. Enttäuschend für den Besucher ist allerdings, daß dieses namhafte Unternehmen, diese »nationale Institution«, keine Brauereibesichtigung zuläßt, sondern lediglich einen Videofilm präsentiert sowie eine Kostprobe des berühmten schwarzen Guinness Stout Bieres.

Information

Informationen: Tourist Information Office Dublin City, 14 Upper O'Connell Street, Dublin 1, Tel. 01/747733; Dublin Airport Tel. 01/376387.

Hotels und Jugendherbergen

Hotels: 38 Hotels und 21 Pensionen der Kategorien A* bis C. *2 Jugendherbergen.*

Camping bei Dublin

Shankill
– *Shankill Caravan and Camping Park* (B), Tel. 01/820011; Ostern – Ende September; von Dublin über die N11 südwärts Richtung Bray, nach Shankill westlich der N11; 2,8 ha – 80 Stpl. + 20 MCV; Standardausstattung. Bus Nr. 45 und 84, sowie Schnellbahn DART nach Dublin City.

15. DUBLIN

Museen

Museen: Neben den im Stadtrundgang erwähnten Nationalmuseen können nachfolgende Museen für den allgemein interessierten Touristen sehenswert sein.

Dublin Civic Museum (17) South William Street. Sammlungen von Gegenständen, die im Zusammenhang mit der Stadtgeschichte stehen. So z.B. der Kopf der Nelson-Figur vom 1966 gesprengten Nelsondenkmal in der O'Connell Street. Geöffnet: Di.–Sa. 10–18 Uhr, So. 11–14 Uhr.

Museum of Childhood, 20 Palmerston Park. Puppen und Spielzeugsammlung. Geöffnet: Mai bis September Di.–So. 14–17.30 Uhr, übrige Monate kürzer.

Chester Beatty Library and Gallery of Oriental Art, 20 Shrewsbury Road. Weltweit bedeutsame Sammlung alter orientalischer Manuskripte.

Municipal Gallery (18) Parnell Square. Städtisches Kunstmuseum, 1908 gegründet. Werke irischer und anderer europäischer Künstler des 19. und 20. Jh., inklusive der Sammlung des Museumsmitbegründers Sir Hugh Lane. Geöffnet: Di.–Sa. 10–18 Uhr, So. 11–17 Uhr.

Weitere Museen, Galerien und Bibliotheken der Stadt befassen sich mit Spezialgebieten der Kunst und Literatur. Manche von ihnen sind nur nach Voranmeldung zu besichtigen. Einzelheiten beim Touristen Informationsbüro.

Unterhaltung

Veranstaltungen: Zu den bedeutendsten Veranstaltungen in Dublin zählen: Im Mai die *»Royal Dublin Spring Show«,* im Juni das *»Festival of Music«* und im August die *»Dublin Horse Show«.*

Traditionelle Irische Musik wird regelmäßig im Zentrum der irischen Folkloregesellschaft »Comhaltas Ceoltóiri Eireann« veranstaltet in: An Culturlann, 32/33 Belgrave Square in Monkstown bei Dublin. Einzelheiten und Termine im Tourist Information Office.

In verschiedenen Pubs wird *Folk-Music* geboten (Eintritt). Da das Angebot und die Veranstalter ständig wechseln, erfährt man Termine am einfachsten aus den Abendzeitungen. Ziemlich regelmäßig dabei sind folgende Lokale: »The Abbey Tavern« in Howth, »The Lower Deck« Portobello Harbour, »The Embankment« in Tallaght, »Wexford Inn« Wexford Street oder »Slattery's« Capel Street.

Zwei Multivisionsschauen vermitteln einen unterhaltsamen Einblick in Episoden der frühen Stadtgeschichte: *»The Dublin Experience«;* Ursprünge und Entwicklung Dublins; Mai–Okt., tgl. 10–17 Uhr stündlich, im Trinity College, Dublin.

»The Flame on the Hill«, irische Geschichte bis ins frühe Mittelalter; tgl. 9.30–17.30 Uhr, Dauer 25 Min., St. Audeon's Church, High Street, Dublin 8.

»Irish Life Viking Adventure«, ebenfalls St. Audeon's Church, High Street, Dublin 8, eine rekonstruierte Wikingersiedlung, mit nachgestelltem Alltagsleben in Wikingertagen; Apr.–Okt., tgl. 9–16 Uhr.

Dublin, Zentrum, O'Connell Bridge

16. DUBLIN – WEXFORD, 130 km

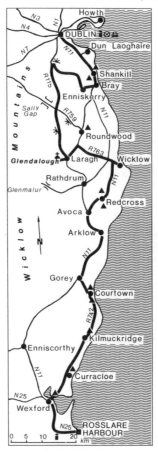

»The Wicklow Way« ✳

Der direkte Weg der letzten Etappe unserer Irlandrundreise ist auf der Hauptstraße N11 knapp 130 km lang und in einem halben Tag ganz bequem zu schaffen. Der Fährhafen Rosslare ist von Wexford nur noch etwa 20 km entfernt. Es ist also durchaus machbar, von Dublin »direkt« auf die Fähre zurück nach Großbritannien oder zum Kontinent zu fahren.

Obwohl die Ostküste dem mit Landschafts- und Küstenpanoramen verwöhnten Reisenden am Ende der Irlandtour keine neuen Höhepunkte bieten kann, ist der direkte Weg von Dublin nach Wexford weniger empfehlenswert. Besser ist es, sich für die Strecke mindestens zwei Tage Zeit zu nehmen und einen Umweg durch die Wicklow Mountains einzubeziehen.

Wanderfreunde wird interessieren, daß Irlands bislang einziger markierter Fernwanderweg »The Wicklow Way« durch die Wicklow Mountains führt. Ganz ohne Kartenmaterial sollte man sich der Wegmarkierung allerdings nicht anvertrauen. Beim Glenmalur-Tal, in das ein Nebenweg abzweigt, stießen wir zum Beispiel auf falschweisende Markierungen. Speziell für die Wicklow Mountains gibt es das Blatt Nr. 16 der Wanderkartenserie der Ordnance Survey Maps im Maßstab 1:50 000 in größeren Buchgeschäften oder beim Touristen Informationsbüro.

Der Wanderweg beginnt in Marley Park, das liegt ca. 3 km südlich von Rathfarnham im Süden Dublins, abseits der Straße R116. Busse ab Dublin City der Linien 47B und 48A. Der Endpunkt des insgesamt 72 km langen Wanderwegs ist in Moyne, ca. 7 km östlich Hacketstown an der R747. Für die gesamte Strecke wird man mindestens vier Tage veranschlagen müssen. Unterwegs bieten sich nur *Jugendherbergen* als Übernachtungsmöglichkeiten an, es sei denn, man nimmt Umwege zu Ortschaften inkauf.

16. DUBLIN – WEXFORD

Der Weg unserer Reiseroute führt von Dublin über die N11 südwärts. 3 km südlich von Bray zweigen wir westwärts auf die Straße R117 ab, die durch ein dichtbewaldetes Flußtal nach Enniskerry führt.

Enniskerry ist ein hübscher, kleiner Ferienort am Fuße der Wicklow Berge. Am südlichen Ortsrand liegt der Herrensitz Powerscourt mit einem schön angelegten Park, der sich als natürliche Kulisse der Wicklow Mountains bedient. In das 16 ha große Garten- und Parkgelände wurden Elemente aus der italienischen und japanischen Landschaftsarchitektur mit einbezogen. Das schmiedeiserne Prunktor am Eingang stammt aus dem Jahre 1770 und soll dereinst das Portal des Bamberger Doms geschmückt haben.

Herrensitz Powerscourt; Ostern–Okt., 10–17.30 Uhr. Eintritt

Ebenfalls auf dem Gelände von Powerscourt kann der mit 121 Metern höchste Wasserfall Irlands bestaunt werden.

Hotels: Summerhill (B) Tel. 01/867928, Powerscourt Arms (C) Tel. 01/828903, Enniscree Lodge Inn Tel. 01/863542; sowie *B + B*.
Jugendherberge beim 342 Meter hohen Knockree, ca. 4 km südwestlich Eniskerry.

Hotels

Durch die Schlucht »The Scalp« fahren wir von Enniskerry nordwärts bis Kiltiernan und nehmen dort die Straße R116. Sie zweigt westwärts ab und führt hinauf in die grünen Höhen der Wicklow Berge. Nach etwa 8 km bietet sich uns ein fantastischer Blick hinunter auf Dublin, das sich in einiger Entfernung in der Ebene ausdehnt.
Man nimmt gleich hier die Querverbindung oder 2 km weiter die Straße R113. Beide stoßen auf die Straße R115. Ihr folgen wir südwärts und erreichen auf einer schönen Fahrt über die kaum bewaldeten, dafür häufig moorigen Höhenzüge von Wicklow und vorbei an den Seen Lower und Upper Lake Bray die Kreuzung am **Sally Gap.**

Auf dem Weg hierher hat man zur Rechten den mit einem Sendemast markierten 752 Meter hohen Kippure. In den moorigen Flächen ostwärts der Straße liegt das Quellgebiet des River Liffey. Nach einem kurzen Gastspiel von kaum 100 km mündet der Fluß in Dublin schon wieder in die Irische See. Überall hier oben sind die »peat bogs« parzellenweise verpachtet. Dort stechen Privatleute aus Dublin, aus Bray, aus Wicklow oder sonstwo Torf für ihre Kaminfeuer.
Am Sally Gap zweigt man weder rechts noch links ab (obwohl) der Weg nach links, also südostwärts, am wunderbar gelegenen Lough Tay vorbeiführen würde, den man aber auch auf einem kurzen Abstecher von Roundwood aus sehen kann), sondern fährt geradeaus weiter nach Laragh und hat nach einiger Zeit einen herrlichen Blick in eines der Wicklow-Täler. Die Straße folgt dem Flußlauf talwärts. Bald erreichen wir Laragh, zweigen nach Westen ab auf die Straße R756 und kommen nach etwa 3 km nach Glendalough.

Glendalough, das »Tal der zwei Seen«, liegt romantisch von Bergen umrahmt im Herzen der Wicklow Berge. Allein der Besuch der beiden

16. DUBLIN – WEXFORD

Glendalough
1 Portal und altes Marktkreuz
2 Rundturm
3 St. Mary's Kirche
4 Priesterhaus
5 Kathedrale und Kevin's Kreuz
6 St. Kevin's Kitchen, Kirche
7 Steinquader »Deer Stone«
8 St. Saviour's Priory
9 Steinkreuze

10 Rhefeart Kirche und Begräbnisplatz der O'Tooles

11 Teampull na Skellig, Felskirche
12 St. Kevin's Bett

13 Trinity Church, (Dreifaltigkeitskirche)

Glendalough ✱✱

Seen Lower Lake und Upper Lake, zu dessen Südufer die Bergflanke steil herunterfällt, lohnt den Weg hierher. Glendalough ist aber vor allem berühmt wegen seiner Kirchen- und Klosterruinen.

Im 6. Jh. errichtete der heilige Kevin, auf der Suche nach einem geeigneten Platz für ein asketisches Leben fern aller menschlicher Behausungen, am schwer zugänglichen Südufer des Upper Lake eine Bienenkorbhütte aus aufgeschichteten Steinen und die »Kirche am Felsen« (Teampall na Skellig).

Später entstand, wohl nicht zuletzt um den immer zahlreicher werdenden Schülern des Heiligen Platz zu bieten, am Unteren See eine Klosteranlagen. Der Platz ist heute auch unter dem Namen »Seven Churches« (die sieben Kirchen) bekannt.

Im 9. und 10. Jh. (damals entstand auch der Rundturm) sah sich das Kloster immer wieder Wikingerüberfällen ausgesetzt. 1398 wurde es von Anglo-Normannen geplündert. Doch das Kloster erholte sich auch von diesem Schlag. Bis ins 16. Jh. dauerte das monastische Leben in Glendalough an. Dann wurde es während der Unterdrückung der Klöster aufgegeben.

Neben St. Kevin ist Laurence O'Toole eine herausragende Gestalt in der Geschichte des Klosters. Er wurde 1153 im Alter von 25 Jahren zum Abt gewählt, später Erzbischof von Dublin und 1226 heiliggesprochen.

Man betritt die einstige Klosterstadt durch ein Portal (1) oder besser einen Torweg mit zwei Torbögen. Mit den dazwischen liegenden Mauern gleicht der insgesamt fast 6 Meter lange Torweg eher einem wahrhaften Stadttor. Es ist der einzige noch erhaltene Klostereingang dieser Art in Irland.

Unseren Rundgang durch das alte Friedhofsgelände, dem Areal der früheren Klosterstadt, beginnen wir am markanten Rundturm (2). Der 33,5 Meter hohe, schlanke Turm mit einem Basisumfang von 16 Metern steht seit fast 1000 Jahren hier und ist noch erstaunlich gut erhalten. Bekanntlich dienten diese Rundtürme den Klosterbewohnern als Zufluchtsstätte bei Angriffen und Überfällen. Aus diesem Grunde liegt die kleine Zugangstür auch 3,5 Meter über dem Boden. Man flüchtete über eine Leiter in den Turm, zog diese nach oben und war so vor Eindringlingen ganz gut geschützt.

16. DUBLIN – WEXFORD

Links, oder südwestlich, vom Rundturm sieht man die Ruine der Church of Our Lady (Kirche Unserer Lieben Frau) oder St. Mary's Church (3). Sie war wohl die erste Kirche hier. Und in manchen Beschreibungen ist zu lesen, es sei die Grabkirche des heiligen Kevin. An der Westfront fällt das massive Portal auf.

Glendalough ✤✤

Auf dem Weg zur Kathedrale rechts das sogenannte Priesterhaus (4). Es wurde im 12. Jh. errichtet und diente als Grabkirche der hiesigen Priester.

Die ehemalige Kathedrale (5), den Heiligen Peter und Paul geweiht, liegt in der Mitte des Friedhofs und ist der größte Bau der Anlage. Schiff und Chor stammen aus der Zeit vor dem 11. Jh. Im Chorraum einige guterhaltene Grabsteine. Ansonsten hat der längst dachlose Bau stark unter den Witterungseinflüssen gelitten.

An der Südseite der Kathedrale steht Kevins's Cross, ein altes Steinkreuz. Der gut 3 Meter hohe schlichte Monolith soll aus dem 11. Jh. stammen. Ob das Kreuz des Heiligen Kevin Grab markiert ist ungewiß, da andererseits auch in der Church of Our Lady seine Grabstätte vermutet wird. Man sagt, wer mit dem Rücken zum Kreuz steht und den Schaft mit den Armen umspannen kann, so daß sich die Finger berühren, dem wird ein geheimer Wunsch erfüllt. Wer lange Arme hat schafft es, aber nur wenn er sich an der Schmalseite und nicht an der Breitseite des Kreuzes aufstellt.

Ausgezeichnet erhalten ist die etwas tiefer gelegene St. Kevin's Church (6), auch St. Kevins Kitchen (Küche) genannt. Diese interessante Kirche der ehemaligen Klosterstadt Glendalough ist ein gutes Beispiel für ein frühchristliches Gotteshaus mit steilem, steinernem Dach und Tonnengewölbe. Das Schiff soll schon im 6. Jh. entstanden sein, während der runde Glockenturm erst im 11. Jh. hinzukam. Im Inneren sind Steinplatten, Kapitele und andere Fragmente ausgestellt.

Man kann nun das Klostergelände über eine hölzerne Bachbrücke verlassen und nach rechts am Unteren See vorbei zum Oberen See gehen. Der Weg ist knapp 2 km lang. Der Upper Lake (Oberer See) ist auf der Nordseite aber auch per Auto zugänglich.

Bevor man zum Oberen See wandert oder fährt, bietet es sich an, von der Holzbrücke auf dem guten Fußweg flußabwärts zu gehen.

Nahe der Brücke sieht man einige große Steinquader (7). Um sie rankt sich eine der vielen St. Kevin-Legenden. Es heißt, die Frau eines Mannes sei im Kindbett gestorben und er war verzweifelt darüber, wie er das Neugeborene ohne Mutter am Leben erhalten sollte. Der heilige Kevin bedeutete dem Mann, sich jeden Tag zu einer gewissen Stunde an einem dieser mit einer Mulde versehenen Steine einzufinden. Nun kam jeden Tag eine Hirschkuh und gab ihre Milch in die Steinmulde als Nahrung für das Neugeborene des Mannes. Angeblich soll heute noch die Mulde nie ganz austrocknen.

Gut 1 km flußabwärts liegt linkerhand St. Saviour's Priory (8), eine Gründung des St. Laurence O'Toole aus der Mitte des 12. Jh. Besonders das Ostfenster ist mit schönen Ornamenten geschmückt.

Zurück zum Oberen See. An seinem Ostende finden sich eine Anzahl von Steinkreuzen (9), einige zerfallene Steinhütten und »The Caher«, die

16. DUBLIN – WEXFORD

Glendalough ✵✵

Reste eines bronzezeitlichen Forts.
Am Südostende des Sees am Waldhang die **Reefert-Kirche** (10), die traditionelle Grabkirche früherer örtlicher Herrscher oder des O'Toole-Clans. Den Grund, auf dem die Kirchenruine steht, soll der heilige Kevin 546 von Colman, vierter Sohn von Caipre, König von Leinster, geschenkt bekommen haben, um hier eine Grabkirche für die O'Tooles zu bauen.
Der Name »Reefert« wird von »Righ« für König oder Herrscher und »Feart«, einem alten Wort für Grab oder Gruft, abgeleitet.
St. Kevin's Klause, der Meditations- und Zufluchtsort des Heiligen, unweit der Kirche ist eine verfallene Bienenkorbhütte.
Teampall na Skellig (11), die Felsenkirche am Südufer, war nur per Boot erreichbar. Östlich davon eine Felshöhlung, die als »**St. Kevin's Bett**« (12) bekannt ist. Über diese legendäre Lagerstätte des Heiligen beginnt Thomas Moore ein Gedicht mit folgenden Zeilen:

»... Here, at last, he calmly said,
woman ne'er shall find my bed.
Ah! The good Saint little knew,
what the wily sex can do...«

Um die Flucht des Asketen vor den Anfechtungen des weiblichen Geschlechts rankt sich die Legende von Kathleen, auf die der Dichter Bezug nimmt.
Die junge Schönheit unternahm alle möglichen Verführungskünste, um den jungen Kevin von seinen religiösen Pflichten abzulenken. Eines Tages umarmte sie ihn wild. Aber Kevin wehrte sich standhaft, kämpfte gegen die Fleischeslust und mit einem Bündel Brennesseln schließlich gegen die hübsche Kathleen. Sie erkannte ihr ruchloses Tun und gelobte ewige Keuschheit.

Wer hier die Reise unterbrechen will findet *Hotels* in Glendalough, Rathdrum oder Wicklow an der Küste.

Camping bei Roundwood

Camper fahren von Laragh auf der R755 9 km nach Norden und finden in **Roundwood**
– *Roundwood Caravan and Camping Park* (A), Tel. 01/81 81 63, Anfang April – Ende September; ca. 500 Meter nördlich Roundwood an der R755; abschüssige Wiese mit Hartstandplätzen, oberhalb der Vartry Seen; straffe Führung; 2,5 ha – 70 Stpl.; Komfortausstattung. Laden.

Ab Roundwood geht unsere Reise weiter südwestwärts nach Wicklow. Unterwegs kann man vor **Ashford** westwärts abzweigen und kommt nach ca. 3 km in die Teufelsschlucht »**Devil's Glen**«. Durch die Schlucht fließt der Vartry, der hier 30 Meter tief in ein Felsbecken mit dem schaurigen Namen »Devil's Punch Bowl« stürzt. Wanderwege führen zu guten Aussichtspunkten.

Auf einer Reise durch Irland fallen hie und da am Rande größerer Städte an den Hauptstraßen wilde Wohnwagensiedlungen auf, die an Zigeunerlager erinnern. Dieses Völkchen der Tinkers – es leben etwa 6000 in Irland – führt ein Leben der Nichtseßhaften, ein »Zigeunerleben«. Sie

wohnen in Wohnwagen, die oft von Chrom blitzen und verdienen ihren Lebensunterhalt mit Gelegenheitsarbeiten oder Pferdehandel.
Früher, als Tinkers noch mit Pferd und Planwagen durchs Land zogen, waren sie in erster Linie Kesselschmiede und Kesselflicker. Und der klingende Ton, den ein Hammer auf einem Amboß erzeugt, soll ihnen den Namen »Tinkers« eingebracht haben.
Leicht könnte man auf den Gedanken kommen, Tinkers wären ihrer Abstammung nach Zigeuner. Kurioserweise ist das nicht der Fall. Obwohl sie auch in Großfamilien leben, die verschiedenen Clans angehören, und ein Oberhaupt wählen. Sie sind irischer Herkunft.

Wicklow, die Hauptstadt der gleichnamigen Grafschaft, ist eine alte Wikingersiedlung aus dem 9. Jh. Der alte englische Stadtname nimmt darauf Bezug — Wykinglo. Der irische Stadtname »Cill Mhantain« weist auf die von St. Mantan gegründete Kirche hin. Er war ein Schüler des heiligen Patrick.
Heute ist Wicklow ein beliebter Badeort mit etwa 4000 Einwohnern. Hübscher Marktplatz. Am Ostrand der Stadt Black Castle. 1176 von den Fitzgeralds erbaut, war es an der exponierten Ostküste bis ins 17. Jh. Ziel ständiger Angriffe.
8 km südlich der Stadt liegt Brittas Bay, ein 5 km langer Sandstrand mit schönen Dünen.

Information und Hotels

Information: Tourist Information Office Wicklow, Market Square, Tel. 04 04/29 04; geöffnet Juni — September.

Hotels: Grand (B) Tel. 04 04/23 37, Strabreagan (C) Tel. 04 04/23 83; *Guesthouse:* The Old Rectory County House (A), Tel. 04 04/20 48; sowie B + B.

Von Wicklow südwestwärts nach Avoca.

Camping in Redcross

— *Johnson's Caravan and Camping* (A), Tel. 04 04/81 33, Mitte März — Ende September; Abzweig von der R754 nördlich Redcross am Doyle's Pub, beschildert; 2,6 ha — 28 Stpl. + 11 MCV. Tennisplatz. Laden.

— *River Valley Caravan and Camping Park* (A), Tel. 04 04/86 47, Mitte März — Mitte September; im Ort beschildert; 3,2 ha — 75 Stpl. + 15 MCV, Tennis.

In **Avoca** überqueren wir den Avonmore.
Sehr lohnend ist ein Abstecher von Avoca nordwärts durch das liebliche Tal »Vale of Avoca«. Nach 4 km, am Zusammenfluß des Avonbeg und Avonmore, eine Gedenktafel an den Dichter Thomas Moore. Hier an diesem früher sicher idyllischen Fleckchen Erde soll sich der Dichter gerne aufgehalten haben. Sein Gedicht »The Meeting of the Waters« gab dem Platz seinen Namen.
Man sollte noch bis Rathdrum weiterfahren, hier westwärts abzweigen und über Greenan ins Glenmalur Tal fahren, eines der wildesten Täler in den Wicklow Bergen. Der Weg lohnt sich.

16. DUBLIN – WEXFORD

Macht man diesen Abstecher nicht und fährt von Avoca direkt weiter südwärts, erreicht man nach 10 km **Arklow**, ein früher der Fischerei, der Schiffahrt und dem Schiffbau verschriebenes Küstenstädtchen. Das interessante Marienmuseum in der St. Mary's Road spiegelt Arklows lange Seefahrtsgeschichte wieder.

Wexford ist nur noch 65 km entfernt. Man erreicht es entweder über die Hauptstraße N11, über die R741 oder über die küstennahe R742.

Camping zwischen Courtown und Curracloe

Courtown Harbour
– *Courtown Caravan and Camping Park* (A), Tel. 055/252 80, Ende Mai – Ende August; am Südrand des Ferienortes; separater, gepflegter, leicht geneigter Platzteil für Touristen mit Hartstandplätzen, bei einem ausgedehnten Mobilhome-Park; 5,2 ha – 45 Stpl. + 150 NE; gehobene Komfortausstatung. Laden. Tennis. Cafeteria. Zum Meer und zum Ort ca. 1 km.

Courtown
– *Parklands Caravan Park* (A), Tel. 055/252 02, Anfang Juni – Ende August; an der Küstenstraße R 742, ca. 3 km südlich Courtown; 4 ha – 47 Stpl. + 100 MCV + 30 NE; Tennis. Keine Zelte!

Kilmuckridge
– *Morriscastle Strand Caravan and Camping Park* (B), Tel. 053/301 24, Anfang Juni – Ende August; am Ende der Straße von Kilmuckridge zum Meer; 6,4 ha – 90 Stpl. + 150 NE.

Curracloe
– *O'Gorman's Caravan and Camping Park* (B), Tel. 053/371 10, Anfang April – Ende September; ca. 8 km nördlich Wexford über die Küstenstraße R 742; 3 ha – 24 Stpl. + 18 MCV + 50 NE.

Wexford

Wexford (15.000 Einwohner), mit einem überraschend hübschen Stadtkern, ist wie viele Orte an der irischen Ostküste eine Gründung der Wikinger. Sie ließen sich im 9. Jh. hier an der Mündung des River Slaney nieder und nannten ihre Siedlung »Waesfjord«. 1169 eroberte der nach England emigrierte und nun mit englischer Unterstützung nach Irland zurückgekehrte Dermot MacMurrough, König von Leinster, die Stadt. 500 Jahre später richteten die Cromwelltruppen unter der Bevölkerung von Wexford ein grauenvolles Massaker an, das nur noch mit dem Blutbad von Drogheda vergleichbar ist.

Noch heute, nach fast tausend Jahren, erinnert die Anordnung der engen Gäßchen, die von der Main Street (Hauptstraße) zum Kai führen, daran, daß Wexford dereinst von Wikingern geplant und angelegt wurde.

Aus dem 12. Jh. stammen die Ruinen der Selskar Abbey am Turm des Westgates, dem einzigen erhaltenen Stadttor von ehemals fünf Toren in der Stadtmauer. In der Selskar Abteikirche tat Heinrich II. 1172 Buße für den Mord an Thomas Beckett.

Am Kai ist in einem alten Feuerschiff das Maritime Museum eingerichtet. Geöffnet: Juni – August täglich 10 – 21 Uhr. Eintritt.

Schöne alte **Pubs** sind »Kinsella's« in der Main Street und »Crown Bar« in der Skeffington Street. Wer das Flair alter Hafenkneipen sucht, ist in »The Wavecrest Bar« an der großen Brücke goldrichtig. Im Sommer gelegentlich abends irische Volksmusik.

16. DUBLIN – WEXFORD

Information: Tourist Information Office Wexford, Crescent Quay, Tel. 053/23111, ganzjährig.

Information

Hotels: Talbot (A) Tel. 053/22566, White's (A) Tel. 053/22311, Ferrycarrig (B*) Tel. 053/22999, Kincone Lodge (B*) Tel. 053/23611, County (C) Tel. 053/24377; *Guesthouses:* Faythe (B) Tel. 053/22249, Riverside (B) Tel. 053/43172, St. Aidan's Mews (B) Tel. 053/22691, Whitford House (B) Tel. 053/24673; sowie B + B.

Hotels

– *Ferrybank Caravan and Camping Park* (B*), Tel. 053/24378, Ostern– Mitte September; in Wexford über die Sundbrücke Richtung Dublin am Hotel rechts bergan; langgestrecktes, gepflegtes Wiesengelände mit Hartstandplätzen, am Meer, sehr stadtnah 5 Gehminuten; 4 ha – 130 Stpl.; Komfortausstattung. Laden.

Camping

Dublin, O'Connell Street

Praktische und nützliche Informationen

Einreisebestimmungen

Persönliche Dokumente
Gültiger Reisepaß oder Personalausweis für einen Aufenthalt als Tourist bis zu drei Monaten für Staatsangehörige aus der Bundesrepublik (ebenso Österreich oder Schweiz) ist ausreichend. Für Kinder bis 16 Jahre Kinderausweis oder Eintragung im Dokument der Eltern.

Einreise mit dem Kfz
Deutscher Führerschein und Fahrzeugschein sind ausreichend. Ein »D«-Schild muß am Auto angebracht sein. Grüne Versicherungskarte nicht notwendig, erleichtert aber im Fall des Falles die Formalitäten. Kurzkaskoversicherung empfehlenswert. CB-Funkgeräte bedürfen einer Einfuhrgenehmigung.

Zollbestimmungen
Waren, die aus EG-Ländern vom Reisenden als persönliches Reisegepäck eingeführt werden, sind abgabenfrei, wenn folgende Höchstmengen nicht überschritten werden. In Klammern sind Höchstmengen angegeben, die zollfrei auf Schiffen oder Flughäfen gekauft wurden oder aus Nicht-EG-Ländern eingeführt werden: 300 (200) Zigaretten oder 75 (50) Zigarren oder 400 g (250 g) Tabak, 4 l (2 l) Wein, 1,5 l (1 l) Spirituosen über 22 % oder 3 l (2 l) Spirituosen bis 22 %, 75 g (50 g) Parfum und 0,375 l (0,25 l) Toilettwasser; außerdem Waren (Geschenke) bis zu einem Gesamtwert von 302 IR £ pro Person über 15 Jahren.
Abgabenfrei sind auch persönliche Gegenstände, die der Reisende für seinen eigenen Bedarf benötigt. Dazu zählen u.a. neben Kleidung auch Foto- oder Filmapparat, Campingausrüstung, Fahrrad und Sportboot.
Bei der Ausreise sind abgabenfrei Geschenke im Wert bis DM 780. Verboten ist die Einfuhr von frischen oder konservierten Fleisch-, Geflügel- und Molkereiprodukten, von Waffen jeder Art und von tragbaren Funksprechgeräten.
Diese Angaben sind lediglich Auszüge aus Irlands Zollbestimmungen. Vor Abreise nach neuestem Stand erkundigen.

Haustiere
Bei der Einfuhr von Tieren wird eine sechsmonatige Quarantäne verlangt. Dies macht die Mitnahme von Haustieren auf einer Urlaubsreise nach Irland praktisch unmöglich.

Währung und Devisen

Währung in der Republik Irland ist das Irische Pfund (IR £) zu 100 Pence (p). Banknoten gibt es in den Werten 1, 5, 10, 20, 50 und 100 IR £; Münzen in den Werten 1/2, 1, 2, 5, 10 und 50 p. Irische Landeswährung darf in unbeschränkter Höhe eingeführt und bis zum Betrag von 150 IR £ ausgeführt werden.
Fremdwährung kann unbeschränkt eingeführt und bis zum Gegenwert von 500 IR £ wieder ausgeführt werden.
Reiseschecks, Euroschecks und viele der internationalen Kreditkarten werden in größeren Hotels, Geschäften und von Banken (außer Kreditkarten) akzeptiert.

$$1 \text{ DM} = \text{IR £ } 0{,}37$$
$$1 \text{ IR £} = \text{DM } 2{,}73$$

Praktische und nützliche Informationen

Zeitunterschied

Seit der Einführung der Sommerzeit in den meisten Ländern auf dem Kontinent besteht nun fast das gesamte Jahr über ein **Zeitunterschied von einer Stunde** zwischen Irland und der Bundesrepublik.
Beispiel: Deutschland 12 Uhr – Irland 11 Uhr.
Lediglich in den vier Wochen zwischen Ende September und Ende Oktober besteht Zeitgleichheit in Irland und auf dem westeuropäischen Kontinent.

Post und Telefon

Einige **Postgebühren** für Sendungen von Irland zum Kontinent:
Standardbrief bis 20 g: 28 p. *Postkarte:* 24 p.
Schalterstunden siehe unter »Öffnungszeiten«.
Das **Telefonnetz** wird laufend modernisiert und nach und nach auf automatischen Selbstwählverkehr – auch für Gespräche zum Kontinent – umgestellt. Häufig wird auch noch von Hand vermittelt, was bei Ferngesprächen zu Wartezeiten führen kann. Wir haben festgestellt, daß man Ferngespräche, z.B. mit zu Hause, am besten vom Postamt oder vom Hotel aus führt.
Eine Besonderheit ist, daß man sich in öffentlichen Telefonzellen auch anrufen lassen kann, wenn man der Vermittlung bzw. dem Anrufer die Nummer bekanntgibt.
Die Rufnummer des **Fernamtes** ist 01. Die Vorwahl für Deutschland ist 16 49, für Österreich 16 43, für die Schweiz 16 41. Bei der deutschen Ortskennzahl die erste »0« weglassen, also z.B. für Stuttgart nicht 07 11, sondern 7 11 wählen.
Die Vorwahl für Irland von Deutschland, Österreich oder der Schweiz aus ist: 00 3 53. Auch bei der irischen Ortskennzahl dann die »0« weglassen.
Ein Ortsgespräch in Irland kostet 20 p. Ansonsten kostet ein 3-Minuten-Gespräch zwischen 45 p und 90 p. Für ein 3-Minuten-Gespräch nach Deutschland muß man mit gut 3 IR £ rechnen. Bei Telefonaten von öffentlichen Fernsprechern älterer Bauart bei Zustandekommen der Verbindung mit »A« bezeichneten Knopf drücken.

Wichtige Rufnummern

Notruf, Unfall, Rettung: 999 (gebührenfrei)

Stromspannung, Steckdosen

Überall im Lande, auch auf Campingplätzen, ist 220 V Wechselstrom üblich. Probleme wird man allerdings mit den Steckdosen haben, in deren Kontaktschlitze unsere runden Steckerkontakte nicht passen. Vor Abreise oder in Irland in einem Elektrofachgeschäft einen Zwischenstecker »Adapter« besorgen.

Maße und Gewichte

Entfernung/Länge:
1 Meile (mi.) = 1,609 km
1 yard (yd.) = 3 feet = 0,914 m
1 foot (ft.) = 12 inches = 30,48 cm
1 inch (in.) = 2,54 cm
1 km = 0,621 Meilen
1 m = 1,09 yards oder 3,38 feet
1 cm = 0,39 inches

Volumen:
1 Gallone/4 quarts = 4,54 Liter
1 quart (qt.) = 2 pints = 1,14 Liter
1 pint (pt) = 0,57 Liter
1 Liter = 0,22 Gallonen

Gewichte:
1 pound (lb) = 16 ounces = 453,6 g
1 ounce (oz) = 28,35 g
1 kg = 2,21 pounds

Praktische und nützliche Informationen

Reifendruck

kg/qcm (atü)	1,0	1,25	1,40	1,70	2,0	2,11	2,4	3,0	4,0
psi*	14	18	20	24	28	30	34	42	56

pounds per square inch

Temperaturen

Mitunter werden Temperaturen noch in Grad Fahrenheit angegeben. Mit nachstehender Formel können Sie Grad Celsius in Grad Fahrenheit umrechnen: °C x 2 − 10% + 32 = °F
z.B. 20°C x 2 = 40 − 4 (10%) = 36 + 32 = 68°F

Öffnungszeiten

Geschäfte
unterschiedliche Öffnungszeiten, allgemein aber:
Mo + Di 9.00/9.30 − 17.30/18.00 Uhr
Mi 9.00/9.30 − 13.00 Uhr
Do 9.00/9.30 − 13.00 Uhr
  Warenhäuser teils bis 20.00/21.00 Uhr
Fr 9.00/9.30 − 17.30/18.00 Uhr
  Warenhäuser teils bis 20.00/21.00 Uhr
Sa 9.00/9.30 − 13.00 Uhr
  teils bis 20.00 Uhr

Postämter
Mo−Fr 9.00−18.00 Uhr
Sa + So geschlossen
In ländlichen Gebieten Mittagspause.

Banken
Mo−Fr 10.00−12.30 +
 13.30−15.00 Uhr
Sa + So geschlossen

Auf den Flughäfen Dublin und Shannon längere Schalterstunden und auch samstags, sonntags und an Feiertagen geöffnet.

Touristeninformationsbüros
Mo−Fr 9.00−18.00 Uhr
Sa 9.00−13.00 Uhr
So geschlossen.

Pubs
Mo−Sa 10.30−23.30 Uhr
Oktober bis Mai bis 23 Uhr.

In Dublin und einigen anderen Orten zwischen 14.30 und 15.30 Uhr geschlossen (Holy Hour).

Tankstellen
Mo−Sa 9.00−18.00 Uhr
So überwiegend geschlossen.

Werkstätten
Mo−Fr 9.00−18.00 Uhr

Gesetzliche Feiertage

1. Januar	− Neujahr	1. Montag im Juni	− Bankholiday
17. März	− St. Patrick's Day, Nationalfeiertag	1. Montag im August	− Bankholiday
Freitag vor Ostern	− Karfreitag	4. Montag im Oktober	− Bankholiday
Montag nach Ostern	− Ostermontag	25./26. Dezember	− Weihnachten

Klima und Durchschnittstemperaturen

Irlands Klima wird von zwei Faktoren bestimmend beeinflußt. Zum einen ist das der Golfstrom, zum anderen die fast permanent von Südwest wehende Brise, die schon mal kräftig auffrischt. Der Golfstrom beschert Irland ein gemäßigtes Klima ohne extreme Temperaturen. Die Sommer sind angenehm und nicht zu heiß. Das Thermometer steigt hier kaum einmal über 24°C. Die Durchschnittstemperatur beträgt im Sommer 15–16° C.
Die Winter sind nie sehr kalt. Hier liegen die Durchschnittstemperaturen bei 4–6° C. Schnee oder Minusgrade kennt man in Irland so gut wie garnicht.
Die ständige Südwestbrise sorgt dafür, daß es nie zu warm wird und sich Wolkenfelder nie zu lange aufhalten. Irland ist ja bekannt für sein sprunghaft wechselndes Wetter.
Man sagt, einmal regnet es an jedem Tag in Irland. Aber meist spricht der vom Atlantik her wehende Wind ein klärendes Wort. Meinte man vor Stunden noch, die Welt würde im Regen ersaufen, so strahlt vielleicht schon kurz darauf ein blauer Himmel und die Wolken machen sich in gewaltigen Haufen verschämt davon. Vom Regen noch feucht, leuchtet dann das Land in kräftigen, intensiven Farben, wie man sie eben nur auf der grünen Insel zu sehen bekommt.

Reisezeit und Kleidung

Die angenehmste **Reisezeit** dürften die Monate Mai, Juni und September sein. Diese Monate gelten als die niederschlagsärmsten und sonnenreichsten. Aber allzu sklavisch sollte man sich an diese Prognose nicht halten. Denn das irische Wetter in Kategorien zu pressen oder über große Zeiträume vorherzusagen ist mit der Schwierigkeit vergleichbar, einen Sack voller Flöhe zu hüten. Und daß Ausnahmen die Regel bestätigen erlebten wir auf einer unserer Reisen im August. In diesem Monat, dem normalerweise mehr Regen als Sonne zugebilligt wird, genossen wir schönstes Sommerwetter.
Mit einem gelegentlichen Regenguß ist immer zu rechnen. Darauf sollten Sie sich mit Ihrer **Urlaubskleidung** einstellen. Keineswegs verkehrt ist es, warme Pullover oder eine Strickjacke, Regenbekleidung mit Kopfbedeckung und Gummistiefel mitzunehmen. Ein Schirm nützt wenig, denn wenns einmal richtig gießt, scheint es von allen Seiten zu regnen. Gummistiefel bewähren sich auch ausgezeichnet bei Wanderungen. Feuchte Wiesen, morastige Stellen und kleine Wasserläufe lassen sich damit viel bequemer bewältigen. Solchermaßen ausgestattet kann Ihnen ein gelegentlicher Regenstüber nicht viel anhaben.

Reisen im Lande

Per Flugzeug

Das innerirische Streckennetz ist – wohl durch die kleine Ausdehnung der Insel bedingt – nicht sehr dicht. Neben den internationalen Flughäfen Dublin, Shannon und Cork werden im Inlandsverkehr von Aer Lingus noch Derry, Farranfore bei Killarney, Galway, Sligo und Waterford angeflogen.
Aer Arann fliegt von Carmore bei Galway aus zu den Aran-Inseln.

Per Bahn und Bus

Die staatliche Verkehrsgesellschaft C.I.E. (Coras Iompair Eireann) ist zuständig für das Eisenbahn- und Buswesen in Irland.
Aber ähnlich wie den meisten öffentlichen Verkehrsbetrieben auf dem Kontinent ergeht es auch der C.I.E. Die defizitäre Finanzlage drückt und man denkt – besonders im Eisenbahnwesen – eher an Reduzierung der Kapazität, als an Streckenausbau.

Hauptstraße in Westport

Praktische und nützliche Informationen

Bahnverbindungen bestehen von Dublin aus lediglich zu den größeren Städten des Landes wie Cork, Galway, Limerick, Waterford und nach Belfast in Nordirland.
In der Standard Klasse (entspricht etwa der 2. Klasse bei uns) kostet eine Fahrkarte von Rosslare nach Dublin ca. IR £ 17,–, die Fahrtdauer beträgt etwa 3½ Stunden; Dublin-Killarney ca. IR £ 29,50, 3½ Stunden; Dublin-Sligo ca. IR £ 25,00, 3½ Stunden. Für Fahrten in der 1. Klasse wird ein Zuschlag zwischen 4 und 7 Pfund erhoben. Ermäßigung auf Rückfahrkarten.
Wesentlich dichter ist das Netz der **Buslinien**. Mit ihnen gelangt man auch in abgelegenere Gebiete. Im Sommer wird das Angebot durch Zusatzlinien noch verbessert.
Interessant für Urlauber dürfte die Netzkarte »*Rambler Ticket*« sein. Mit ihr kann man Bahn oder Bus oder beides (je nach Tarif) in einem gewissen Zeitraum beliebig oft benutzen. Dies gilt allerdings nicht für die Stadtbezirke von Cork, Dublin, Galway und Limerick.
Tarife der Rambler Tickets:
 8 Tage Bahn oder Bus ca. IR £ 52,–   8 Tage Bahn **und** Bus ca. IR £ 66,–
15 Tage Bahn oder Bus ca. IR £ 77,–   15 Tage Bahn **und** Bus ca. IR £ 95,–.
Kinder unter 16 Jahren erhalten 50 % Ermäßigung. Zuschlag für die Mitnahme eines Fahrrades für die gesamte Geltungsdauer: IR £ 19,–.

Per Mietauto
Leihwagen für Selbstfahrer werden von irischen und international operierenden Firmen angeboten. Leihstationen findet man in großen Städten, an den internationalen Flughäfen und an den Fährhäfen.
Zum Anmieten eines Fahrzeugs ist ein **Mindestalter** des Mieters von 21 Jahren, bei einigen Firmen 25 Jahren Voraussetzung.
Je nach Fahrzeugtyp beträgt der Mietpreis pro Tag 25,– bis 50,– IR £, pro gefahrene Meile zusätzlich 25 bis 50 pence. Zu diesen Kosten kommen gewöhnlich noch Steuern und Versicherungsgebühren. Natürlich gehen auch die Benzinkosten zu Lasten des Mieters.
Günstige Wochenpauschaltarife werden angeboten, die unbegrenzte Meilen beinhalten. Wochenrate ab ca. IR £ 150,–.
Einige wenige Firmen bieten auch **Wohnmobile** als Mietfahrzeuge an. Es handelt sich in der Regel um Bedford Fahrgestelle mit Sonderaufbau, die gewöhnlich für zwei Erwachsene und ein bis zwei Kinder Platz bieten. Pro Woche ist mit rund IR £ 500,– inkl. aller gefahrener Meilen zu rechnen.
Will man mit einem Leihwagen nach Nordirland fahren, muß der Vermieter darüber vorher informiert werden.

Per Schiff
Inselverkehr – Bootsverbindungen bestehen zu folgenden Inseln:
Von *Kilmore Quay* (Co. Wexford) zu den *Saltee Islands,*
von *Baltimore* zur *Insel Clear* »Vogelinsel«, (Co. Cork),
von *Portmagee, Ring of Kerry,* zu den *Skellig Rocks* (Co. Kerry),
von Galway und Rossaveel zu den *Aran-Inseln* (Co. Galway),
von *Renvyle* zur *Insel Inishbofin* (Co. Connemara),
von *Dublin* nach *Ireland's Eye* (Co. Dublin).

Shannon-Mietboote – Mit einem Mietboot auf Irlands längstem Fluß, dem Shannon, zu kreuzen, ist ein besonderes Erlebnis und schon fast ein Urlaub für sich. Auf der rund 270 km langen schiffbaren Strecke zwischen Carrick-on-Shannon und Killaloe kann jeder einmal Freizeitkapitän sein und seine Kreuzfahrt ganz individuell gestalten.
Der Mieter bzw. Bootsführer muß mindestens 21 Jahre alt sein. Eine Kaution von rund IR £ 150,–

Praktische und nützliche Informationen

ist zu hinterlegen. Bei Übernahme des Bootes wird man eingewiesen in dessen Handhabung und in die Fahrtregeln und kann dann losschippern. Nautische Vorkenntnisse oder gar ein Patent irgendwelcher Art werden nicht vorausgesetzt.

Die Kabinenkreuzer sind recht ordentlich eingerichtet und ausgestattet. Je nach Größe der Boote (meist zwischen 8 und 12 Meter lang und rund 3,5 Meter breit) bieten sie Schlafplätze für zwei bis acht Personen. Es gibt eine Toilette, Dusche, 12-Volt-Stromversorgung, Bett- und Tischwäsche an Bord und wer sich selbst verpflegen will, findet eine komplett eingerichtete Kochnische mit Gaskocher, Kühlschrank, Geschirr und Besteck vor. Angetrieben werden die Boote durch Dieselmotoren. Außerdem hängt an jedem Kreuzer ein Ruderdinghi, um vom Ankerplatz an Land zu kommen.

Auch wer nicht weiß, wo Steuer- oder Backbord, wo Luv oder Lee ist, bei wieviel Glasen er den Rudergast ablösen soll, ob der Steven achtern oder ob kielholen ein Seemannsausflug an die Ostsee ist, kann auf dem Shannon auf »große Fahrt« gehen. Nur an die Seezeichen, deren Bedeutung man ja vorher genau erklärt bekommt, muß man sich strikt halten. Außerdem liegt auf jedem Kreuzer eine Streckenkarte mit allerlei Erklärungen und Tips auf, der sogenannte »Shannon Guide«. Und wenn man dann noch, wie bei uns im Straßenverkehr, immer schön rechts fährt, beim Nähern unbekannter Uferzonen sehr sachte und vorsichtig zu Werke geht, um entweder die Ansaugstutzen der Motorkühlung in zu seichten Gewässern nicht zu verstopfen oder gar an einer Untiefe zu stranden, kann eigentlich garnichts schiefgehen.

Die gesamte Fahrtrinne ist gut mit Hinweisschildern markiert und die sechs Schleusen und die Drehbrücke in Portumna lassen sich mit Hilfe und Ratschlägen der Schleusenwärter auch meistern.

Die Schleusen können nur im Sommerhalbjahr zwischen 1. April und 30. Oktober regelmäßig passiert werden. Sie sind dann zwischen 9.00 und 18.00 Uhr, teils bis 20.30 Uhr besetzt. Nach Einbruch der Dunkelheit darf man auf dem Shannon nicht fahren. Da vertreibt man sich die Zeit eh besser in einem Pub nahe der Anlegestelle. Anlegestellen zum Übernachten, Tank- und Wasserzapfstellen, Geschäfte u.ä. sind im »Shannon Guide« aufgeführt.

Der Shannon-Fluß bildet auf seinem Weg immer wieder Seen, so zum Beispiel den Lough Ree bei Athlone oder den Lough Derg bei Portumna. Auch wenn das Binnengewässer sind, sollte man Sturmwarnungen nicht einfach in den Wind schlagen und sich lieber vor Einfahrt in die Seen nach dem Wetter erkundigen.

Die wichtigsten Marinas, Heimathäfen der Kreuzer quasi und Ausgangspunkte der Fahrten, befinden sich in Carrick-on-Shannon, Banagher, Ballykeeran und Portumna.

Ein Boot für vier Personen kostet pro Woche ab ca. DM 600,–.

Grand-Canal-Mietboote – Vielleicht noch idyllischer als auf dem Shannon gestaltet sich eine Fahrt mit einem »Canal Cruiser« auf den schmalen Wasserarmen des Grand Canal und des River Barrow. Hier ist man ständig in hautnahem Kontakt zur Natur und erlebt die Landschaft von den ruhigen, abgeschiedenen Wasserläufen aus, die sich zwischen Dublin und Shannon Harbour nach Süden zwischen Robertstown und Waterford erstrecken.

Hier liegen keine große Binnenseen auf dem Wege, dafür sorgen immer wieder Schleusen für Abwechslung. Nicht weniger als 45 Hebewerke gilt es, auf dem 150 Jahre alten und gut 160 km langen Kanalsystem zu überwinden.

Die Boote sind komfortabel umgebaute, schmale, speziell für Kanalfahrten konzipierte, ehemalige Lastkähne. Auf Bequemlichkeit muß auch hier keineswegs verzichtet werden. Die »Cruisers« sind je nach Länge (9,5 bis 14 Meter) mit drei bis sieben Betten, WC, Dusche, Kochgelegenheit, Kühlschrank etc. ausgestattet. Auch hier wird der Mieter ausführlich in die Handhabung des Bootes und in die Bedienung der Schleusen eingewiesen.

Die Mietstation für »Canal Cruisers« liegt östlich von Tullamore im County Offaly.

Praktische und nützliche Informationen

Die Preise zum Beispiel für ein 4-Bett-Boot für eine Woche beginnen bei etwa IR £ 250,—.
Der Vollständigkeit halber sei noch erwähnt, daß auch auf dem Seensystem **Lough Erne**, das weit nach Nordirland hineinreicht, von Belturbet im County Cavan aus Kabinenkreuzer gemietet werden können.

Mit dem »Zigeunerwagen«
Eine interessante und abwechslungsreiche Variante, einen Teil Irlands auf sehr gemächliche Art und Weise kennenzulernen, ist die, mit Pferd und Wagen durchs Land zu ziehen.
So gemütlich, urig und abenteuerlich eine Reise mit einem »Wohnmobil mit einem PS« auch ist, so hat sie doch den kleinen Nachteil, daß der Aktionsradius beschränkt bleibt. Mehr als 10 Meilen oder rund 16 Kilometer am Tage sind kaum zu schaffen. Dafür erlebt man die Umgebung viel intensiver. Die Landschaft bleibt nicht wie beim Autofahren als pauschales Ganzes im Gedächtnis haften. Einzelheiten fallen ins Auge. Der Weg entfaltet sich – wie beim Wandern – in tausend Einzelbilder.
Am Nachmittag sucht man sich gewöhnlich eine Farm, wo Pferd und Reisende ein Unterkommen finden; das Pferd auf der Wiese, die Reisenden in ihrer rollenden Wohntonne. Die meisten Vermieter von »Zigeunerwagen« bieten vorgefertigte Routenvorschläge an, die geeignete Übernachtungsplätze angeben. Einige Farmen an diesen Routen haben sich auf Ferienkutscher eingestellt und stellen Sanitäranlagen und Duschen zur Verfügung. Es ist bestimmt eine gute Idee, sich an die Routenvorschläge der Vermieter zu halten. Zum einen geht man dabei verkehrsreichen Hauptstraßen aus dem Wege und zum anderen bleibt man auf dem Weg, den mancher Vermieter ab und zu abfährt, um nach dem Wohl seiner Kunden und nicht zuletzt dem seines Vierbeiners zu sehen.
In aller Regel sind Zigeunerwagen vierrädrige, gummibereifte Pferdewagen mit einem tonnenförmigen Wohnaufbau. Das Ganze ist etwa 2,50 Meter breit und rund 4 Meter lang. Gezogen wird das Gefährt von einem kräftigen, gutmütigen Kaltblütler, der sich eventuelle Extravaganzen längst abgewöhnt hat, da er sich fast jede Woche an neue Kutscher gewöhnen muß. Wer will, kann ein Reitpferd zusätzlich mieten.
Ausgestattet sind Zigeunerwagen normalerweise mit Schlafgelegenheiten für vier Personen. Tagsüber baut man daraus Sitzbänke. Weiter findet man einen Klapptisch, Schrank, Regale und einen Küchenblock mit Gaskocher und einer kleinen Spüle vor. Töpfe und Geschirr, Bett- und Tischwäsche werden gestellt. Gekocht und beleuchtet wird mit Propangas. Eine Heizung kann dazugemietet werden. Der Wasservorrat von rund 10 Litern wird in Kanistern mitgeführt. Für Lebensmittel muß man selbst sorgen.
Im Wagenheck sind Gasflasche, der Haferkasten, Pferdegeschirr und ein Eimer als Pferdetränke untergebracht.
Wie man das Pferd aufzäumt, einspannt und führt, erfährt man vor Antritt der Reise vom Vermieter. Daß man es durch Ortschaften immer am Halfter führt und es ausreichend pflegt, füttert und – besonders wichtig – auf der Weide morgens wieder einfängt, nämlich mit einer Hand voll Hafer, lernt man ebenso. Ganz besonders wird betont, daß man nie überraschend von hinten an Pferde herantreten sollte.
Mietstationen für Pferdewagen befinden sich in Wicklow, Co. Wicklow an der Ostküste, in Kilbrittain und Blarney, Co. Cork, in Tralee, Co. Kerry und in Westport, Co. Mayo.
Für eine Woche müssen ca. DM 600,— Miete pro Wagen veranschlagt werden. Eine Kaution wird bei Übernahme des Gespanns verlangt.

Mit dem Auto durch Irland

Eine Rundfahrt mit dem Auto oder einem nicht zu großen Wohnmobil macht in Irland großen Spaß. Abgesehen davon, daß man dann natürlich unabhängig ist, erreicht man mit dem Auto eben auch bequem solche Regionen, in die man mit öffentlichen Verkehrsmitteln gar nicht oder nur schwer kommt.

Das **Straßennetz** ist dicht und Haupt- und Fernverbindungsstraßen sind gut ausgebaut und beschildert.

Eng geht es auf Neben- oder abgelegenen Küstenstraßen zu. Aber dank der geringen Verkehrsdichte auf dem Lande entstehen dem Motortouristen daraus kaum Probleme. Große Tagesetappen sollte man sich aber auf Routen über Nebenstrecken nicht vornehmen, denn hohe Durchschnittsgeschwindigkeiten lassen sich dort nicht erreichen. Außerdem muß immer damit gerechnet werden, daß sich Kühe oder Schafe auf den Straßen herumtreiben und Vierbeinern wird großzügig immer »Vorfahrt« gewährt.

Etwas hemmend kann auch die Straßenbeschilderung an Nebenstraßen sein. Auf dem flachen Lande sind noch die typischen, kleinen Straßenschilder üblich, mit schwarzer Schrift auf weißem Grund. Oft zeigen gleich vier, fünf und noch mehr Schilder an einem Pfosten in verschiedene Richtungen. Leider ist die Schrift auf den Wegweisern in einer Größe angebracht, die höchstens vom Fahrrad oder vom langsamen Pferdewagen aus gut entziffert werden kann. Passiert man die Tafeln aber in rassanter Fahrt mit dem Auto, muß man zweimal hinsehen, um Ortsnamen lesen zu können.

Ortsnamen sind zweisprachig angegeben, Englisch und Gälisch. Im Gaeltacht-Gebiet (Sprachgebiet mit überwiegend gälischem Idiom) nordwestlich Galway, im Joyce's Country und Connemara, trifft man vereinzelt auch auf Straßenschilder mit ausschließlich gälischer Beschriftung. Dann hilft nur noch eine gute Straßenkarte weiter oder fragen.

Die Entfernungsangabe geschieht auf *alten* Schildern grundsätzlich in Meilen. Eine Meile entspricht rund 1,6 km. Außerdem sind Hauptstraßen oft noch mit »T« (Trunk road) und Nebenstraßen mit »L« (Link road) bezeichnet.

Auf Fernverbindungsstraßen findet man mehr und mehr eine *neue* Beschilderung: Grüne Tafeln mit weißer Schrift und Entfernungsangabe in Kilometern. Die neue Bezeichnung für Fernstraßen ist »N«, für Nebenstraßen »R«.

Tankstellen sind ausreichend vorhanden. Um unliebsamen Überraschungen aber vorzubeugen, ist das Mitführen eines gefüllten Reservekanisters ratsam. Vor allem dann, wenn man am Wochenende unterwegs ist. Sonntags (und nachts) sind nämlich die meisten Tankstellen geschlossen.

Im wesentlichen gelten die gleichen **Verkehrsregeln** wie bei uns. Aber Irland hat **Linksverkehr** und das ist anfangs für alle Autofahrer vom Kontinent gewöhnungsbedürftig. Anfänglich ungewohnt ist auch, daß man bei Linksverkehr natürlich rechts überholt. Trotz Linksverkehr gilt die Vorfahrtsregel »Rechts vor Links« – wenn nicht anders beschildert.

Linksverkehr ist auch für Fußgänger beim Überqueren der Straße gewöhnungsbedürftig.

Straßen ohne Vorfahrt sind durch Schilder mit der Aufschrift »Stop« oder »Yield Right of Way« gekennzeichnet.

Bei Linksverkehr sitzen Sie als Fahrer nun auf der dem Straßenrand zugewandten und dem Gegenverkehr abgewandten Seite. Besonders beim Überholen sind Sie dadurch auf den Beifahrer mit angewiesen. Er sollte also auch in der Lage sein, abzuschätzen und zu beurteilen, ob ein Überholvorgang gefahrlos vorgenommen werden kann oder nicht. Er sollte also »mitfahren« und an Kreuzungen, Abzweigungen und Einmündungen daran erinnern, links zu fahren. Anfangs sind dies wohl die schwierigsten Stellen und Gefahrenquellen, aus Versehen zum Geisterfahrer zu werden.

Mit dem Auto durch Irland

Übrigens ist beim Linksfahren ein *rechter Außenspiegel* (beim Pkw ja nicht immer vorhanden) recht nützlich.
Das Anlegen der **Sicherheitsgurte** für Fahrer und Beifahrer ist gesetzlich vorgeschrieben. Kinder unter 12 Jahren dürfen nur auf dem Rücksitz mitfahren.
Es besteht **Helmpflicht** für Motorrad- und Mopedfahrer.
Die **Promillegrenze** ist auf 1,0 Promille festgesetzt.
Wegen Blendgefahr des Gegenverkehrs und von Fußgängern bei Nacht sind die Streusektoren an unseren auf Rechtsverkehr eingestellten asymmetrischen Scheinwerfergläsern abzudecken.
Die **Höchstgeschwindigkeiten** betragen:
In geschlossenen Ortschaften 30 mph (Meilen pro Stunde) = 48 km/h; außerorts 55 mph = 88 km/h, mit Anhänger 35 mph = 56 km/h.
Die **Kraftstoffpreise** pro Gallone (4,5 Liter) sind regional etwas verschieden, belaufen sich im Durchschnitt etwa auf nachfolgende Werte (DM-Preise pro Liter in Klammern):

Normal »Lower Grade«	90 Oktan	ca. IR £ 2,25 = DM 6,14 (1,36)
Super »Top Grade«	99 Oktan	ca. IR £ 2,48 = DM 6,77 (1,50)
Bleifrei		ca. IR £ 2,27 = DM 6,19 (1,38)
Diesel		ca. IR £ 2,30 = DM 6,28 (1,39)
LPG Gas		ca. IR £ 1,70 = DM 5,76 (1,28)

Die meisten Tankstellen akzeptieren Kreditkarten.
Bleifreies Benzin wird angeboten, bislang an rund 600 Tankstellen, Tendenz steigend.
Und noch **ein Tip**, falls Sie mit dem Wohnmobil in Irland unterwegs sind: Schreiben Sie sich die Maße Ihres Autos (Länge, Breite, Höhe) auf einen kleinen Zettel in Meter und feet/inches auf und kleben Sie ihn ans Armaturenbrett. Dann können Sie evtl. in englischen Maßen angegebene Durchfahrtshöhen oder Breiten schneller taxieren.
Ein Wort zu **Straßenkarten.** Landkarten, die Irland auf einem Blatt wiedergeben und in einem Maßstab von 1:570.000 oder größer gefertigt sind, geben einen guten Gesamtüberblick und eignen sich zur Planung der Gesamtroute.
Vor Ort dann sind solche Karten aber oft zu detailarm, vor allem wenn man gerne abseits der Hauptstraßen reist.
Besser eignen sich da mehrblättrige Kartenwerke im Maßstab 1:250.000 oder kleiner. Sehr gute Dienste haben uns die »*Ordnance Survey Holiday Maps, What to see and do*« geleistet. Sie sind aufgeteilt in vier Blätter: East, West, South und North. Auf den Rückseiten findet man viele Infos, Adressen und Stadtpläne. Man bekommt sie in Irland in guten Buchgeschäften oder bei den Touristeninformationsbüros.
Der Preis liegt bei ca. IR £ 3,00 pro Blatt.
Wanderern stehen noch detailliertere Karten zur Verfügung, siehe unter »Wandern«.

Mit größter Sorgfalt und nach dem möglichst aktuellsten Stand wurden alle Daten, Bestimmungen, Verkehrsverbindungen und Preise für diesen Reiseführer zusammengestellt. Natürlich sind hier Änderungen nicht ausgeschlossen. Vor allem sind alle angegebenen Preise Schwankungen unterworfen und wie die Erfahrung zeigt, pendeln Preise immer nach oben aus! Wenn eine so veränderliche Information hier trotzdem aufgeführt wird, dann eben nur, um dem Leser in Sachen Preisen wenigstens eine Richtschnur zu geben.

Freizeitaktivitäten

Abgesehen von einer Kreuzfahrt mit selbstgesteuertem Kabinenboot auf dem Shannon oder einen Trip mit Pferd und Wagen über Irlands Straßen, gibt es noch einige andere Freizeitbeschäftigungen, für die Irland hervorragende Voraussetzungen bietet.

Angler zum Beispiel können ihrer Passion nach Herzenslust nachgehen. Wer gerne Barsche (Perch), Karpfen (Carp), Hechte (Pike) oder Aale (Eel) fängt, ist in Irland fein heraus. Das Angeln von Nichtsalmoniden, coarse fishing genannt, ist unter Iren sehr wenig verbreitet und bietet dem Besucher deshalb alle Chancen. Weder ein Angelschein ist nötig, noch die Erlaubnis für ein bestimmtes Gewässer. Man darf Nichtsalmoniden überall angeln, solange man nicht mit Lebendködern (live bait) und mit nicht mehr als zwei Angeln gleichzeitig fischt. Man findet sogar Straßenschilder mit dem Hinweis »Fishing«, die auf gute Stellen hinweisen. Und an Fischgewässern, ob Seen, Flüsse oder Kanäle, mangelt es gewiß nicht.
Die Vorliebe der Iren beim Angeln liegt beim »game fishing«, beim Fischen von Salmoniden also. Am beliebtesten ist der Lachs (salmon), aber auch die Forelle (trout) wird gern geangelt. Der Gast benötigt fürs Salmonidenangeln eine Lizenz. Man bekommt sie in Anglergeschäften oder bei den Geschäftsführern der Fischereidistrikte und bezahlt je nach Gültigkeitsdauer und Bereich zwischen IR £ 15,– und 25,–. Allerdings sind die besten Lachsgewässer in Privatbesitz. Man erkundigt sich also tunlichst vorher an Ort und Stelle nach den Gegebenheiten.
Und wer sich lieber mit Haien als mit kleinen Fischen abgibt, kann sich ein Boot mit Skipper mieten und zum Hochseeangeln (deep sea fishing) auslaufen. Das dafür nötige schwere Angelgerät kann gemietet werden. Die wichtigsten Basen für Hochseeangler sind Balbriggan, Cahirciveen, Clifden, Courtmeasherry, Fenit, Galway, Killala, Killybegs, Kinsale und Youghal.

Reiten – Reitern ist Irlands weltweiter Ruf als »Pferdeland« sicher geläufig. Für Reiterferien, ob als Anfänger oder Könner, bieten sich also beste Voraussetzungen. Ob man nun versucht, in einem Anfängerkurs das Reiten zu erlernen, als Fortgeschrittener an Pony-Trekkings teilzunehmen oder als erfahrener Könner mit auf eine der traditionellen und sehr exklusiven Fuchsjagden geht – alles ist möglich. Und wer Pferden und Reitern lieber nur zusieht, kommt auf Pferderennen, zum Beispiel im Dubliner Phoenix Park, bei Reitturnieren oder einfach auf Pferdemärkten auf seine Kosten. Liebhaber und Kenner sollten sich die »Dublin Horse Show« alljährlich im August nicht entgehen lassen.

Wer Interesse an Reiterferien hat, fordert von der Irischen Fremdenverkehrszentrale die Broschüre »Horse Riding Holidays« an.

Golf – bei uns und auch anderswo gewöhnlich ein Sport der Snobiety und des gelangweilten Geldadels – ist in Irland ein Sport für jedermann. Es gibt über 200 irische Golfclubs. Gut 100 davon können mit 18-Loch-Plätzen aufwarten. Die Anlagen in Ballybunion, Bundoran und Portmarnock gelten unter Iren als die besten und schönsten der Welt.
Viele große Hotels haben ihren eigenen Golfplatz und oft kann man in den Clubhäusern auch die Ausrüstung leihen.
Der Preis für eine Runde auf dem Rasen, »green fee« genannt, beläuft sich auf rund IR £ 10,–.

Radwandern oder einfach Tagesausflüge per Rad sind eine willkommene Abwechslung, nicht nur für den Autotouristen. Auf schmalen Nebenwegen, für den Autoverkehr oft zu eng, kann man mit Muse die Küstenregionen oder die Seenplatte im Dreieck Boyle, Athlone, Cavan entdecken. Benützt man zwischendurch zur Überwindung größerer Distanzen Bus oder Bahn und wählt

Freizeitaktivitäten

»Bed-and-Breakfast« zum Übernachten, kann aus einer Radwanderung leicht eine Irlandtour werden.
Man muß nicht einmal sein eigenes Fahrrad mitbringen. In vielen Orten werden Fahrräder oder Tandems, auch mit Packtaschen, vermietet. Pro Tag zahlt man rund IR £ 5,−, pro Woche ca. IR £ 25,−.
Über Einzelheiten erkundigt man sich am einfachsten im jeweiligen örtlichen Touristeninformationsbüro.

Wandern ist zweifellos auch in Irland die intensivste Art und Weise, ein Stück vom Land kennenzulernen. Allerdings darf man nicht davon ausgehen, überall auf markierte Wanderwege (außer in den Staatsforsten) zu treffen, vielleicht gar noch mit eingerichteten Rastplätzen und Übernachtungshütten. Auch machen die zahllosen Mäuerchen und Hecken, die jede Wiese umgeben, das Wandern nicht gerade einfacher.
Genau dieses Fehlen jeglicher Schilder, die Möglichkeit seinen Weg selbst zu suchen und zu finden, macht den besonderen Reiz einer Wanderung über die grüne Insel aus.
Allerdings wird sich der Wanderer etwas umfangreicher ausrüsten müssen. Eine gute Karte ist unerläßlich. Hier sind die nur in Irland erhältlichen sehr präzisen und detailreichen Kartenblätter der »Ordnance Survey Holiday Maps« für den Querfeldeinwanderer von großer Hilfe. Und zur Vorbereitung der Tour helfen die »Irish Walk Guides« ein gutes Stück weiter.
Stellt man sich mit der Wanderkleidung auf einen gelegentlichen Regenstüber ein, und kann die Wanderschuhe rasch mal gegen Gummistiefel austauschen, wird Wandern in Irland auch durch das Wetter nicht getrübt. Im Gegenteil. Es wird nie zu heiß, fast immer weht ein frisches Lüftchen von der Küste und auch mit krassen Temperaturstürzen ist nicht zu rechnen.
Wer höher hinaus will, findet auch vorzügliche Möglichkeiten zum

Bergwandern (mountain walking) vor.
Die schönsten Gebiete liegen im Südwesten in der Grafschaft Kerry (z.B. durch die Macgillycuddy's Reeks), dann im Hinterland der Ostküste bei Wicklow (z.B. »The Wicklow Way«, ausgeschilderter Weg durch die Wicklow Mountains). Weiter bieten sich die Bergzüge der Grafschaft Donegal im Norden und natürlich die Gegend um die Höhen der »Twelve Pins« in Connemara an.
Irlands Berge sind kaum höher als 1000 Meter. Zu unterschätzen sind sie aber keinesfalls, denn viele Berge steigen von Meereshöhe aus an. Und eine Schlechtwetterperiode oder ein Nebeleinbruch kann auch hier in den Bergen dem unvorsichtigen und unvorbereiteten Wanderer große Probleme bereiten.
Wesentlich bequemer wird es Wanderlustigen in den Nationalparks, den **»Forest Parks«**, gemacht. Hier sind in den Wäldern oder an Seen entlang markierte Wanderwege angelegt, man findet Picknick- und Parkplätze vor und in größeren Parks auch Informationsbroschüren, Waldlehrpfade oder Hinweise auf Aussichtspunkte und historische Denkmäler.
Wer öfters mal in Staatsforsten wandern will, sollte sich die Broschüre »The Open Forest, a guide to areas open to the public« vom Forest und Wildlife Service (siehe unter Anschriften) oder bei den Touristeninformationsstellen besorgen.

Kanufahren − Die zahllosen Seen in Mittelirland vom Lough Mask in Mayo bis zur Seenplatte zwischen Boyle, Athlone und Cavan, die ganze Shannonregion und die Kanäle und Flüsse bieten beste Voraussetzungen zum Wasserwandern mit Kanu, Kajak, Schlauch- oder Faltboot. Sogar einige Wildwasserreviere sind zu finden.
Detaillierte Infos − auch über Kanuverleiher − bekommt man bei den unter »Anschriften« aufgeführten Adressen.

Schließlich noch zwei typisch irische Spezialitäten, bei denen sich der Irlandbesucher die Zeit beim Zuschauen vertreiben kann. Die Rede ist von **Hurling** und **Gaelic Football**.
Hurling, ein echt irischer Volkssport, ist eine Art Feldhockeyspiel – das schnellste der Welt, sagt man – aber die Tore entsprechen eher denen beim Rugby. Zwei Mannschaften zu je 15 Spielern versuchen, mit ihren »hurleys« (irisch: caman), den Schlägern oder besser Stöcken, den Ball in das gegnerische Tor zu treiben. Geht der Ball unter der ca. 2,20 Meter hohen Querlatte hindurch ins Tor, zählt das drei Punkte, darüber zählt es nur einen Punkt. Höhepunkt des Hurlings ist Anfang September beim »All-Irland Hurling Final« in Dublin. Zigtausend Iren wohnen dann einem Sport bei, von dem sie sagen, er sei »halb so alt wie die Zeit«.
Gaelic Football ist der irische Nationalsport schlechthin. In der Zuschauergunst nimmt er den gleichen Stellenwert ein, wie bei uns Fußball zum Beispiel. Allerdings hat gälischer Fußball mit unserem Fußball wenig gemein. Die Spieler dürfen nämlich auch die Hände zu Hilfe nehmen, um den Ball voranzutreiben. Wie beim Hurling spielen zwei Mannschaften zu je 15 Spielern gegeneinander. Der Spieler, der den Ball mit den Händen aus der Luft auffängt, darf drei Schritte mit ihm laufen, bevor er ihn mit einem Kick wieder abgibt. Um Gegnern besser ausweichen oder besser schießen zu können, darf er den Ball einmal auftippen. Die Torpunkte werden wie beim Hurling gezählt: Ball unter der Querlatte ins Tor 3 Punkte, über der Querlatte 1 Punkt.

Feste und Folklore

Alljährlich wiederkehrende **Veranstaltungen** in den Monaten März bis Oktober, dem Zeitraum, in dem wohl die meisten Besucher nach Irland reisen:
März
- Festwoche mit Paraden und Veranstaltungen im ganzen Land aus Anlaß des Nationalfeiertages *»St. Patrick's Day«* am 17. März. Die größte St. Patrick's Day Parade findet in Dublin statt.

April
- *Volkslauf* in Cork
- *Internationales Opern-Festival* in Dublin

Mai
- *Chor- und Volkstanzfestival* mit Teilnehmern aus verschiedenen Ländern in Cork
- *Royal Dublin Society's Spring Show,* Frühjahrsmesse und Reitturniere in der ersten Mai-Woche
- *»Feis Ceoil«* Folklore-Festival in Dublin
- *An Fleadh Nua«,* traditionelle Musik, Tanz und Gesang in Ennis, Co. Clare (letztes Wochenende im Mai)
- *»Pan-Celtic«-Woche* in Killarney, Co. Kerry

Juni
- *Musikfestival* in alten Herrenhäusern (Manor Houses) um Dublin
- *Orgel-Festival* in Dublin

Juli
- *»Strawberry Fair«* in Enniscorthy, Co. Wexford
- *Folk-Festival* in Ballyshannon, Co. Donegal
- *Intern. Folk-Festival* in Dublin

August
- *Dublin Horse Show,* Irlands bedeutendstes Pferdesportereignis
- *Connemara Pony Show,* Clifden, Co. Galway
- *»Puck-Fair«,* traditionsreicher Jahrmarkt in Killorglin, Co. Kerry, dauert 3 Tage
- *»Birr Vintage Week«,* Volksfest in Birr, Co. Offaly

Feste und Folklore

- »*Rose of Tralee*«, intern. Festival im Co. Kerry
- »*The All-Ireland-Fleadh*« (gesprochen »flah«), Höhepunkt der »Music and Songs Festivals«, letztes Wochenende im August, dauert 3 Tage, jedes Jahr in einer anderen Stadt.

September
- *All-Ireland Hurling Final*, Croke Park, Dublin
- *Austern Fest* in Galway
- *Theater-Festival* in Dublin
- *Waterford-Festival* mit Operetten- und Musical-Aufführungen
- *All-Ireland Gealic Football Final*, Dublin

Oktober
- Beginn der *Rugby Saison*
- *Wexford-Opern-Festival*, im altehrwürdigen Theatre Royal
- *Volkslauf* in Dublin
- *Sängerwettstreit* in Castlebar, Co. Mayo
- »*The Great October Horse Fair*«, traditionsreicher Pferdemarkt in Ballinasloe, Co. Galway

Um Auskunft über die genauen Daten und weitere Veranstaltungen zu bekommen, besorgt man sich am besten den vollständigen Veranstaltungskalender, der bei der Irischen Fremdenverkehrszentrale (siehe Anschriften) kostenlos zu erhalten ist.

Irland ist ungeheuer reich an **Folklore**, Brauchtum, Musiktradition, Legenden und Erzählungen, Überlieferungen, Aberglauben und Geschichten.

Jahrhundertelang wurde dieses facettenreiche Kulturgut nur mündlich überliefert, durch hoch angesehene Geschichtenerzähler weitergegeben, von Generation zu Generation. Manche Familien waren und sind landauf, landab wegen ihrer wortreichen Erzähler und deren Geschichtenreichtum berühmt.

Einen noch ehrwürdigeren Ruf hatten in früheren Tagen die Barden. Sie trugen zu Instrumentenbegleitung Balladen vor, verbreiteten Neuigkeiten und wurden ob ihrer scharfen Zunge, ihrer Satire zugleich gefürchtet und bewundert.

Sicher sind viele der Geschichten und Lieder im Laufe der Jahre in Vergessenheit geraten und verlorengegangen. Wer setzt sich heute noch stundenlang ans Kaminfeuer und hört sich Balladen an, wenn im Pub oder in der Wohnstube der Fernseher läuft und Zeitungen Neuigkeiten aus aller Welt bringen.

Aber seit Jahren schon versucht man in Irland zu sammeln, was an Legenden, Bräuchen, Liedern und Erzählungen noch lebendig ist. Mitarbeiter des Department of Irish Folklore des University College in Dublin und der Organisation »Comhaltas Ceoltóirí Éireann« bemühen sich, alles Material zusammenzutragen, Erzählungen und Lieder auf Band aufzuzeichnen, um das Verbliebene für immer festzuhalten.

Eine der uralten **Legenden** rankt sich um das Schicksal der Schwäne, deren Abschuß in Irland heute noch verboten ist. Die Geschichte handelt von den »Children of Lir«.

König Lir hatte vier Kinder – eine Tochter namens Fionnuala und drei Söhne – Aod, Conn und Fiachra – auf die ihre Stiefmutter Aoife äußerst eifersüchtig war. Sie beschloß eines Tages, alle vier Kinder in einem See zu ertränken.

Am See angekommen, befielen Aoife aber Zweifel und so verwünschte sie ihre Stiefkinder in vier weiße Schwäne, die 900 Jahre lang über Irlands Seen geistern mußten – 300 Jahre am Loch Derravaragh, 300 Jahre am Moyle-See und nochmals 300 Jahre in der Bucht von Erris.

Als aber nun die vier weißen Schwäne vor ihr im Wasser schwammen, überkamen sie arge Gewissensbisse und in einem Anflug von bei ihr ungewohnten Weichherzigkeit gab sie den Schwänen ihre menschliche Sprache zurück und verlieh ihnen wundervolle Gesangsstimmen.

Auf der langen Suche nach seinen geliebten und nun verschwundenen Kindern rastete König Lir

Feste und Folklore

eines Tages an einem See. Plötzlich vernahm er Stimmen, konnte jedoch nur vier weiße Schwäne erkennen. Als er seine Tochter und seine drei Söhne in Gestalt von Schwänen erkannte, war er untröstlich und erließ ein Gesetz, das das Töten von Schwänen für alle Zeit verbot.
Aoife, aber, die eifersüchtige Stiefmutter, wurde von ihrem Vater, König Dearf, zur Strafe für alle Zeiten in einen Dämon der Lüfte verwandelt.

Eine andere Erzählung handelt von "Cuchulainn – The Hound of Culainn". Die Sage gibt die Begebenheit zwischen dem Hurling-Helden Setanta und König Conor Mac Neasa von Ulster wortreich und blumig wieder.
Mystische Legenden ranken sich um unheilvolle Weissagungen an der Wiege Neugeborener, die sich dann auf dramatischen Umwegen bewahrheiten, usw., usw. Man könnte natürlich Seiten füllen.
Sicher haben solche Geschichten zu einem guten Teil zu einem ausgewachsenen Aberglauben mit beigetragen, der auch im religiösen Irland bis auf den heutigen Tag nicht auszurotten war.
Als ein glückliches Omen gilt zum Beispiel, wenn einem eine schwarze Katze über den Weg läuft. Unglück dagegen bringt ein aufgespannter Regenschirm im Haus.
Pech hat auch, wer sich ganz in Grün kleidet oder mitten in der Nacht einen Hahn krähen hört.
Und schließlich war es in alten Tagen Brauch, daß man als Besucher auf einem Bauernhof den Stößel im Butterfaß ein paar Mal mitbewegte (wenn gerade gebuttert wurde), sonst wäre angeblich die Butter nicht steif geworden.
Zahllose Geistergeschichten über Tod, Glück und Reichtum sind bekannt. Feen (Fairies), Zwerge und Gnome (The Little People) oder Leprechauns und Gespenster spielen darin die Hauptrolle. Früher glaubte man durchaus – wenn auch mit einem Augenzwinkern – an Glücksfeen, Wunschquellen, an den Unglücksbaum Hawthorn oder an Banshee, die böse Fee, die man hören konnte, wenn jemandes Tod nahte. Und wenn in einem Stall die Kühe krank wurden oder keine Milch gaben, hatte der Bauer zweifellos irgendeine Fee gekränkt.
Zugegeben, in unserer Zeit, die sich so abgeklärt gibt und auf alles eine Antwort parat hat, klingen Märchen, Sagen und Aberglaube etwas naiv und von gestern. Aber erlebt man einmal die vom Torffeuer rauchige Stube in einer niederen Bauernkate, wenn der Wind durchs Strohdach fegt und es im Gebälk knistert und ächzt, kann zumindest Verständnis dafür aufkommen, daß sich der einfache Mann die Erklärung für Unerklärliches eben aus Überlieferungen holte.
Ein Symbol für die irische Lebenseinstellung könnte man in den St.-Patrick's-Kreuzen mit dem heidnischen Sonnenrad, das als Kreis die Kreuzbalken umgibt, sehen. Das Neue, Moderne (symbolisch das Kreuz, der christliche Glaube) wird akzeptiert, aber nicht so enthusiastisch, daß Altes, überliefertes (symbolisch das heidnische Sonnenrad) plötzlich nichts mehr gilt. Das Alte wird nur vorsichtig beiseitegestellt, nicht weggeworfen, damit man rasch darauf zurückgreifen kann.
Als Besucher und Urlauber wird man sowieso kaum das Glück haben, auf jemanden zu stoßen, der alte Geistergeschichten erzählen kann.

Etwas mehr Glück wird man dagegen haben, irische Folkloremusik zu hören. Aber leider sind die Zeiten vorbei, wo man aufs Geratewohl ein Pub finden konnte, in dem jemand spontan seine Fiedel holte und loslegte. Der überall präsente Fernsehapparat "tötet" langsam in vielen Pubs die früher geschätzten "guten Gespräche" und die Bereitschaft im geselligen Kreis zu singen und zu musizieren. Will man sich also nicht auf den Zufall verlassen, wird man ein "Singing Pub" oder eine Folkloreveranstaltung besuchen müssen. An beiden mangelt es nicht. Und wenn Iren singen und musizieren, dann tun sie es mit Lust und Leidenschaft und es ist ein Erlebnis, dabeizusein.

Traditionelle irische Musik – nicht zu verwechseln mit "folkmusic" aus Irland, durch einige Gruppen auch bei uns populär – erhielt ihre charakteristischen Merkmale in erster Linie im 16. Jh. Aber es ist bekannt, daß schon vor der Christianisierung Balladen zu Instrumentenbegleitung vorgetragen wurden. Lange Zeit wurden Liedtexte fast ausschließlich in Gälisch verfaßt. Erst später bediente man sich der englischen Sprache. Aber ob englisch oder gälisch, das Repertour scheint unerschöpflich. Und damit die Texte auch richtig zur Geltung kommen, werden viele der alten Traditionslieder von einem Vortragenden mit lauter Stimme ohne Musikbegleitung gesungen. Interessant, aber für den Besucher vom Kontinent auf Dauer etwas anstrengend, denn verstehen wird man den Inhalt – zumindest beim erstenmal – kaum.

Bei der Instrumentalbegleitung fällt der "fiddle", der Violine, eine tragende Rolle zu. Begleitet wird sie meist von der tambourinartigen "Bodhrán" (Holzrahmen mit Ziegen- oder Windhundfell bespannt), von der "Tin Whistle" einer Flöte aus Blech, die immer flott und lustig klingt und manchmal noch von der 40-saitigen irischen Harfe. Leider hört man dieses traditionelle Instrument, das seinen Platz sogar im irischen Wappen hat und einst das Instrument der irischen Hochkönige war, immer seltener. Bedauerlicherweise ist auch der "Uilleann", eine Art Dudelsack, nur noch selten zu hören.

Längst haben Akkordeon, Gitarre und Banjo Eingang gefunden. Solchermaßen instrumentierte Musikstücke tendieren dann schon zur "folk-music".

Wie gesagt, an Veranstaltungen, die traditionelle irische Unterhaltung und Musik bieten, mangelt es im Sommer nicht. Die Organisation zur Förderung von Volksmusik, Gesang und Tanz "Comháltas Ceoltóirí Éireann" ist da sehr rege.

Neben Folk- und Songfestivals wie "The All-Ireland Fleadh" oder "The Fleadh Nua" (siehe Veranstaltungen) vor allem die "Open House"-Veranstaltungen des
– "National Folk Theatre" **Siamsa** (gesprochen schi-amsa) aus Tralee bekannt. Während des Sommers wird mindestens einmal in der Woche gespielt, meist in Tralee, in Finuge, ca. 5 km südlich von Listowel oder in Carraig auf der Dingle-Halbinsel.

Sehr populär sind die während des Sommers regelmäßig in vierzig Städten stattfindenden
– **"Seisiun"**-Abende (gesprochen sisch-juhn) mit Gesang- und Tanzdarbietungen. Am Ende tanzt und singt dann oft der ganze Saal mit.

Etwas formeller geht es bei zwei anderen Veranstaltungen zu, nämlich bei der
– Bühnen-Show irischer Unterhaltungen **"Fountrai"** (gesprochen faun-trie), die im Sommer zweimal wöchentlich von Comháltas Ceoltóirí Éireann im Cultúrlann na hÉireann, Monkstown, Co. Dublin veranstaltet wird und beim
– "Cois Teallaigh", abgehalten am selben Veranstaltungsort, mehr etwas für Folklorespezialisten. Musiker stellen ihre Werke vor und sprechen dann darüber.

Die Klischeevorstellung über irische Folkmusic in ihrer populären Weise, wie sie die meisten von uns mitbringen, findet man am ehesten noch in den **Singing Pubs** bestätigt. Kneipendunst und urige Folkgruppen schaffen da eine ganz besondere Atmosphäre. Um zu erfahren, wann und wo gerade etwas geboten wird, empfiehlt es sich, in die Tageszeitung zu schauen oder sich beim örtlichen Touristeninformationsbüro zu erkundigen.

Essen und trinken

Lästerzungen behaupten ja, daß nirgends auf der Welt beim Kochen soviel schmackhafte Nahrungsmittel "verdorben" würden, wie in Irland. Kein Kompliment für die irische Küche. Aber ein Fünkchen Wahrheit steckt in jedem Gerücht. Und man verrät kein Geheimnis, wenn man sagt, daß die Iren kein übermäßiges Interesse an einer raffinierten Küche, an kulinarischen Leckereien haben.

Gehöft und Wohnmobil an der Nordküste am Malin Head

Essen und Trinken

Eine wirklich irische Spezialität, die diesen Namen verdient, gibt es schlechthin nicht. Aber ist das ein Wunder? Nach den nicht endenwollenden Hungerjahren in den vergangenen Jahrhunderten? Wo entwickelt sich schon eine exquisite Küchentechnik, wenn Generation für Generation froh war, wenigstens eine tägliche Mahlzeit auf dem Tisch zu haben.
Sicher wäre es vermessen zu behaupten, daß auch heute noch Kartoffeln, Milch, Kohl, Speck und Butter die ausschließlichen Posten auf dem Küchenzettel des irischen Durchschnittshaushaltes sind.
Eigene Urlaubsreisen, rückkehrende Emigranten und ausländische Touristen bringen neuen Wind in die verstaubten Rezeptbücher. Dennoch, der Eindruck bleibt, daß sich der Ire zu Tisch setzt, um in erster Linie satt zu werden und nicht, um Gaumenfreuden zu frönen.
Das Pech der Iren ist einfach, daß die jahrhundertelang tonangebenden Engländer ja wahrlich auch keine Zauberer am Herd sind. Was sollten sie auf kulinarischem Gebiet hinterlassen? Wären es die Franzosen gewesen, sähe es bestimmt ganz anders aus.
Ja, und was ist mit "Irisch Stew", werden Sie fragen? Auch das ist keineswegs eine irische Erfindung. Man sagt, Irish Stew sei ein Gericht, das aus der Arbeiterschicht Liverpools stamme und den Versuch darstellt, geringe Fleischmengen in einem Gemüsetopf zu verbergen.
Noch zwei Dinge fallen auf: Die Abneigung vieler Iren gegen Fisch und das Fehlen einer irischen Käsespezialität. Die "grüne Insel" ist umgeben von fischreichen Gewässern. Die Ausbeute der Fischereiflotte dagegen ist aber vergleichsweise unbedeutend. Man fragt sich, warum? Fisch ist eben kaum ein Thema in der irischen Hausmannskost.
Mir sagte einmal jemand! "Wissen Sie, seit Menschengedenken schreibt uns der Katechismus als Freitagsessen Fisch vor. Und wir lassen uns nicht gerne etwas vorschreiben. Außerdem galt Fisch lange als Armeleutessen. Das rührt aus den Jahren des 'Großen Hungers' her. Insgesamt also ein schlechtes Image für Fisch."
Ja und mit dem Käse ist es so eine Sache. Obwohl Irlands Milchwirtschaft ausgeprägt ist, gibt es keine typisch irischen Käsesorten. Die Rezepte stammen meist aus England und Frankreich.
Wenngleich das bisher Gesagte in erster Linie auf Privathaushalte zutrifft, bei denen der Urlauber in der Regel ja nicht ein- und ausgeht, ein Restaurantbesuch wird für ihn aber auch nur in wenigen Fällen eine Offenbarung sein.
Sicher, in vielen Hotels und Restaurants, vor allem in stark touristisch frequentierten Gebieten, wird eine sogenannte "Internationale Küche" angeboten, auch Fischgerichte stehen auf den Speisekarten. Aber die einheimische Kochkunst schlägt halt immer wieder durch. Doch Besserung scheint in Sicht. Man hört, daß manche irischen Köche gelegentlich zu Übungstrips auf den Kontinent kommen.
Leicht wird es uns Besuchern vom Kontinent nicht eben gemacht, eine warme Mahlzeit zu finden. Will man nicht nur einen Snack essen, ist man auf (meist teure) Restaurants und Hotels angewiesen. Die billigere Alternative sind Imbißstuben mit Hamburgern oder Fish and Chips. Ein Zwischending, quasi einen "gastronomischen Mittelstand" gibt es nicht. Und die Pubs? Sie gibt es zwar wie Sand am Meer, aber sie servieren nur Getränke. Ganz selten auch Sandwiches.
Fein heraus dagegen ist der Selbstversorger. Er findet überall ein reichhaltiges Angebot an Lebensmitteln. Aber einige Besonderheiten sollte man kennen. Wenn Sie Ihr Frühstücksei mit einem Stück Frühstücksspeck garnieren wollen und "bacon" verlangen, was ja die englische Bezeichnung dafür wäre, bekommen Sie simplen Kochspeck. Frühstücksspeck heißt "rashers".
Fleisch wird immer frisch verkauft, was ja gut ist. Nur, ein schön abgehangenes Filet oder Steak wird schwer zu finden sein. Auch beim Bäcker macht man so seine Erfahrungen. Aber probieren Sie es selber aus. Es ist ein Stück Urlaubsspaß.
Etwas gibt es aber doch, das das Ansehen der irischen Küche rettet: Das Frühstück. Man kann das Mittagessen ausfallen lassen oder den Nachmittagstee, aber niemals sollte man auf das Frühstück verzichten, wenn man im Hotel, im Farmhouse oder bei 'Bed and Breakfast' logiert.

Essen und Trinken

In aller Regel ist das in Irland angebotene Frühstück (ähnlich wie in England) eine für uns Kontinentaleuropäer ungewohnt reichhaltige Mahlzeit. Auch wenn das Frühstück in Hotels und Pensionen selten vor 8.30 Uhr serviert wird – Frühaufsteher sind in Irland ungewöhnliche Erscheinungen – vorher abreisen wäre ein Fehler. Denn ohne sich ausgiebig mit Porridge (Haferbrei), corn flakes, ham and eggs (Eier mit Schinken), geräuchertem Fisch (kippers, haddocks), Bohnen und Würstchen, Butter (immer gesalzen) und jam (Konfitüre , marmelade nennt man die etwas bitter schmeckende Orangenschalenmarmelade) und reichlich Tee gestärkt zu haben, läßt sich die Zeit bis zum ebenfalls spät servierten Mittagessen – meist erst 13.30 oder 14.00 Uhr – oder auf Besichtigungstour gar bis zum Abendessen, kaum durchhalten.
Oft nimmt die Stelle des Abendessens oder Dinners der *"High Tea"* ein, mehr ein umfangreicher Imbiß als eine komplette Mahlzeit. Zu Sodabread, Butter und Marmelade nimmt man seinen Tee. Es ist aber gar nicht ungewöhnlich, auch ein warmes Sandwich mit Fleischbeilage gereicht zu bekommen und Wein dazu zu trinken.

Auf der ganzen Linie Erfreuliches gibt es vom **Trinken** zu berichten. Auf dem Gebiet der Getränke, besonders alkoholischer Getränke, hat sich Irland einen weltweiten Ruf erworben. Wer hat nicht schon einmal von *Guinness-Bier* gehört? Diese Firma und ihre Produkte gehören zu Irland, wie das Amen in der Kirche. Und so ist es fast selbstverständlich, das auf dem Etikett des Guinness-Stouts die Harfe abgebildet ist, Irlands offizielles nationales Symbol.
Seit über zweihundert Jahren wird das dunkle, etwas bitter schmeckende Vollbier in der St. James's »Gate-Brauerei in Dublin gebraut. Und ich glaube, die Iren sind tatsächlich der Meinung des Werbespruchs der Brauerei, nämlich: Guinness is good for you.« Immerhin wird in den über 10.000 Kneipen gut drei Viertel des Ausschanks aus Guinnessfässern gezapft.
Ein Glas schwarzes Guinness mit der festen, cremig-weißen Schaumschicht obendrauf, nennen die Iren scherzhaft auch "parish priest", also Gemeindepfarrer. Der weiße Schaum auf dem schwarzen Bier erinnert sie wohl an den weißen Kragen auf dem schwarzen Talar ihres Kaplans.
Natürlich gibt es auch noch andere Biersorten. *Lager* (Markenname "Harp") ist das helle Bier, vergleichbar mit unserem Export-Bier und *Ale* (Markenname "Smithwicks") ist ein leichteres, malzigeres Bier mit bräunlicher Färbung. Lager und Ale werden immer ohne Schaum gezapft. Und es ist einfach unvorstellbar, daß das Glas nicht randvoll eingeschenkt wird.
Wenn Sie einmal etwas besonderes, außergewöhnliches trinken wollen, versuchen Sie einen »Black Velvet« – Schwarzer Samt. Diese köstliche Halb-Halb-Mischung aus Guinness und Sekt oder Champagner ist zwar keine ausschließlich irische Spezialität, denn auch in Schottland kennt man Black Velvet. Aber sie schmeckt herrlich erfrischend und belebend.
Ob *Whiskey* eine irische oder schottische Erfindung ist, soll hier dahingestellt bleiben. Die Iren behaupten jedenfalls, daß das »Lebenswässerchen«, so die Übersetzung des gälischen Wortursprungs für Whiskey »Uisge Beatha«, aus ihren Brennereien hervorging. Schließlich hätten die Schotten durch ihre früheren Verbindungen zu Frankreich (Stuarts) einstmals viel lieber Cognac getrunken und erst später begonnen, Whisky (man beachte die schottische Schreibweise ohne »e«) zu brennen.
Wem der helle irische Whiskey vom Geschmack her zu »hart« ist, kann ihn in veredelter Form im *Irish Coffee* genießen. Starker, schwarzer Kaffee, Whiskey, Zucker und Sahne sind die Zutaten.
In ein erwärmtes Glas gibt man einen kräftigen Schuß handwarmen Whiskey, gießt mit heißem Kaffee auf, süßt mit Zucker, krönt das Ganze mit einer dicken Haube aus Sahne, die man über einen Löffel auf den Kaffee fließen läßt. Kreiert haben soll den Irish Coffee ein Steward in den 30er Jahren. In Ermangelung von Cognac, verfeinerte er einen »Kaffee-Cognac« mit irischem Whiskey.
Whiskey ist in Irland ein eher kostspieliges Getränk. Die Alkoholsteuer trägt ihr gutes Teil dazu bei. Sollten Sie einmal erstaunlich preiswerten Kornschnaps angeboten bekommen, könnte es

Essen und Trinken

sich um schwarzgebrannten »*Poteen*« handeln. Wenn man da aber nicht verläßlich weiß, von wem das Zeug stammt, sollte man lieber die Finger davon lassen. Schlecht gebrannter Schnaps wäre selbst billiges Geld nicht wert. Übrigens: Der »Moonshiner« ist der Schwarzbrenner und »Mountain Dew« schwarz gebrannter Schnaps in der landläufigen Bezeichnung des Volksmundes.

Eine Reise durch Irland bliebe wohl unvollständig ohne einen gelegentlichen Besuch in einem *Pub*. Pub ist die Abkürzung für »Public House«, wobei die Übersetzung »Öffentliches Haus« natürlich nicht in einer anrüchigen Weise zu verstehen ist.
Das Pub, das Wirtshaus, ist aus dem irischen Leben nicht wegzudenken. Es ist die Stätte der Kommunikation, der Umschlagplatz von Neuigkeiten, der Treffpunkt der Männerwelt schlechthin. Natürlich hat deswegen niemand etwas gegen weibliche Gäste! Wer Appetit auf ein Bier oder einen Whiskey hat, geht ins Pub. Zu Hause seinen Dämmerschoppen zu trinken ist weniger üblich. Aber einige Publicans, so nennt man die Wirte, stellen heute besorgt erste Anzeichen eines Publikumschwundes fest. Vielleicht liegt es daran, daß es Guinness jetzt auch in Flaschen gibt oder das Fernsehprogramm den einen oder anderen doch öfters zu Hause hält? Deswegen aber irgendwo abends auf ein leeres Pub zu treffen, ist undenkbar. Wetten? Apropos Wetten, es ist ein beliebtes Gesprächsthema in Pubs.
Gerade auf dem Lande kann man noch auf urige Pubs stoßen. Die oft winzigen Gaststuben schließen allerdings nur noch selten an einen Gemischtwarenladen an, der manchmal auch noch Postamt ist. Den meisten Platz nimmt der Tresen ein. Dahinter biegen sich die Regale unter vielen Flaschen und Gläsern.
Sehr aufwendig eingerichtete, namhafte Pubs findet man in Dublin.
Im Pub bezahlt man sein bestelltes Getränk am Tresen immer gleich bar. Kellner gibt es nicht, Tischservice ist unbekannt. Ein Pint Bier (0,57 Liter) kostet heute immerhin gut IR £ 1,60.
An Personen unter 18 Jahren darf übrigens kein Alkohol ausgeschenkt werden.
Mit dem Nachbarn am Tresen ins Gespräch zu kommen ist nicht schwer. Man ist interessiert und dankbar für neuen Gesprächsstoff. Und wenn Ihnen jemand mit einem schelmischen Lächeln erzählt, da drüben säße ein Inspektor, ein »Inspector of Public Houses«, dann brauchen Sie nicht erschreckt nach Ihrem Ausweis zu suchen. So bezeichnet man scherzhaft die regelmäßigen Stammgäste einer Kneipe.
Über die Öffnungszeiten (siehe »Öffnungszeiten Pubs«) werden ja die tollsten Geschichten erzählt. Aber heute ist es längst nicht mehr so, daß bei Kneipenschluß um 23 Uhr sich wahre Fahrradpulks ins Nachbardorf aufmachen, um dort, als Nicht-Einheimische geltend, eine halbe Stunde länger trinken zu können. Oder die Geschichte vom durstigen Iren, der am Sonntagvormittag mit dem Zug in die nahe Stadt fährt, um dort, durch seine Zugfahrkarte als Reisender ausgewiesen, seinen Frühschoppen zu bekommen.
Normalerweise wird sonntags vor 12.30 Uhr, also vor dem Kirchgang, kein Alkohol ausgeschenkt. Nur Reisenden darf eine flüssige Stärkung nicht verwehrt werden.
Daß die Hüter des Gesetzes (die Garda) bei Kontrollen schon mal ein Auge zudrücken, schildert die nächste Story.
Angeblich besagt ein Gesetz, daß in Hotels mit Schanklizenz auch nach der Sperrstunde noch Alkohol abgegeben werden darf, aber nur an Hausgäste. Nun soll es in Dublin ein winziges Hotel mit drei Zimmern gegeben haben, dessen Gaststube nach der Sperrstunde um 23 Uhr regelmäßig mit dreißig und mehr Zechern brechend voll war. Und jeden Abend kam der Revierpolizist, schaute in die Gaststube und sagte zum Wirt: »Ich nehme an, die Gentlemen übernachten alle in Ihrem Hause, Patrick?« Was der Wirt natürlich mit Nachdruck bejahte.
Also dann, »cheers« oder »slanthe« bei einem »good pint of stout«!
Wer lieber einen Schoppen Wein trinkt, hat es heute nicht mehr so schwer wie früher, außer

»Liebfrauenmilch« auch andere Weine zu bekommen. Vor allem gute Tropfen aus Italien und Frankreich findet man auf den Getränkekarten der Restaurants. In einem gewöhnlichen Pub ist Wein aber nach wie vor eine Rarität. Eher angeboten werden Aperitifweine wie Sherry und Port. Sherry war übrigens früher ein wichtiger Importartikel Irlands, als das Land mit an der Spitze der Sherrykonsumenten stand.
Trotz des großen Angebots an alkoholischen Getränken kommt natürlich auch jeder auf seine Kosten, der kein Bier und keinen Whiskey mag und »Soft Drinks«, nichtalkoholische Getränke, bevorzugt. Limonaden, Fruchtsäfte und Mineralwässer werden in verschiedenen Varianten angeboten. Wer allerdings gerne Kaffee trinkt, wird einige Abstriche an gewohntem Geschmack und Aroma machen müssen. Tee dagegen, stark und fast immer mit Milch serviert, wird überall und reichlich getrunken.

Hotels und andere Unterkünfte

Wer in **Hotels** übernachten will, kann ganz nach Geschmack auswählen. Alle Hotels, Pensionen und Privatunterkünfte werden von der Irischen Fremdenverkehrszentrale regelmäßig überprüft und dem entsprechend geforderten Standard klassifiziert:
Kategorie A∗: Luxusherbergen, manchmal in Schlössern oder Herrensitzen untergebracht, und Häuser der ersten Klasse. Erstklassiger gastronomischer Service. Zimmerservice rund um die Uhr. Alle Zimmer mit Bad und WC. Meist Schwimmbad, Tennis- oder Golfplatz. Preise von IR £ 60,- aufwärts.
Kategorie A: Hotels der ersten Klasse mit gutem Restaurant. Die meisten Zimmer mit Bad, Preise ab IR £ 35,-.
Kategorien B∗: Hotels der Mittelklasse. Einige Zimmer mit Bad. Einfacheres gastronomisches Angebot. Preise ab IR £ 25,-.
Kategorie C: Einfache Häuser, nicht immer mit Restaurationsbetrieb. Zimmer überwiegend nur mit fließend Warm- und Kaltwasser. Preise um IR £ 25,-.

Guesthouses sind unseren Pensionen oder Hotels garni vergleichbar. Meist einfache Häuser, die sich für eine Übernachtung auf Tour gut eignen. Manchmal werden Mahlzeiten gereicht. Zimmer meist nur mit fließend Wasser. Guesthouses sind ebenfalls in Kategorien von A bis C eingeteilt. Entsprechend variieren die Preise ab ca. IR £ 15,-.

Bed and Breakfast, abgekürzt B + B. Darunter versteht man Privatzimmer. B + B findet man überall im Land ohne Mühe, in Städten genauso wie in Dörfern.
Überall, wo im Vorgarten ein Schild mit »Bed and Breakfast« hängt, ist man willens, Ihnen ein Zimmer - sehr einfach bis komfortabel - für eine Nacht oder länger zu vermieten und am Morgen ein gutes Frühstück zu servieren. Da Zimmer mit Frühstück wirklich überall angeboten werden, eignet sich diese Unterkunftsart besonders gut für Rundreisen und längere Autotouren kreuz und quer durchs Land. Wer viel herumreist und jeden Tag woanders übernachtet, wird gern auf die kostengünstigen Bleiben zurückgreifen. Die Preise liegen bei etwa IR £ 10,-.
Diese sehr familiäre Nächtigungsart verschafft dem Reisenden viel Kontakt und Einblick in die Lebensweise von Privatleuten. Man muß aber auch bereit sein, diese private und individuelle und naturgemäß sehr verschiedene Behandlung und Betreuung der Gäste zu akzeptieren.
Und wenn Sie sich bei Bed and Breakfast auf einer hübsch gelegenen Farm einmieten, kann es leicht sein, daß Sie nicht mehr sehr viel weiter kommen auf Ihrer Reise. Sie werden bleiben wollen.
Für längere Aufenthalte bieten sich »**Irish Cottages**« an. Diese urigen, manchmal noch strohgedeckten Ferienhäuschen für Selbstversorger sind in ihrem Bau- und Einrichtungsstil oft den alten

Bauernhäusern nachempfunden und werden wochenweise vermietet. Preise zwischen IR £ 70,– und 280,–.
Für junge und junggebliebene Leute sei schließlich noch erwähnt, daß Irland rund 130 **Jugendherbergen** aufweist. Übernachtungspreise um IR £ 4,–. Jugendherbergsausweis nötig. Ihn bekommt man beim Deutschen Jugendherbergswerk (siehe Anschriften »Freizeit«). »*I.H.O.-Independent Hostels of Irleland*« mit rund 60 Häusern, vor allem an der Westküste, bieten jungen Travellern preiswerte Unterkünfte, ebenso »*Irish Budget Hostels*« (s. Anschriften).
Verzeichnisse über Hotels, Pensionen, Privatunterkünfte oder Farmen können bei der Irischen Fremdenverkehrszentrale angefordert werden.

Camping

Knapp 120 Campinganlagen sind auf der »Grünen Insel« zu finden. Schwerpunkte haben sich in Kerry, Donegal, Wexford und um Galway herausgebildet. Natürlich verdichtet sich das Platzangebot an den schönen Küstenregionen. Aber auch im Inland trifft man auf ein befriedigend engmaschiges Netz von Campingplätzen.
Das Campingwesen in Irland ist noch nicht überall so kommerziell aufgezogen und durchorganisiert wie bei uns, an Spanien's Mittelmeerküste oder in Italien. Vielleicht ist es deshalb noch viel eher genießbar als in manch anderen Ländern. Erst in jüngster Zeit beginnt man zum Beispiel damit, eine Campingbeschilderung aufzustellen. Heute passiert es kaum noch, daß man an einem Campingplatz achtlos vorbeifährt, weil kein Hinweisschild – weder an der Straße, noch an der Platzeinfahrt – auf seine Existenz hinweist.
Leider mußten wir auf der jüngsten Reise die Feststellung machen, daß nun auch in Irland die Mobilhome-Manie mehr und mehr um sich greift. Campinganlagen werden mit Mobilheimen (überdimensionale Wohnwagen) von Dauercampern oder Vermietern vollgestellt. Oft bleibt da für Touristen nur noch ein winziges Getto übrig. Besonders stark macht sich dieser Trend an der Ostküste zwischen Dublin und Rosslare und an der Südküste zwischen Rosslare und Cork breit.
Das Reizvolle vieler irischer Campingplätze ist ihre landschaftlich schöne, meist ruhige Lage. Dagegen beschränkt sich das Ausstattungs- und Serviceangebot in aller Regel auf den Sanitärbereich. Darüberhinausgehende Einrichtungen wie Lebensmittelgeschäft, Restaurant, Aufenthaltsraum, Schwimmbad, gut eingerichtete Kinderspielplätze gehören noch zu den Ausnahmen. Die Platzgelände präsentieren sich oft als naturbelassene Wiesenstücke und sind selten ungepflegt. Vielfach sind einige befestigte Stellplätze (geteert, geschottert, betoniert) für Caravans und Wohnmobile vorhanden, sehr willkommen auf regendurchweichten Wiesen. Relativ selten noch verfügen Campingplätze über ausreichend Stromanschlüsse für Caravans.
In den **Sanitärgebäuden**, die man immer häufiger in zeitgemäßer Ausführung antrifft, beschränken sich die Installationen in der Mehrzahl der Fälle auf die allernötigsten Grundeinrichtungen wie WC's, Waschbecken und Duschen. Warmwasser in den Duschen und Waschbecken ist fast überall eine Selbstverständlichkeit. Allerdings wird fürs Warmduschen oft eine Extragebühr (bis 50 p) verlangt. Individuelle Waschkabinen, behindertengerechte Einrichtungen, Küchen oder Kochgelegenheiten sind noch so gut wie unbekannt. Dafür findet man schon häufiger Waschmaschinen und Trockner.
Eine recht unerfreuliche Einrichtung auf fast allen Campingplätzen in Irland sind die Druckwasserhähne an den Waschbecken. Das Wasser läuft nur, solange man eine Hand auf den Wasserhahn drückt. Läßt man los, stoppt augenblicklich der Wasserstrom. Diese einer ordentlichen Körperpflege recht unzuträglichen Installationen zwingen dazu, sich im vollgelaufenen Waschbecken zu waschen, was aber angesichts mancher Sanitärräume und den nicht immer hygienisch einwandfreien Becken dort sicher nicht jedermanns Sache ist.

Camping

Steckkontakte der **Stromanschlüsse** für Caravans und die Steckdosen in den Waschräumen sind anders ausgebildet als bei uns. Also unbedingt **Zwischenstecker** (Adapter) in einem Elektrofachgeschäft hier oder in Irland besorgen.

Außerdem sollte man, um örtliche Gasflaschen (Calorgas) an das System im Caravan oder Wohnmobil anschließen oder unsere graugrünen Gasflaschen in Irland nachfüllen lassen zu können, ebenfalls Anschlußadapter (Europaset) mitnehmen.

Die blauen Flaschen von Camping-Gaz sind in Irland erhältlich.

Die Mehrzahl der Campingplätze ist zwischen 1. April und 30. September geöffnet. Nur wenige stehen Touristen ganzjährig zur Verfügung.

Der Übernachtungspreis für einen Stellplatz (ohne Stromanschluß) und zwei Personen beläuft sich im Schnitt auf Ir £ 5 bis 8,–, je nach Platz und Saison.

Wildes Campen wird höchstens für eine Übernachtung toleriert und dann nur auf Park- oder Rastplätzen, an Straßen innerhalb von Ortschaften oder auf öffentlichem Gelände.

Alle in der nachfolgenden Reiseroute aufgeführten Campingplätze wurden von uns – teils mehrfach in verschiedenen Jahren – aufgesucht und besichtigt. Aufgrund dieser persönlichen Recherchen entstanden die Platzbeschreibungen. Genauer wird auf Campinganlagen eingegangen, die an oder in vertretbarer Reichweite unserer Route liegen. Andere Campingplätze werden nur mit Namen und Öffnungszeit erwähnt. Campinganlagen, die nicht aufgeführt sind, liegen entweder zu weit abseits der beschriebenen Route oder sie sind für eine Erwähnung in diesem Buch weniger geeignet. Sei es, daß solche Plätze von Dauercampern fast voll belegt sind oder durch zu einfache oder vernachlässigte Sanitärausstattung oder Pflege der Anlage zu stark von dem abweichen, was sonst im Lande üblich ist.

Die Erwähnung und Schilderung von Campingplätzen in diesem Buch wird von keinerlei Zuwendungen oder Anzeigen-Gelder der Campingplatzhalter beeinflußt. Es liegt im freien Ermessen des Autors, ob ein Platz erwähnt wird oder nicht, immer vor dem Hintergrund gesehen, ob damit dem Leser gedient ist.

Beschreibungen und Einstufungen von Campingplätzen können garnicht anders als subjektiv ausfallen. Zu viele Faktoren, die durch individuelle Vorstellungen jedes einzelnen Reisenden die unterschiedlichsten Stellenwerte haben können, spielen eine Rolle.

Hinweise über Angaben zu Campingplätzen

Dem Platznamen folgt in Klammern die irische Kategorie bzw. Einstufung des Platzes, wobei A die höchste Stufe ist.

Bei der **Beschaffenheit des Geländes** wird die Form angegeben, die überwiegt, zum Beispiel Wiesengelände.

Die Aufnahmekapazität wird in Stellplätzen (Stpl.) angegeben, wenn möglich aufgeteilt in für Touristen (Tou) und Dauercampern bzw. Naherholern (NE) zur Verfügung stehenden Stellplätzen. MCV bedeutet »Mietcaravans«, JuHe bedeutet Jugendherberge. Die Größe des Platzgeländes wird in Hektar (ha) angegeben. Campinganlagen, die überwiegend von Dauercampern oder Mobilhomes belegt sind, werden nicht angegeben!

Es wird versucht, die Platzeinrichtungen so wie sie beim Besuch vorgefunden wurden, in etwa zu charakterisieren, wobei die Übergänge zwischen den vier geschaffenen Kategorien fließend sind.

Mindestausstattung: Einfacher Platz mit bescheidenen, veralteten oder vernachlässigten Einrichtungen, die außer WC's, Kaltwasserwaschbecken und eventuell einigen Kaltduschen keine oder völlig unzeitgemäße Einrichtungen für Hygiene und Körperpflege aufweisen.

Standardausstattung: Der Durchschnittscampingplatz mit WC's, Kaltwasserwaschbecken und Duschkabinen in den Waschräumen, eventuell einige davon mit Warmwasseranschluß. Ordentlicher Gesamteindruck. Einige Stromanschlüsse für Caravans.

Komfortausstattung: Außer ausreichend WC's, Waschbecken (teils mit Warmwasser) und Warmduschen in zeitgemäßen, gepflegten Sanitäranlagen werden auch Geschirr- und/oder Wäschewaschbecken oder Waschmaschine erwartet, ebenso Stromanschlüsse für Caravans in ausreichender Zahl. Das Terrain soll durch Wege erschlossen sein und im Gelände verteilte Müllbehälter und Wasserzapfstellen, ein Restaurant und/oder Einkaufsmöglichkeit aufweisen.
Umfangreiche Komfortausstattung: Zusätzlich zu den vorgenannten Merkmalen wird erwartet, daß die Anlage und Pflege des Platzes, seine Führung und die Ausstattung, Bauweise und Pflege der Sanitäranlagen gehobenen Ansprüchen genügen. Möglichst komplette Warmwasserausstattung, zahlmäßig reichhaltige, moderne Installationen, Sportmöglichkeiten (z.B. Tennis) sollte eine so eingestufte Campinganlage aufweisen.

Gälisch für Anfänger

Bis ins 16. Jahrhundert sprach man in Irland ausschließlich Irisch. Mit dem Vordringen der Engländer aber breitete sich auch die englische Sprache mehr und mehr aus. Als 1831 ein Schulsystem eingeführt wurde, das die englische Sprache favorisierte, geriet das Irische weiter in Bedrängnis. Mit der großen Auswanderungswelle nach 1846 schmolz natürlich auch der irischsprechende Bevölkerungsteil erheblich. 1911 sprach gerade noch ein Achtel der Iren irisch. Heute gibt es nur noch wenige kleine Landesteile, in denen vorwiegend irisch gesprochen wird. Man nennt die Gebiete »An Ghaeltacht«. Der Staat versucht mit erheblichen Subventionen wenigstens dort Irlands Ursprache nicht ganz aussterben zu lassen.
Gaeltacht-Gebiete in denen heute Irisch noch Umgangssprache ist liegen in:
Donegal, etwa zwischen Fanad Head und Kilcar, der bevölkerungsreichsten Gaeltacht;
Mayo, drei kleinere Gebiete, im Dreieck Belmullet – Ballycastle – Achill Island gelegen;
Galway, die flächenmäßig größte Gaeltacht, westlich von Galway, mit Teilen von Connemara und den drei Aran-Inseln.
Kerry, ein zweigeteiltes Sprachgebiet, teils auf der Dingle-Halbinsel, teils auf der Kerry Halbinsel, etwa südwestlich von Killarney;
Cork-Gaeltacht schließt das Gebiet westlich von Cork zwischen Ballyvourney, Coolea und Ballingeary, sowie Cape Clear Island südlich von Baltimore ein;
Waterford, hier ist noch der fast ausgestorbene East-Munster-Dialekt lebendig, der besonders schöne Lieder und Balladen hervorbrachte und schließlich
Meath, nordwestlich von Dublin. Zwei winzige Gaeltachtai um die Orte Rathcairn und Gibbstown.
Das Irische gehört zum gälischen Sprachenstamm, der wiederum ein Zweig der großen Sprachenfamilie des Keltischen ist. *Erse,* wie der gälische Sprachenstamm genannt wird, der in Irland und im schottischen Hochland gesprochen wird, gehört zur *goidelischen* Gruppe des Keltischen. Hingegen ist das Gälische der Bretagne und in Wales dem *brythonischen* Keltischen zuzurechnen.
Erse war immer in erster Linie eine Sprech-Sprache. In schriftlicher Form wurde es kaum angewendet. Die vielen Dialekte mit oft gravierenden Unterschieden in der Ausdrucksweise führten dazu, daß sich die Leute aus Connaught mit ihren Landsleuten in Munster zum Beispiel nur schwer verständigen konnten, geschweige denn, daß ein Bretone einen Schotten verstehen konnte. Und genau diese Probleme, Vielfalt der Dialekte und Uneinheitlichkeit der Rechtschreibung, sind es wohl heute noch, die dem Bemühen, Gälisch in Irland wieder zur Umgangssprache zu machen, entgegenstehen. Andererseits ist Erse dank der Dialektvielfalt eine ungemein wortreiche, blumige und nuancenreiche Sprache – und gar nicht leicht zu erlernen. Man sagt, wer Gälisch kann, für den sind alle anderen Sprachen der Welt ein Kinderspiel.

Wiesenlandschaft bei Clonmel

Gälisch für Anfänger

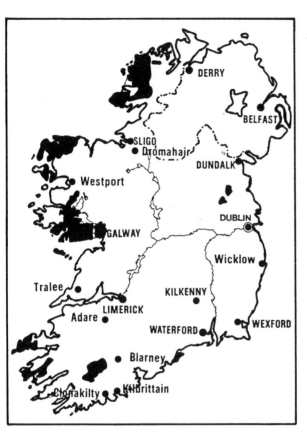

An Ghaeltacht
gälische Sprachinseln

Dazu kommt noch die Schreibweise. Sie ist nicht gälischen Ursprungs, sondern richtet sich nach dem im 5. und 6. Jh. durch Missionare in Irland eingeführten lateinischen Alphabet mit Anleihen aus dem griechischen Alphabet.

Gälisch ist eine sehr klangvolle Sprache. Es wäre aber aussichtslos, Ihnen hier auch nur Grundkenntnisse zu vermitteln – grammatikalische vielleicht noch am ehesten. Aber die komplizierte Aussprache mit ihren Nasal- und Doppellauten läßt sich nur mit Unterstützung eines gälisch Sprechenden erlernen.

Warum dann also dieses Kapitel? Die nachstehenden Worte sollen lediglich dazu beitragen, gälische Ortsnamen, zweisprachige Straßenschilder oder Landschaftsbezeichnungen auf Landkarten deuten zu helfen. Anglisierte Schreibweise in Klammern.

Worte die weiterhelfen

abha, owen	– Fluß	ennis	– Insel, Ufer
achadh	– Feld	fáilte	– Willkommen
aeridheacht, feis	– festliche Versammlung	farraige	– Meer
ard, árd	– hoch, Höhe	fear, fir	– Mann, Männer
as (eas)	– Wasserfall	gal	– Fluß, klar, Fremde
áth	– Furt	gallán	– Steinsäule
ay	– Insel	garbh, gariff	– rauh
baile, bally	– Stadt	gorm	– blau
balla	– Mauer	gort	– Pflüger
béal, bel	– Mündung	grianán	– Palast
bean, mná	– Frau, Frauen	inis, inch, innis	– Insel
ben, bein	– Burg, Gebirge	inbhear, inver	– Flußmündung
bord	– Behörde		
bray	– Hügel	keel	– eng, schmal
bullán	– markierter Stein	mac (Mc)	– Sohn
carn (cairn)	– Steinhaufen	mílte, multy	– Tausende
carraig, carrig	– Felsen	mainistir (monastery)	– Kloster, Abtei
caisal (cashel)	– Burg, Fort	mná	– Frauen
cathair, cahir	– Fort–Schanze	mór	– groß
cavan	– Höhle	moy	– eben, flach
céilidhe	– Zusammenkunft	muc, muck	– Schwein
cill, kill	– Wald	mullach, mullóg	– Höhe, Gipfel
cladach, claddagh	– Strand	na	– von dem (der)
cloch	– Stein	oga, ogham	– altes Alphabet
clochan	– Steinhütte in Bienenkorbform	rath	– runder Erdwall
		rue, roe	– rot
cnoc, knock, crock	– Hügel	scoil	– Schule
cros	– Wegkreuzung	sgarbh, skerry	– Felsen, Klippen
curragh, corragh	– leichtes Boot, aus Holzrahmen und geteertem Segeltuch	sila, stran	– Weide
		Sinn Fein (sprich Schin Feen)	– irische Partei
darach, derry	– Eiche	sliabh, slieve	– Gebirge
dearg, derg	– rot	tholsel	– Stadthalle (Rathaus)
donagh	– Kirche	thór	– Turm, Rundturm
drim, drom, drum	– Hügelkette, Rücken	tigh, tagh, teach	– Haus
dún	– hohe Festung	tul, tully	– kleiner Hügel
éireann	– irisch	uisce	– Wasser
éireannach	– Ire		

Im Tal Glenmalur

Miniwortschatz

Die Kenntnis einiger Worte der Landessprache erleichtern in jedem Land das Reisen. Grundkenntnisse in der englischen Sprache machen auch eine Irlandreise zu einem noch größeren Erlebnis. Deutschkenntnisse in der breiten Bevölkerung darf man nicht voraussetzen. Die kleinste Unterhaltung mit Einheimischen in ihrer Sprache bringt oft mehr Einblick in ein Land, als die längste Reise oder die umfangreichste Lektüre.

Aber selbst wer glaubt, im Englischen ganz gut bewandert zu sein, wird einige Zeit brauchen, um in Irland zurechtzukommen und zwar im Verstehen der Sprache. Das in Irland gesprochene Englisch, man könnte fast von einem Dialekt sprechen, ist doch etwas gewöhnungsbedürftig. Aber auch das gehört zum Urlaubsspaß, jeden Tag ein bißchen mehr zu verstehen.

Die Grußformen sind ein Beispiel für die Eigenheiten des in Irland gesprochenen Englisch. Schon sehr früh am Nachmittag grüßt man mit *good evening*. Die in England geläufige Form *good afternoon* ist unüblich. Und schon ab späten Nachmittag hört man als Begrüßung und Verabschiedung *good night,* auch wenn es noch lange nicht dunkel ist.

Hier ein kleiner Sprachhelfer:

Miniwortschatz

Allgemeines

abbey	– Abtei
amount	– Betrag
bank	– Bank
betting office	– Wettbüro
can you change this?	– Können Sie das wechseln?
to cash a check	– einen Scheck einlösen
castle	– Burg, Schloß
church	– Kirche
cliff	– Klippen
closed	– geschlossen
do you have...?	– Haben Sie...?
entrance, way in	– Eingang, Einfahrt
exchange	– Geldwechsel
exit, way out	– Ausgang, Ausfahrt
first aid	– Erste Hilfe
good bye	– Auf Wiedersehen
hello; good morning	– Guten Tag
horse race	– Pferderennen
how do you do?	– Wie geht es Ihnen?
how much is it?	– Was kostet das?
I beg your pardon!	– Entschuldigen Sie bitte!
I would like...	– Ich möchte...
identity card	– Ausweis
letter-box	– Briefkasten
lost and found; lost property	– Fundbüro
monastry	– Kloster
pitch	– Campingstellplatz
public conveniences	– öffentliche Toilette
rate of exchange	– Wechselkurs
rent	– Miete
roundtower	– Rundturm
sorry	– Verzeihung
tax free	– zollfrei
thank you	– danke
toll free	– gebührenfrei
tourist office	– Fremdenverkehrsamt
travellers check	– Reisescheck
(no) trepassing	– (kein) Durchgang
you are welcome	– bitte (auf Danke)

Auto

accident	– Unfall
air	– Luft
brakes	– Bremsen
bumper	– Stoßstange
can	– Dose, Kanister
carburettor	– Vergaser
car rental	– Autovermietung
clutch	– Kupplung
collision waiver	– Kaskoversicherung
driving license	– Führerschein
drop off charge	– Rückführungsgebühr
dynamo	– Lichtmaschine
engine	– Motor
fan belt	– Keilriemen
garage	– Werkstatt
gasket	– Dichtung
gas (petrol) station	– Tankstelle
gear (–box)	– Gang (Getriebe)
headlights	– Scheinwerfer
insurance	– Versicherung
jack	– Wagenheber
license plate	– Nummernschild
oil (–change, –level)	– Öl (–wechsel, –stand)
petrol	– Benzin
radiator	– Kühler
registration number	– Autokennzeichen
repair	– Reparatur
roof rack	– Dachgepäckträger
safety (seat) belt	– Sicherheitsgurt
spare tyre, –parts	– Reservereifen, Ersatz
spark plug	– Zündkerze
shock absorber	– Stoßdämpfer
tools	– Werkzeug
tow rope	– Abschleppseil
trunk, boot	– Kofferraum
tyre, –pressure	– Reifen, –druck
windshield, –screen	– Windschutzscheibe
wiper	– Scheibenwischer

Verkehr

bend (dangerous –)	– Kurve (gefährliche –)
car park	– Parkplatz
cattle, sheep	– Vieh, Schafe
caution	– Achtung
concealed exit	– unübersichtliche Ausf.
cul de sac	– Sackgasse
curb	– Bordstein
dead slow	– Schritt fahren
(no) entry	– (keine) Einfahrt
fallen rock	– Steinschlag
geill slí	– Vorfahrt gewähren
get in lane	– einordnen
hairpin	– Haarnadelkurve

164

Miniwortschatz

lorries	– Schwerlastverkehr	room service	– Zimmerkellner
left/right	– links/rechts fahren	to sign	– unterschreiben
obh/Lay By	– Ausweichstelle, Parkplatz	signature	– Unterschrift
crossing (LC)	– Eisenbahnübergang	television set	– Fernsehapparat
chippings	– Rollsplitt	towel	– Handtuch
ear	– kleinen Gang einlegen	twin bedded	– Zweibettzimmer
w bridge	– schmale Brücke	vacancy	– Zimmer frei
ough road	– keine Durchfahrt	valuables	– Wertsachen
ng lot	– Parkplatz	voltage	– Stromspannung
ment	– Gehweg		
strian	– Fußgänger	**Restaurant/Einkauf**	
blocked (–works)	– Straße gesperrt (Bauarbeiten)	a cup of tea/coffee	– eine Tasse Tee/Kaffee
		anchovies	– Sardellen
d-about	– Kreisverkehr	bacon, rashers	– Speck, Frühstücks-
ery	– Schleudergefahr	baked potato	– Folienkartoffel
	– langsam fahren	beef	– Rindfleisch
argin	– Banquett nicht befahrbar	beverage	– Getränk
d limit	– Geschwindigkeitsbegrenzung	bill, check	– Rechnung
		break, pan; slice of	– Brot; Scheibe –
light (–sign)	– Verkehrsampeln (–zeichen)	cashier	– Kasse, Kassierer
	– bleifrei	cheese	– Käse
ded	– Vorfahrt gewähren	chicken	– Huhn
		cloak-room	– Garderobe
l		coffee shop	– Cafeteria, Schnellgaststätte
ndition	– Klimaanlage	cream	– (Kaffee)-Sahne
room	– Badezimmer	cross	– knusprig
oy	– Page	cucumber	– Gurke
fast	– Frühstück	department store	– Warenhaus
payment	– Barzahlung	drug store	– Supermarkt/Drogerie
k out time	– Abreisezeit	eggs, boiled –, scrambled –, fried –, poached eggs	– Eier, gekochte –, Rühr-, Spiegel-, verlorene Eier
le	– (Ehe)-Paar		
sit	– Anzahlung		
g-room	– Speisesaal	french fries, chips	– Pommes frites
le room	– Doppelzimmer	food store	– Lebensmittelgeschäft
eaner	– chem. Reinigung	gift shop	– Souvenirladen
drette	– Münzwäscherei	gravy	– Sauce
age	– Gepäck	greasy	– fettig
or pool	– Hallenbad	haddock	– Schellfisch
ory	– Toilette		
	– Hotelhalle	ham	– Schinken
ge	– Halle mit Service	home fried potatoes	– Bratkartoffeln
service	– Zimmermädchen	honey	– Honig
ator	– Telefonvermittlung	ice cream	– Speiseeis
	– Haustiere	jam	– Marmelade
socket	– Steckdose	juice, fruit–	– Fruchtsaft
er	– Gepäckträger	lettuce	– Kopfsalat
erator	– Kühlschrank	lobster	– Hummer
d	– Rückerstattung	mall	– Fußgängerzone
rate	– Zimmerpreis	mashed potatoes	– Kartoffelbrei

Miniwortschatz

sausages	– Würstchen	medium	– Steak halbgar
sea food (fish)	– Fisch/Meeresfrüchte	menue card	– Speisekarte
self service	– Selbstbedienung	mustard	– Senf
service included	– Bedienung inclusive	mutton	– Hammel
shrimp, prawn	– Garnelen	onions	– Zwiebeln
soft drink	– alkoholfreies Getränk	to order	– bestellen
soup	– Suppe	Pharmacy	– Apotheke
sour cream	– Sauerrahm	plate	– Teller
sole	– Seezunge	pork	– Schweinefleisch
sugar	– Zucker	porridge	– Haferbrei
tip	– Trinkgeld	pub	– typische Kneipe
trout	– Forelle	rare	– Steak kurz angebrat
veal	– Kalbfleisch	restroom	– Toilette
vegetables	– Gemüse	roll	– Brötchen
waiter/Miss	– Ober/Fräulein	salad dressing	– Salatsauce
well done	– Steak durchgebraten	salmon	– Lachs
wine (–list)	– Wein, (–karte)	salt	– Salz

ANSCHRIFTEN

Fremdenverkehrsämter
Irische Fremdenverkehrszentrale
Untermainanlage 7
6000 Frankfurt/Main
Tel. 069/236492

Irish Tourist Board
Bord Failte
Boggat Street Bridge
Dublin 2
Tel. 01/765871

Informationsbüros in Irland
Örtliche Touristeninformationsbüros sind im Text entsprechend der Routenbeschreibungen aufgeführt

Konsularische Vertretungen
Irische Botschaft
Godesberger Allee 119
5300 Bonn 2
Tel. 0228/376937-39
und Konsulate in Berlin, Bremen,
Hamburg und München.

Botschaft der Bundesrepublik Deutschland
German Embassy
31, Trimleston Avenue
Booterstown, Co. Dublin
Tel. 01/693011
und Konsulate in Cork und Limerick.

Automobilclubs
Irish Visiting Motorists Bureau
3–4 South Frederick Street
Dublin 2
Tel. 01/797233

Automobil Association (AA)
23 Suffolk Street
Dublin 2
Tel. 01/779481

AA-Niederlassungen in:
Cork, 9 Bridge Street, Tel. 021/505155;
Dundalk, Shopping Centre Dublin Road,
   Tel. 042/32955;
Galway, Headford Road, Tel. 091/64438;

Limerick, Arthurs Quay, Tel. 061/48421;
Portlaoise, Fintan Lalor Avenue, Tel. 0502/21692;
Sligo, Wine Street Car Park, Tel. 071/62065;
Waterford, Meaghers Quay, Tel. 051/73765.

Buslinien
Deutsche Touring GmbH
Am Römerhof 17
6000 Frankfurt/Main 90
Tel. 069/7903240

C.I.E. Tours Internat. GmbH
Alexanderstraße 20
4000 Düsseldorf 1
Tel. 0211/84386-8

Anschriften

Schiffahrtslinien

Belfast Car Ferries
c/o Karl Geuther GmbH & Co.
Martinistraße 58
2800 Bremen 1
Tel. 04 21/1 49 70

B + I Line
c/o J.A. Reinecke GmbH & Co.
Hohe Bleichen 11
2000 Hamburg 36
Tel. 0 40/35 19 51

Irish Ferries
c/o Karl Geuther GmbH & Co.
Martinistraße 58
2800 Bremen 1
Tel. 04 21/1 49 70

P & O European Ferries
Graf-Adolf-Straße 41
4000 Düsseldorf 1
Tel. 02 11/38 70 60

Brittany Ferries
c/o Seetours International
Weißfrauenstraße 3
6000 Frankfurt/Main 1
Tel. 0 69/1 33 32 19

Hoverspeed Ltd.
Oststraße 122
4000 Düsseldorf 1
Tel. 02 11/3 61 30 21

Sealink Autofähren
Oststraße 122
4000 Düsseldorf 1
Tel. 02 11/3 61 30 21

Vermieter von Kabinenkreuzern

Atlantis Line
Bob Parks Marine Centre
Killaloe, Co. Clare
Tel. Limerick 7 62 81

Celtic Canal Cruisers Ltd.
Tullamore, Co. Offaly
Tel. 05 06/2 18 61

Emerald Star Line
St. James's Gate
Dublin 8
Tel. 01/72 02 44

Shannon Holidays
Jolly Mariner Marina
Athlone, Co. Westmeath
Tel. 09 02/28 92

Carrick Craft
Carrick-on-Shannon,
Co. Leitrim

Derg Line Cruisers
Killaloe, Co. Clare
Tel. 0 61/7 63 64

Lochside Cruisers Ltd.
22 Tempo Road
Enniskillen BT74 6HR
Tel. 03 65/43 68, Nordirland

Silverline Cruisers Ltd.
The Marina
Banagher, Co. Offaly
Tel. Banagher 1 12

Freizeit

Jugendherbergen

Deutsches Jugendher-
bergswerk
Bülowstraße 26
4930 Detmold 1
Tel. 05231/7 40 10

Irish Youth Hostel Asso-
ciation
39 Mountjoy Square
Dublin
Tel. 01/36 47 49

I.H.O.-Independent Hostels
of Ireland
49 North Strand
Dublin 3
Tel. 01/36 47 16

Irish Budget Hostels
Doolin Village, Co. Clare
Tel. 065/7 40 06

Wassersport

Irish Canoe Union
Training Unit
The Secretary
4/5 Eustace Street
Dublin 2
Tel. 01/71 96 90

Irish Canoe Hire
25 Adelaide Road
Dun Laoghaire,
Co. Dublin
Tel. 01/88 02 51

Irish Windsurfing Association
c/o Irish Yachting Association
3 Park Road
Dun Laoghaire, Co. Dublin
Tel. 01/80 02 38

Wandern

Federation of Mountaineering
Clubs of Irland
20 Leopardstown Gardens
Blackrock, Co. Dublin
Tel. 01/88 12 60

Forest and Wildlife Service
Leeson Lane
Dublin 2
Tel. 01/61 56 66

Lieber Leser,

wir sind bestrebt, RAU'S REISEBÜCHER immer auf dem neuesten Stand zu halten.
Mit Ihren Zuschriften über reiserelevante Neuigkeiten aus Irland können Sie uns dabei helfen. Ihre guten Anregungen kommen dann späteren Reisenden in der Neuauflage zugute.

Vielen Dank und gute Reise, Ihr

Werner Rau Verlag, Feldbergstraße 54, 7000 Stuttgart 80.

Zeichenerklärung

▬▬▬▬▬▬	Hauptroute	✕	Restaurants
▬▬▬▬▬	Nebenstrecken	♀	Getränkebar
N72	Straßennummern	♠	Nationalpark
1483	Paß mit Höhenangabe	♀	Naturdenkmal
		✉	Hauptpostamt
↑ N	Nordrichtung	ⓟ	Parkplatz
■	Etappenziel	✚	Kathedrale
●	Orte unterwegs	✝	Kloster, Abtei, Kirche
▬▪▬▪▬	Landesgrenze	▲	Campingplatz
─ ─ ─ ─	Fähre	✾	allg. Sehenswürdigkeit
⌒	Schlucht	∴	Ruine
△ 742	Berg mit Höhenangabe	⚓	Hafen, Anlegestelle
ⓘ	Information	↜	Kanutour
⊙	sehenswerter Stadtkern	••	archäologische Stätten
⌂	Museum	🚌	Busbahnhof
⚑	Aussichtspunkt	♪	Musikveranstaltungen
♜	Burg, Schloß		
⚠	Herberge, Hotel		

Wichtige am Rande vermerkte Sehenswürdigkeiten
sind ihrer Bedeutung entsprechend mit ein, zwei oder drei
Sternchen versehen.

✻ = sehenswert
✻✻ = sehr sehenswert
✻✻✻ = ein „**Muß**" auf der Reise

Register
* = Ort mit Campingplatz

Achill-Insel 94
Adare* 68
Ahenny Hochkreuze 31
Aherlow-Tal* 30, 31
Anascaul 64
Aran-Inseln 84
Ardmore 36
Arklow 134
Athlone 112

Ballybunion* 68
Ballydavid* 66
Ballyferriter 65
Ballyheige* 67
Ballyhiernan* 106
Ballykeeran* 113
Ballylickey* 44
Ballymacoda* 36
Ballyporeen 34
Ballysodare 97
Bandon* 43
Bannow 20
Bantry 44
Bettystown* 121
Birr 116
Blarney Castle 72
Blasket-Inseln 65
Bonmahon* 35
Boyle* 111
Boyne-Tal 119
Buncrana 110
Bundoran* 101
Bunratty Castle 72
Burren-Gebiet 78

Caher* 29
Caherciveen* 61
Caherdaniel* 59
Callan 26
Carndonagh 109
Carrick-on-Shannon 112
Carrick-on-Suir 102
Carrowmore 99
Cashel, Rock of 26
Castlegregory* 66
Castletownbere 49

Clare-Insel 92
Clifden 91
Cliffs of Moher 77
Clogheen 34
Clonakilty* 43
Clonbur 89
Clonea* 35
Clonfert 115
Clonmacnoise 113
Clonmany* 109
Clonmel* 30
Cong 88
Connemara 90
Cork* 37
Courtown Harbour* 134
Crookhaven* 45
Crosshaven 42
Crossmolina 95
Curracloe* 134
Curryglass* 49

Dingle 64
Donabate*
Donegal Town 102
Doogort* 94
Downings* 107
Dowth 119
Drogheda 121
Drumcliff 99
Dublin* 122
Dunagree Point 109
Dunbeg Fort 65
Dunbrody Abbey 21
Dungarvan 35
Dunglow* 103
Dunguaire Castle 79
Dunlewy 104
Dunmore Höhle 26

Easky* 97
Ennis 76
Enniskerry 129

Fahan 65
Fetheard-on-Sea 21
Finny 89

Gallarus Oratory* 66
Galway* 80
Gap of Dunloe 54
Glencolumbkille 103
Glendalough 129
Glengarriff* 48
Glenveagh Nationalpark 105
Graiguenamanagh 22
Guagán Barra Forest Park 44

Holy Cross Abbey 26
Howth 119, 122

Inishowen 107

Jerpoint Abbey 23

Kenmare* 51
Kells Priory 26
Kerrykeel* 106
Kilcornan* 71
Kilfenora 77
Kilkenny 23
Killaloe* 71
Killarney* 52
Killorglin* 62
Kilmacduagh 80
Kilmore Quay 20
Kilmuckridge* 134
Kilrane* 19
Kinsale 42
Kinvara 79
Knappogue Castle 75
Kylemore Abbey 91

Lahinch* 77
Lauragh* 50
Lemanagh Castle 78
Letterfrack* 91
Letterkenny 108
Limerick 69
Lisdoonvarna 77
Lismore 37
Longford 112
Lough Key Forest Park* 111
Louisburgh 92

Register

Macroom 43
Malahide 121
Malin Head 109
Mellifont Abbey 120
Mitcheltown Caves 34
Mizen Head 45
Monasterboice 120
Mullaghmore 101
Mullingar* 117

Newgrange 118
New Ross 22

O'Brien's Bridge* 71

Portmagee 61
Portsalon* 106

Quin Abbey 76

Rathmullan 107
Redcross 133
Ring of Beara 49
Ring of Kerry 52, 59
Ringville 35
Rosbeg* 103
Ross Abbey 88
Rosserk Abbey 97
Rosses Point* 98
Rosslare 19
Rosslare Harbour 19
Rossnawlagh* 102
Roundstone* 90
Roundwood* 132

Saltee Islands 20
Salthill* 84
Sixmilebridge* 75
Skellig-Inseln 61
Slea Head 65
Sligo* 97
Staigue Fort 59
St. Mullins 22
Strandhill* 98

Tacumshin Windmühle 19
Tara, Hill of 117
Thomastown 22
Thurles 26

Tintern Abbey
Trabolgan* 36
Tralee* 67
Tramore* 35
Trim 117
Tuam 88
Tully Cross 92

Valentia-Insel 61
Ventry 64

Waterville* 60
Westport* 93
Wexford* 134
Wicklow 133

Youghal 36

RAU'S REISEBÜCHER

Die praktischen Reiseführer für Individual-Autoreisen

Werner Rau

Quer durch
DIE USA

448 S., zahlr. s/w und Farb-Abbildungen, Kartenskizzen und Stadtpläne, Motels, Campingplätze und viele Informationen.

Die schönsten Routen von der Ost- zur Westküste, mit Schwerpunkt auf den Nationalparks und Landschaften im Westen. Ein ehrlicher, fundierter Begleiter für alle unternehmungslustigen Tourer – ob mit Camper oder Pkw unterwegs.

Werner Rau

Quer durch
NORWEGEN

216 S., zahlr. s/w und Farb-Abbildungen, Kartenskizzen und Stadtpläne, Hotels, Campingplätze und viele Informationen.

In besonders für den Individual-Autoreisenden aufbereiteter, praktischer und übersichtlicher Form wird das Land vom Süden über die Fjordwelt Westnorwegens bis zum Nordkap anhand von zuverlässig ausgewählten Routen beschrieben.

Werner Rau

Quer durch
GRIECHENLAND

2. Auflage, 212 S., zahlr. s/w und Farb-Abbildungen, Kartenskizzen, Stadt- und Lagepläne, Hotels, Campingplätze und viele Infos.

Eine überlegt ausgewählte Route führt Sie – in »handlichen« Etappen – nicht nur durch Nordgriechenland, Zentralgriechenland und den Peloponnes, sondern auch durch Korfu, Thassos und Kreta.

Werner Rau

Quer durch
DIE TÜRKEI

3. Auflage, 220 S., zahlr. s/w und Farb-Abbildungen, Kartenskizzen, Stadt- und Lagepläne, Hotels, Campingplätze und viele Infos.

Ein neues Konzept. Ein neuer Typ von Reiseführer. Die Türkei ist nicht nur an der Küste ein Erlebnis, sondern wird besonders im Inland zu einer ganz neuen Reiseerfahrung. Dieser Reiseführer sagt wo's langgeht.

Werner Rau

Quer durch
PORTUGAL

2. Auflage, 208 S., zahlr. s/w- und Farb-Abbildungen, Kartenskizzen, Stadtpläne, Hotels, Pousades, Campingplätze und viele Infos.

Ein Führer durch gesamt Portugal. Vom grünen Norden bis zur sonnigen Algaveküste wird das Land auf den schönsten Reiserouten beschrieben.

Werner Rau

Quer durch
DÄNEMARK

176 S., zahlr. s/w-Abbildungen, Kartenskizzen und Stadpläne, Hotels, Campingplätze und viele Informationen.

Dieser handliche Band der neuen Reiseführer-Reihe *„Quer durch"* führt auf maßgeschneiderten Routen zu den schönsten Plätzen in Dänemark, durch gesamt Jütland, durch Fünen, Seeland und Bornholm.

Werner Rau

Quer durch
IRLAND

2. Auflage, 176 S., zahlr. s/w- u. Farb-Abbildungen, Kartenskizzen und Stadtpläne, Hotels, Campingplätze und viele Infos.

In zeitgemäßer, praktischer Form führt dieser Band aus der Reihe *„Rau's Reisebücher"* rund um die grüne Insel. Ein bißchen vom herben, liebenswerten Charme Irlands ist darin eingefangen. Für alle, die Irland auf eigene Faust kennenlernen wollen.

Werner Rau

Quer durch
JUGOSLAWIEN

2. Auflage, 176 S., zahlr. s/w-Abbildungen, Kartenskizzen und Stadtpläne, Hotels, Campingplätze und viele Infos.

Jugoslawien ist für seine prächtige Küste bekannt. Wer aber kennt schon das Hinterland? *„Quer durch Jugoslawien"* läßt den Leser auf neuen Wegen mehr erleben – nicht nur an der Küste, auch in den Schluchten des Balkan.

In Vorbereitung:

Quer durch
Spanien

Werner Rau

Quer durch
SPANIEN

Ca. 200 S., zahlr. s/w und Farb-Abbildungen, Kartenskizzen und Stadtpläne, Hotels und Campingplätze und viele Infos.

In zeitgemäßer und praktischer Form führen die übersichtlichen Reiserouten durch fast alle spanischen Regionen und durch die schönsten Städte und Landschaften – vom Jakobusweg im Norden, über Galizien, Estremadura, La Mancha und Andalusien bis an die Badestrände am Mittelmeer.

In Vorbereitung:

Quer durch
Schottland

Werner Rau

Quer durch
SCHOTTLAND

Ca. 190 S., zahlr. s/w- und Farb-Abbildungen, Kartenskizzen und Stadtpläne, Hotels, Campingplätze und viele Informationen.

Wenn Sie auf neuen Wegen mehr erleben wollen, vertrauen Sie sich diesem ehrlichen und fundierten Reiseführer an. Er führt Sie durch die schönsten Landschaften und Städte Schottlands. Maßgeschneidert vor allem für Auto-Tourer!